新观念儿童文学
理论丛书

吴其南 主编

# 少女文学与文学少女

韦伶 著

中原出版传媒集团
中原传媒股份公司

海燕出版社

**图书在版编目（CIP）数据**

少女文学与文学少女 / 韦伶著. — 郑州： 海燕出版社， 2020.6
（新观念儿童文学理论丛书 / 吴其南主编）
ISBN 978-7-5350-7866-7

Ⅰ. ①少… Ⅱ. ①韦… Ⅲ. ①文学研究－中国－当代 Ⅳ. ① I206.7

中国版本图书馆 CIP 数据核字（2018）第 293295 号

出版发行：海燕出版社
地址：郑州市郑东新区祥盛街 27 号
邮编：450016
电话：0371-65734522　65727231
经　　销：河南省新华书店
印　　刷：河南新华印刷集团有限公司
开　　本：16 开（710 毫米 ×1000 毫米）
印　　张：16 印张
字　　数：320 千字
版　　次：2020 年 6 月第 1 版
印　　次：2020 年 6 月第 1 次印刷
定　　价：46.00 元

# 序

随着近年中国儿童文学的繁荣，特别是一些中国作家的作品被译成外文在国外出版并在一些国际评奖中胜出，儿童文学领域渐渐有一种舆论，说中国儿童文学已经是世界儿童文学的水平，走在世界儿童文学的前列了。文学创作主要面对人的感性，没有统一的可衡量的标准；文学理论的情况不同一些，但仍属于感性学，和主要面对客观世界的自然科学也有不小的差异，比较起来仍有困难。较稳妥的办法是先放下简单的价值判断，梳理一下彼此的表现，看看各自呈现出什么样的特点。只是，这是一项颇繁难的工作，要由很专业的人去做。在儿童文学理论这个领域，根据已经翻译引进的很有限的资料，我们看到的情形似乎并不像人们想象的那么乐观。

首先是话题，就是说什么，研究讨论什么。不同的话题不仅涉及不同的领域，而且代表不同的层次。西方的儿童文学理论，如佩里·诺德曼（以下简称"诺德曼"）的一系列著作，在谈什么样的话题？在谈儿童文学的双重意识，双重文本，双重隐含读者；在谈儿童文学中隐藏的成人，这一隐藏的成人如何定义了儿童文学；在谈儿童文学与其说是反映儿童欲望的文学，不如说是成人塑造儿童形象以表现自己对儿童的愿望的文学；在谈最初的儿童文学是欧洲中产阶级趣味的物化形态；在谈儿童并非一定天真，而是成人要他们天真，他们便天真了；在谈成人看儿童犹如现代人看原始人、城里人看乡下人、西方人看东方人，是一种殖民者看殖民地人们的心态和视角；如此等等。可我们的儿童文学理论在谈什么？20世纪80年代（即诺德曼写作《儿童文学的乐趣》那段时间），曾有儿童文学要姓"儿"、科学文艺要姓"科"一类让人哭笑不得的讨论。现在，这些问题是不谈了，谈得最多的是儿童文学要有教育性、趣味性，如何寓教于乐，作品的内容和形式如何统一；近年则是热衷于探讨儿童文学创作中的新动向，新媒介给儿童文学带来的内容和形式上的变化，儿童文学要有创新意识等。两相比较，一个明显的感觉就是中国儿童文学理论所谈的话题不够专业，像什么本质啦，大方向啦，新动向啦，要有创新意识啦，当前儿童读者的阅读兴趣啦，等等，这些问题更属于理论研究的外围，属于思想现状、市场现状的问题，应该留给思政教师、政工干部、市场分析员、出版社的编辑和发行人员去做。

当然还有如何谈的问题。话题和谈法其实是紧密地联系在一起的，现代文学理论的一个基本认识就是真理即方法，有什么样的方法就有什么样的真理。赛义德的“东方主义”是一种理论还是一种方法？站在后殖民的立场上看殖民主义对殖民地文化的影响，是一个立场问题、方法问题，但其揭示的无疑是一个深刻的理论问题。心理分析是一个方法问题，但其将目光投向人的潜意识，从潜意识的角度看儿童文学，看儿童心理，看人的成长，揭示的问题又是其他理论无法达到的。西方20世纪儿童文学理论是20世纪西方批评方法的产物。读他们的著作，犹如走进现代批评的森林，各种新的批评方法令人目不暇接。诺德曼从后殖民主义的角度看儿童文学，布鲁诺·贝特尔海姆从精神分析的角度研究传统童话，尼古拉耶娃从女性主义的角度讨论儿童小说……仅从使用方法的角度就让人眼前一亮，感到自己被带入了一个崭新的世界。反观我们的理论著作和论文，却多在社会学、政治文化、泛教育学的领域里打转。透过现象看本质啦，儿童文学要有儿童情趣啦，这些情趣与其说是作者和研究者从实际生活中观察到的，不如说是从某些教科书中现成借用来的，其和现代批评的隔阂也就可想而知了。

话题、方法后面的是观念，是一种对人、对文学、对儿童成长的理解。文学塑造人，影响儿童的成长，这一般是没有什么异议的。但文学如何塑造人，什么算成长，答案可能就非常不同了。中国古代文论一直强调文学对人、对社会的教化作用；到当代，则有了儿童文学就是教育儿童的文学的著名命题；到了近年，则又有了对娱乐、游戏等的推崇。但阿尔都塞等人谈文学，不仅视其为一种社会意识形态，而且视其为一种意识形态国家机器，认为文学不是一般地塑造人，而是像宗教、伦理一样生成人，将人传唤成社会生活中的主体——一种既独立又依附的人。由此，这一观点就和诺德曼所说的双重意识、双重文本、双隐含读者等有了联系。阿尔都塞的观点不是不可以讨论的，但至少比一味地强调教化、娱乐等更深刻、更具有理论含量吧？而且，教化的内容总是先在的，突出文学的教化意义，必然导致文学与宣传的合谋，成为宣传的附庸，而文学之为文学，其本性恰恰在于它是发现、召唤和开掘未知的世界，将存在作为存在者召唤出来。正是在这样的意义上，米兰·昆德拉称没有发现的文学是不道德的。如此，文学理论是否也应将自己的理论触角放在对“发现”的发现上？没有这样的视野而谈什么本质、大方向，不管说得如何都与文学批评没有多大的干系了。

中国儿童文学理论的这种现状当然是有其复杂的历史和现实的原因的。中国儿童文学的自觉本来就迟，自觉后的儿童文学很长一段时间处在被殖民的位置上，不仅被西方文化殖民，而且被成人文化殖民，人们也习惯了像殖民者看被殖民者一样看儿童的视角，将对儿童的预设当作不证自明一类的东西。更致命的是，儿童文学的读者虽然众多，却是从不读理论的，读也读不懂，他们的许多阅读愿望都是一些成人研究出来的。这就导致理论和阅读的某种脱节。也因此，研究的队伍一直很小，而且普遍缺少专业素养。早期的研究多是由作家、编辑、中小学教师兼做的，后来又加了一些文化行业的行政领导人，这种现象直至今天仍普遍存在。作家、编辑、中小学教师、行政领导人当然也可以研究儿童文学，但应有相应的专业素养。这种专业素养在目前中国那个小得可怜的评论家队伍中也一样贫乏。即使一些挂着专家教授招牌的人，在理论上也未必都谈得上入门，更不要说现代观念、现代意识了。我们现在常说新的批评方法，有的兴起于20世纪初，有的兴起于20世纪末，如精神分析等，离现在都一个多世纪了，我们一些人还在那儿将其作为一种反传统的力量予以拒绝。其实，说拒绝也未必准确，只不过是因不熟悉而习惯性地排斥罢了。

这后面自然还有一个理论工作者的人格力量的问题。阿尔都塞是将文学、文化等都归入意识形态国家机器的。如果同意米兰·昆德拉的观点，视文学为一种发现，有时难免会与意识形态形成某种形式的紧张，为此，一个真正的理论家是要做好付出代价的准备的。有人已经指出：知识分子以独立为第一义。独立于权力，独立于金钱，独立于大众。这话好说，做起来谈何容易。曾听一些出版社的编辑说，他们选课题、审读作品，有时是冲着评奖、能改编成电视剧等去的。想评奖当然不错，但任何奖都是有自身标准的。有得必有失，重要的是得到什么，失去什么。现在能影响儿童文学的，首先是出版，其次就是评奖，而真正的文艺批评是说不上什么话的。但这也不能成为一个时代儿童文学批评毫无作为的理由。儿童文学理论要真正发展，就必须有一批有独立人格的人，有一批有现代意识、现代文学观念的人，不张狂，不气馁，会学习，不跟风，即使处身旷野，也能想着前面的灯，朝着有光明的远方默默前行。

以此祝福“新观念儿童文学理论丛书”的出版。

吴其南

2019 年 10 月 13 日

# 前言

少女文学，一个美丽的题目。

它带着特有的季节气息和性别气息，是女孩在短暂饱满的生命节气里酝酿出来的诗与画。它虽然已被无数的女人用深情敏锐的怀旧之笔书写过，但女孩子们自己留下的那些对多梦时节真切透明的文字记录和素颜淡彩的文学书写，至今仍然待字闺中，有待我们的重视和挖掘。

这个世界因为有了性别，生长出了花朵。因为有了花朵一样的女孩，生长出了花蕊一样的少女文学。少女与少女文学使人类的眼睛和心灵变得不一样，她们的色彩和气息让世界发生着改变。

区分不同性别的文学书写特征，将少女文学作为一个特殊种类进行研究探讨，是一件有趣和必要的事情。

西蒙·波芙娃在《第二性》里提出，女孩并非天生的女人，她是被社会造就成“女人”的。我对这个问题的看法是：女孩男孩的生命感觉应该天生就有差异，只是女孩可以成为怎样的女孩，她在人类文化中担当怎样的角色，是可以培育造就的。

我曾经在《走神女孩》一书中写到：“女孩是树，男孩是鸟。”——男孩衔着种子到处寻找播种的土壤，女孩则守候着种子生根开花。

这应该是人类多年形成的文化遗传——即男性负责开拓、女性负责守护的文化分工造就的行为。当男孩寻找着行动空间的时候，女孩正感受着生命时间的微妙。

女孩和女人是对自然生命更敏感，更需要身体沟通和语言表达的生物种类。

女孩是不甘孤独受困的植物，她们每天都用叶片和枝干感受着自己和这个世界。她们把没有翅膀的身体朝着阳光的方向生长，像植物一样寻找伙伴繁殖族群，她们用细碎的叶片交谈心得，说个不停。就像花儿用气味和色彩寻找朋友那样，她们需要交流和被注视。她们不是占据着地盘独居的雄性动物；她们是要在土地上生根开花育果的群体植物。

有一个使人震撼的例子，可以让我们了解到女孩需要交流的冲动所达到的强度，怎样导致了她们之间所产生的特殊文化和文学行为。

在中国湖南省的江永县，从古到今流传着一种女人创造的文字“女书”。年轻的女人们发明这种仅往来于同性之间的特殊文字，完全是出于精神的沟通而非日常生活的需要。她们将女人们的闺中私语用她们圈内才能知晓的文字记录下来，并用诗歌的形式写在扇面、绣在鞋垫和腰带中，她们逢年过节相约在村中某处，歌咏交流。这种母女相传的文字，在没有族群和国家行为的支持下，已悄然存活了数百年。

虽然在今天这个信息时代，女孩与女人们已经找到更多方式代替女书的交流功能，但是秘密的纸条传递、故事接龙、卡片互赠等行为，仍然频频出现在一代又一代女生们打堆的场所。

因此女孩们的文字书写水到渠成地成为了一种必然发生的文学现象——少女文学的诞生，它形成了文学现象中引人注目的一个清新的种类，并蓬勃发展着。

多年以前，在山城重庆一座半山腰的小屋里，确切地说是在小屋的蚊帐里，一个 10 岁的女孩用一个软面抄笔记本，悄悄开始了与课堂作文完全不同的第一次文学书写。那时正值酷暑，躲在蚊帐里写作的那个女孩为自己的童话精心地设计着文字和插图，汗水浸透了身下的凉席。一连几天她都沉浸在这种无师自通的创作冲动和喜悦中。她发现了写作游戏带来的一个世界。这个世界使一个身体纤细体力弱小的女孩，可以把心中涨满的与云彩、山峦、草坡、鸟虫的对话变成文字，实实在在地搁放、藏匿在那个软面抄小本子中。文学的魔术，让弱小害羞的女孩变成了可以与天同高、可以去拉开月亮门帘的人。

这对于那个女孩是一个了不起的发现。这便是多年以前我自己遇见并找到文学创造的经历。

多年后，我把这个文学魔术的秘密告诉了一帮十来岁的女孩们。于是，她们每个人都为自己挑选了一个素描速写本，她们在本子上建构起了一个个文学的秘密场所。采用纯白宽厚的素描本写作，使我们写作进入一种策略，一种放松的自在状态，可以文与图同时创作，我们且写且画，图文呼应，在一本本有多种可能的白纸上描绘着自己期待描绘的世界。

少女作家班就这样诞生了。

多年的观察和教学使我相信，文字搭建的快感和秘密，通常是女孩早于男孩发现。

因为，文字搭建游戏的完成，需要女孩子那种安静和耐心的状态，还需要必要的激情积累。

而这种在宁静中膨胀着的生命冲动，以及对感觉的捕捉和对表达的欲望，更多地产生在虽然纤细内秀却敏感早熟的女孩身体中。

在我看来，奔跑呐喊、风一样停不下来的男孩，知晓文学秘密的时间，要延宕到他们接近青春期那个季节。

从 2005 年开始，我在广州儿童活动中心开办并主持了一个专门为培养文学少女所设立的少女作家班。

十几年来，曾经有一批又一批精灵样的女孩，带着对文学的梦想来到这个少女作家班，来到我的身边。我们在一起探索、共同寻找那些我们都关心的题目：女孩是什么？女孩的世界以及她们的文字可以是怎样的？

这群文学女孩，大约在小学四年级到初中一年级，十岁出头。她们带着天性中对文字表达的热爱和创造一个独到的审美世界的冲动，越过迎面而来、高速运转的喧嚣环境，从机械程式化的应试工厂和硝烟弥漫的竞争文化中做一次短暂的逃离，在每周日的下午，来到儿童活动中心的城堡，调整她们的身心，从世俗的平庸世界进入诗性个性的创作环境，怀着热切和忐忑的心，小心翼翼地靠近少女文学。她们收获了一些青涩的慢慢饱满起来的果实。

我和这些孩子的关系，彼此都是如鱼得水的关系，就像女书村里的女人们相互靠拢、相互支持、相互交流和得到一样，我们在一起建筑起了我们的文学城堡。

而我们的教室就真真切切坐落在广州儿童活动中心一座漂亮城堡里，它叫“动感教室”。我们特地在里面设计了高大的演播厅，墙上和地面时常投下各种背景，女孩们穿行其间，演示她们构思中的故事情节、人物设计。

我们这个班学习的是文学创作，但不只是写字，还要表演、还要插图、还要游学和游戏。是一种从身体到笔头的贯通训练。涉及的不只是少女文学，还有少女文化。

我们相信，少女时期只是人生中昙花一现的一瞬。所以我们懂得时间不只是为着烧一顿饭、晒一床被、赶一场考试而匆匆来去；它是为着生命的开放和歌唱而呈现的。我们也明白：生命的生长和表达，不只有奔跑追逐、谋划占领；生命的温暖和美妙，在于它始终有着对梦与诗、美和爱的信任与坚持。女孩的文字一旦与生命联通，与大地联通，它们就闪烁精灵的光芒了。

所以我给了我们班的女孩两个称呼，称她们是“月亮女孩”和“花的女孩”，期待她们的作品有着月神的光芒和花神的芳香。

月亮和植物，正是我们写作的两个很重要的主题。月亮的优雅、宁静、深情和浪漫，植物的美丽、精致、生动和顽强，都那么吻合了女孩的天性和应当具备的文化品格。

我有一个口号似的提法：“以月亮的诗性和深情抵制低俗和浮躁；以花朵的精致与生动对抗粗糙与复制。”这是我们少女作家班的写作方向。

今天我们已经进入了一个视觉、图像的时代，当代社会铺天盖地的信息强行逼进，使我们目不暇接，我们的耳朵里已经不能宁静地接收、捕捉到来自内心和大地的声音了。

然而少女们会更多一点地保有一种原始生命的感觉。她们有着花蕾般新鲜敏感的身心，和精灵一样接收传递万物之声的本能。她们是生长着的将要用大块时间去孕育和保护鲜活生命的母性载体。

所以我希望少女作家班的孩子们都能在文字中发出和传递自己独特、天然的声音，让每个孩子都找到表达生命感觉的独一无二的语言音调和颜色，体现个体生命的鲜活与生动，并在文字中把它做得登峰造极。

在少女作家班的教学中，我们带着极大的兴趣尝试一个故事的多种进入法。比如“换一个非常规的叙述者”的叙事练习，它给故事带来的不只是不同横切面的进入，还有不同色彩的进入和不同口吻的进入。而女孩们极具灵性的如同雌性植物和母性动物的语言和视角，则是我们最要珍惜和保存的充满生命体验的少女艺术感觉。

我们相信，多梦时节的少女那种非常内在的、自语式的对自身和世界的叙述，最适合成就一种艺术特色，就是亦真亦幻的文学表达方式。因为女孩总是一边在现实中生长、一边在假设中探索着过去和未来，她们行走在现实世界和内心世界两种真实里。她们很善于把梦描绘得那么真实，所以我们设计了《文学女孩的精灵故事》《女孩的身体故事》等单元的写作练习。

我们写作过《月亮女孩和风的孩子》《鱼孩子》《鸟孩子》，力图把握月亮的女性象征和月亮女孩所代表的文化符号，以及对男孩女孩生命特征的比较。寻求在转换视角后，对世界的另一种认识、判断和表达。有着将童话写成小说的尝试。

我们也写作《绿人姐姐和小绿人》，涉及女孩与植物的类比与生命感应、少女作为绿色生命守护神的角色暗喻。孩子们作品里许多篇章有着精致而感性的将女孩与花朵结合一体的生命生长描写，和对“绿人世界”的浪漫、诗性的理想诠释，具有女性生态主义的倾向。

我们有一个单元是写作《艺术女孩》，也就是女孩的舞、女孩的画、女孩的诗与音乐。用以传递女孩的艺术感知天分和表达才能，以及她们精细敏感的生命体验。我们还写了《生长的女孩》《影子》《镜子》和《盒子》，在写作中表达少女蝶变前的困顿、挣扎和迷茫，开启对自我、对周围的关注，走向自我的觉醒。

我们写作《女孩的花园》，寻找的是女孩对在自己将进入、期待和感觉中的一个“家园”、一个“世界”或一个“场所”里所经历的种种故事的各种假设和想象，有着女孩对自身之谜和世界之谜的探求与思考。

在《天使和女神》的单元里，我们尝试在一个无神的国度写作“神的孩子”，唤起女孩具有的善良温暖的“天使”本性，女孩对伟大“神性”的膜拜和期待，以及她们将博大、担当的母性本能上升为“女神行为”的努力。

当我们以认认真真的态度对待每一个作业，女孩们的写作游戏就变为创造，并且带来了一些发现和突破。

目前，少女作家班的女生已经创作、出版了冰心奖获奖作品专集《月亮女孩的花园》以及六本一套获全国桂冠童书创意奖的少女文学丛书《绿人姐姐的少女作家班》。这些保存了独特个性和灵动艺术性的文学书写，是对应试教育中空洞虚伪的模式化写作的背叛，也是女孩们为寻找自身价值与回归少女天然文化角色所做的探求与努力。

希望我们的女孩在对少女文学的进入中，走出童话后与成年期之间的迷茫夹缝，从应试机器和后现代文化的迷失中穿越出来，找到自己内心的归宿。

在今天这样一个商业读物泛滥、网络信息以爆炸的速度占领人们逼仄的心灵空间和阅读时间的时候，追求更纯粹一些的少女文学，应该是少女自身的审美设问和自问，也是给不愿放弃文学理想的心灵和我们日渐远离的精英文学的一次少女的敬礼。

“以文学的方式培养中国美丽女孩”，是我们开办少女作家班的期望与动力。

感谢吴其南老师鼓励我，并将拙著纳入“新观念儿童文学理论丛书”。班马先生也多次怂恿我将这些年来我对少女文学和少女作家作品的思考整理成书。但我作为一个作家和少女作家班教师，学术积累和理论水平的欠缺使我不敢妄谈我所生疏的领域。在这本小书中，我只能尝试以我自己和少女作家班孩子的创作与教学经历，从几个主题切入，梳理出我们所寻找和触碰的几组少女文学的写作题目，它可能只是感想和经验的归纳总结。期待以此和大家一起，探讨少女文学更多一点的可能性和积极意义。

我知道以月光之轻与花香之微，不能给予女孩们生存的利器；只期望留有月亮与花的标志的文学女孩，在她们将来顺利或艰难的时候，都能持有美丽和平静的心。

谢谢朋友们的鼓励和支持！

# 目　录

# 女孩的植物性思维
## ——植物性思维的少女写作心灵培养

如果要形象地把女孩男孩作一个区分，我常说女孩是树，男孩是鸟。这是这些年来我常常和朋友们聊到的话题。

当男孩衔着种子到处寻找播种的土壤的时候，女孩则守候着种子生根开花。

这个说法来源于对男孩女孩身心活动、行为特性和社会分工的观察，甚至来源于我们潜意识里的一些暗示。

在1994年出版的散文集《走神女孩》一书的《凉夜之梦》中，我曾经这样详细写到过我在女孩时期做过的一个至今留有深刻印象的梦。在那个梦里，我靠在深坑中的老树根旁，在沉重的乌云密布的黑夜里，我和树一起发出了同一个呼喊："来一点阳光！"

> 好长好宽的夜呀，它仿佛永远也没有一个完呢！突然，从我身体内部发出一个呼喊声：
>
> ——来一点阳光呵！
>
> 这声音似乎也发自树，我不知道这是树的声音还是我的声音：来一点阳光呵——！如此漫长的沉沉黑夜里，我挣扎着恐慌着祈求地呼喊：来一点阳光呵！

第二天起来后，我开始认真留意树和阳光的关系。我以为我知道了树的一个秘密。对这秘密我将比谁都更为清楚，这种经由身心的烙记，它是不可言喻的。

令人奇怪的是，那夜梦里，我一个女孩对黑夜的恐惧不是鬼，不是野兽，也不是出没于废墟荒野的强盗流氓。在夜晚的重压下，我与那树一起大声地祈求：来一点阳光呵！①

对那个纠缠我的梦，我当时是这样来理解的：

这声音不应来自现在的我，它分明更应来自那棵树，更应来自我诞生为人之前那个很深很隐的生命之核。这个悠远的呼喊带着千百万年的遗传变异，从漫漫的生命长廊里千里迢迢气息奄奄地传出，让我知道，作为一个地球生命，作为一棵树，它深埋着的一个根本的原始恐怖。

一个声音这样对我说：女孩，你这个较男人远于社会而近于自然的生命存在，身上保留着许多与树相关的特性！树这个亘古的生物，它的生命始于人类之前，也将逝于人类之后，而你这个产生酝酿人之生命的神秘载体，你有许多本能是暗通于树的呵。②

我一直在想，这个奇怪的梦是否是集体无意识留给我的冥冥之中的暗示？从那梦以后，我就带着一种对自己、对树、对生命形态解密的强大冲动，在有意无意中，竟有了一些近于荒诞却又不乏道理的发现。

女孩与树，实在有着太多相似的特征。

——每当蠢蠢萌动的季节，融融春色下总要绽放出一段花期，总要在渐熟中等待又惧怕着采摘的，是树，是女孩。

---

①②选自《走神女孩》，福建少年儿童出版社，1994年第1版第82页、第84页。

——立于山头又出神于云天，对未知世界做浪漫美好之梦，却不喜主动迁徙，深根繁衍依恋于周围土壤环境的，是树，是女孩。

——身体感应着日出月盈，敏于温度、湿度和气候变化，远于机械而近于花鸟自然的，是树，是女孩。

——以不死的生命耐力和繁殖力抵御着灾难和不幸，并以此顽强地实现维持着生存状态的，是树，是女孩。

——幽深于自己的生命，泰然自若地保持、忍耐、被动、淡泊、宁静的，是树，是女孩。

女孩，这个在人类进化中带有树之倾向的生命，她身上兼有着最顽固的生命力和最顽固的落后呵。

不是吗？社会角色的遗传，使男孩倾向一种活泼的动物性。他们如南迁北往不断寻找和扩充、改变空间、争夺更好生存条件的飞禽小兽。他们的眼睛注视着天空、注视着深海，注视着一切令他们兴奋的未知领域。他们始终忙碌于匆匆的行动和逻辑决断中。

而女孩更倾向一种安稳的植物性质。她们善于在时间的长廊里护理、装饰、壮大和维持着生命。她们灵敏的感觉器官在悠长的生命过程中，默读和感受着周围的世界、脚下的大地和人生的诗情。她们较少地被日益发展的人类反自然文明所异化，始终镇守着脚下那片原始土地，汲取其丰饶的营养。因此，她们在社会人的包围中保守了许多自然人的特性。

男孩衔着种子四处寻找播种的土壤，女孩则守候着种子生根开花。[①]

现在重读几十年前写成的那些文字，我仍然坚持这样的迷信：女孩是树，男孩是鸟。男孩衔着种子到处寻找播种的土壤，女孩则守候着种子生根开花。

在少女作家班的教学中，我力图唤起和鼓励女孩子们一种“植物性思维”。

①选自《走神女孩》，福建少年儿童出版社，1994年第1版第85—86页。

女孩们可以像植物那样思考和行动。

像植物那样思考和行动，让我们的女孩找回一种天然的生长姿态。

树的花期、树的敏感、树的坚守、树的芳香与幽深，都造就了女孩神奇的故事——树精林妖与一片绿野的故事，也是生命之神坚守着她的花园的故事。

为了让女孩们走近这个故事，我曾经给少女作家班的孩子每人送了一棵植物，希望孩子们陪着它一起长大。

我们还带着孩子们与花朵植物亲近接触。我们在红树林和植物园寻找果实，在林间表演树精灵的“两棵树的婚礼”，我们在巫峡走近阳光下的花海，在海边的高坡上用热带植物造“绿人的小屋”。

我们做过这样一个游戏：让孩子们寻找和自己相似的一种花，作为“我的花”，并以这株花的故事讲述自己的生长感觉，以及细节。

女孩们在美丽影片《植物私生活》以及各种花的图画中，看到了植物和自己那么相似的一些秘密：怎样在太阳下长出叶片、怎样在月光下酝酿花朵、怎样在雨水中变得饱满、又怎样在晨露中悄然开放，还有夕阳下对果实的期待、风中摇动的关于爱与播种的梦……

女孩们发现了植物这个远亲和近邻，就如同获得了精神图腾和血缘姊妹，妙不可言的故事一个一个出现在孩子们的本本里了：《我的开放》《寻找阳光》《飞起来的花》。

有一个小学四年级男孩非常准确地评价了这些女生所写的有着不同个性和姿态的“女孩花”，说它们分别是：“爱美的花”“母性的花”和“有梦的花”……

下面我们从几个方面来梳理一下少女作家班孩子们在作品中表现出的对植物的身心共鸣和她们的植物性思维。

### 1.女孩和植物的身体与精神之相似互喻

还能有什么手段，能够胜过用一朵花来比拟和传递女孩子生长过程中微妙深邃的身体感觉和精神追求呢？

五年级小姑娘吕广淇这样细致地传递了“我的花”开放时的细微感觉：

> 水已经把我的花骨朵鼓得胀胀的，我感觉我要盛开了，激动得直咧嘴。
>
> 我看见一滴大一点的露珠轻轻滚落下来，吊在芭蕉叶尖上，我不由自主地闭上了眼睛，茎微微弯了一下。
>
> 一个重重的东西忽然落在了我的花骨朵上，我马上睁开了眼睛，一个露珠。它晶莹的肌肤在我眼前晃了一下，也渗进了花骨朵里面。
>
> 我的身体已经可以张开了，但是我却不急着张开，我要慢慢地，一层一层地张开。
>
> 黄昏是我在一天中最喜欢的时候，这个时候，云就会变成带着温暖的颜色，而风也会在这个时候舞蹈。
>
> 我忽然感觉到，我的一片花瓣正在慢慢变成干枯的黄色，花瓣的尖尖已经开始变黑。
>
> 金光仍旧洒在我的身上，是金光让我枯萎的吗？
>
> 风仍旧在舞蹈，是风让我枯萎的吗？[①]

吕广淇无疑就是男孩子眼里那种对自己形象高度期待和紧张的爱美的花了。这朵花不但在意自己是否美丽，还陶醉和享受在开放的喜悦里：“我的身体已经可以张开了，但是我却不急着张开，我要慢慢地，一层一层地张开”。

“一层一层地张开”，既是花的开放姿势，又是女孩的生长状态。

多么传神的花与少女的开放情态。吕广淇最动人之处就是毫不回避地将女孩真切痴傻的心思袒露出来：“我忽然感觉到，我的一片花瓣正在慢慢变成干枯的黄色，花瓣的尖尖已经开始变黑。金光仍旧洒在我的身上，是

①选自《绿人姐姐和小绿人》，河北少年儿童出版社，2013年第1版第124页。

金光让我枯萎的吗？风仍旧在舞蹈，是风让我枯萎的吗？”少女的憨萌和痴拙，实在惹人怜爱。

而初一女孩李雯月在描绘花朵开放引来蜜蜂采吸的过程时，那微妙的花之身体感觉是多么神似地暗合了女孩将经历的身体与精神经历：

> 花瓣一点一点、一层层地往外走，下午，我的花已经完全绽放。花瓣是淡粉色的，在太阳下我感觉我全身都变成了暖暖的、温馨的淡粉色，我的全身都炽热起来，连阳光都要成为淡粉色的了。
>
> 阳光很炽热，一丝风都没有。我出的汗全都凝聚在柱头下方的一点上，它像蜡一样固定在那，好像马上要滴下来。我还感到花粉块上的花粉还在不断溢出，真怕它们散落在自己的柱头上，那样的话我就变成了一朵没有用的花儿了。怎么还没有鸟或昆虫来采蜜呢？这样想着，我被一阵翅的扇动吓了一跳。
>
> 一只蓝色的蝴蝶绕着我飞了几圈，慢慢落在我的花瓣上，用触角轻轻点了一下我，意思就是：我要吸你的蜜了，请做好准备。我尽量张开身体，蝴蝶伸长了它的舌头去够我的管道里的蜜。我很紧张，不自觉地又把花瓣缩起来，蝴蝶动作变得轻柔了些，但我还无法放松，好像它的舌头就是一把刺，即将刺入我最柔软的地方。我忽地感到身体轻了一点。作为交换，我的花粉块黏在她的身体上，同时她身上的别的兰花的花粉落到我的柱头上。①

文静纯洁的女孩，用整个身心去感觉花开的过程，微妙的身体动作与精细的感觉描写具有与花通灵、花精附体似的文字力量，却毫不知情地再现了她作为女孩，将要发生在她身上的关于“开花”与“被采”的身体遭遇。

这个例子再次印证了女孩的生命感觉与花的相似和相通。

---

①选自《绿人姐姐和小绿人》，河北少年儿童出版社，2013年第1版第145页。

## 2.女孩生命角色与花朵类似的神圣宿命

女孩不但貌美如花，她还将完成孕育和守护生命的使命。对于这个美好的宿命，女孩的天性里早就有所准备。再次以女孩李雯月在《花开那时》的文本为例，看看她是怎样描写一朵花变为果实的近似神圣的过程和花身与女孩身那么相似的感受：

后来陆陆续续又有几只采蜜者，不过没有第一次来得紧张和漫长。对我来说，青春在花粉块被拿走之后就逝去了。我的子房慢慢膨大，里面孕育了果实，这正是我的生命价值所在，我已经成长为了一个母亲。

随着果实成熟，我慢慢地枯萎，但我没有想象中那样害怕，我完成了自己神圣的使命，对于我来说已经足够了。同伴们一个接一个地凋零，最后整株蝴蝶兰只剩下我了。

第六天黄昏，我的花蕊无力地垂下，花瓣又薄又脆，仿佛风一吹就会碎裂。我用尽最后的力气保护子房。在最后一片花瓣悄然飘落之时，一阵风吹过，我把叶片上的露珠滴给了一朵还未绽放的蝴蝶兰。①

在另一篇描写植物的散文《寻找阳光》里，雯月又这样写道：

那个被阳光照得温暖的地方开出了一朵白色的小花，小花在一闪而过的阳光下闪闪发光。阳光调皮地跳跃在花瓣上，钻进花的管道，亲吻着花蕊，那种温暖的感觉瞬间遍布我的全身。风过后，一切都像原来一样，阳光也没有了。但我确实感受到阳光的抚摸，即使只是一瞬，也能给我带来无穷的力量。我听到许多小花悄悄开放时发出的像一滴水落进池塘里的清脆声音。想到我原来在阴湿的墙角那么矮小无

①选自《绿人姐姐和小绿人》，河北少年儿童出版社，2013年第1版第146页。

力，现在不同了，我拥有了值得回味一瞬的阳光，占领了整个墙面，连我自己都觉得这惊人的顽强的生命力是多么神奇。

盛夏时，我正向墙的反面延伸，一个园丁把墙边的大树修整了一番，星星点点的阳光照在我身上，叶子和花都闪着光，阳光好像捉迷藏一样寻找最隐蔽的地方钻进去，像某种发光发热的小虫子爬上了我的身体，我感到全身都被照耀得酥软了。我一边享受一边悄悄听着路人的赞叹，“当初插下的只有一丁点，这么快就长得这么密了……”

一旁大树的许多叶子都变黄的时候，我躺在阳光下，忽然感觉某处的养分被吸走了，原来一个深紫色的小巧的浆果偷偷地探出头。我怜爱地看着这颗浆果，心想，以后一定要长出更多这样可爱的小家伙来。[①]

这里描绘的一株雌株靠向阳光吸纳养分，用以孕育花果的情景，如此细致入微地出现在一个十一二岁的小姑娘笔下，让人被潜藏在女孩体内的天然母性感知所打动和震撼。

女孩在护雏、养育兴趣上所付出的热情，我们常在她们饲养小动物、摆弄布娃娃等行为里有所发现。我们鲜为看到的是，女孩对于生长、孕育过程的身体感知，可以如此传神地通过对花朵和绿色植物的描写表达出来，李雯月们的文字，透露出来的已经不只是对花与自身的兴趣，而显然已经对女孩身为花树的美丽宿命，流露出了神圣的庄严感和骄傲感。

### 3.女孩灵敏的感觉所捕捉到的植物深邃原始的大地讯息

在我1998年出版的长篇小说《幽秘花园》里，描写了一个小女孩好奇地走进对面山坡上的石头房子，并在石屋的深院中被一个擅长种植果木的婆婆将植物的枝叶画在身上的事情。那位婆婆所做的事，既像一个游戏，又像一种巫术：

---

①选自《月亮女孩的花园》，浙江少年儿童出版社，2013年第1版第207页。

我拉起小裙子，把脚放上一只石凳。白婆婆就低下身子，开始在我的腿上、脚上画起画儿来！

我不知道她要弄个什么，只觉得一只毛笔在我腿上又痒又凉地滑来滑去，让我忍不住地笑。我笑得一抖一抖的，白婆婆就说别笑快别笑，藕节节快长出来了！

我低头一端详——我的小腿儿已经变成胖嘟嘟的嫩藕了！

原来白婆婆是要在我身上画出那个荷藕小人呵。

不过，这是一个令人兴奋的游戏，它很快吸引我全神贯注地投入和参加进去。

白婆婆又把我的两只手掌分别画成绿色的荷叶，把手臂画成叶杆。最后她小心地在我的脸蛋儿上拍上些红色，将我的嘴唇也点上荷花苞那样的红色。

她满意地审视着我的脸儿说："活生生一朵粉花儿，不用再画了！"

大功告成。白婆婆拉着我的手，穿过屋子来到大门外那水池边。她指着微风下波光荡漾的池水说："你看看，里面是不是有个荷藕小人？"

忽然间我变成荷花女了！我心中涌起一阵狂喜，嘻嘻地笑着奔到屋子里，一个人在满墙游鱼的屋子里跑来跑去，转着圈儿。

……

坐在椅子上，我想到自己是个荷藕小人，连忙坐得好看一点，连坐姿都变了。①

这是一个长期深居简出，在庭院里侍弄花果，被人们称为“疯婆婆”的女人对小姑娘做的一个巫术一样的游戏，在这个游戏氛围里，小姑娘产生了一些奇异的感觉：

①选自《幽秘花园》，21世纪出版社，1998年第1版，参见《鱼幻·裸鱼》，新世纪出版社，2008年第1版第119页。

白婆婆说："你变了荷藕小人，蜻蜓会飞来停在你头上和叶儿上的。"我于是就真的一动不动，等待蜻蜓飞来，体会荷藕在风中静立的感觉。

屋里慢慢响起那些鱼们的吐泡和叽咕声，我觉得满屋的水柔柔地漫到我的藕节和荷叶上了。

白婆婆把我画成荷藕小人后，我像是中了邪一样，迷上了在手和腿儿上画画儿的玩法了。

我自己后来又在身上画了许多的东西，大多都是一些花呀叶的。我特别喜欢在手臂上画上些美丽的叶片，把自己弄得像白婆婆花园里那些好看的树似的。

我在手背和手臂上画上些叶片和花苞，然后一动不动地站在花园的树丛里，就像一株真正的树那样站着。奇怪的是，我这样把自己画成树站在树丛中，好像突然之间听到了一些林子里过去我从不注意的声音，我觉得它们是叶子生长的声音和花儿结果的声音。我听见花和叶子成天忙着寻找太阳的方向，不断转动自己的脸。我老听见周围一些声音在唱："叶摇摇，花开开，果儿就要走出来。"我愣愣地听着这声音。①

对这种在类似"化妆"或"文身"的行为中使女孩产生身份变换、从而体验到植物话语的描写，也许有人会质疑，认为这只是文学创作的需要。但我要说明的是，白婆婆的原型就是我童年邻居家的一位老婆婆，她正如同白婆婆一样，成天和花果庄稼说话、唱歌："她在她的绿园子里，唱着好些和季节有关的咒语一样的歌，歌词好像是催促那些树儿早点开花结果什么的。"

而在后来少女作家班一位四年级孩子曾泽宇的作品中，也出现了相似的与植物进行声音交流的描写：

①选自《幽秘花园》，21世纪出版社，1998年第1版，《鱼幻·裸鱼》新世纪出版社，2008年第1版第192页。

我真的听到了，听到了树的声音。那种声音特别清脆，但又不像鸟的声音。那声音有点诡异，隐隐约约的，有点像清凉的溪流……不知到底是真的传来了那美好的声音，还是自己心里在回荡着，总之是有那么一股声音，我听到了。

那是一股真实的声音，那声音很活，充满着生命力，那股声音像是一个人的悄悄话，一个不平凡人的声音！①

这树发出来的确确实实是我的声音呀！原来是这么一回事。我和树交换了声音，我的声音现在成了树的声音。树刚才发出的是嗓门粗的我的声音呀。

树，我不想再次拥有我的声音，我会将我的声音永远地寄存在你这里，它将成为你的声音。

“这一刻，树的声音已经被我吃掉了，被我深深地吃到了心底。然而我的声音在树的肚子里，永远也不会被嚼碎。”我不禁想对妈妈这样说。

我听到我这时心里的声音那么轻，带着清凉和绿色，像树精的声音。

等我真正变老的时候，我会再从树里取回我的声音。②

除了对女孩在近似巫术一样的游戏中体会到的植物原始生命信号的捕捉外，我们的另一些作品还有对女孩潜意识里保存的植物对大地原始感觉的表达。

我感到无力又慵倦，靠着一棵大树蹲在了大坑旁。我恍恍惚惚一动不动入定一样地蹲着，好像又将睡去。我感到树根、泥土和我一起

①②选自《绿人姐姐和小绿人》，河北少年儿童出版社，2013年第1版第57页、第58页。

在呼吸，鼻孔里有一种清冽的土坑味。我感到夜霜蒙上了我的脸和树身。那鸟呢？那时候这念头只轻轻一闪就又消失了。我看见夜空中移动着朵朵黑云，它们吃力而缓慢地挪动着，仿佛在这一望无际暗淡无光的天底下永远走不到尽头。我有些感到冷，有些感到窒息。那老树的枝子在前面的空中不安地摆动。好长好宽的夜呀，它仿佛永远也没有一个完呢！突然，从我身体内部发出一个呼喊声：

——来一点阳光呵！

这声音似乎也发自树，我不知道这是树的声音还是我的声音：来一点阳光呵——！如此漫长的沉沉黑夜里，我挣扎着恐慌着祈求地呼喊：来一点阳光呵！

——我将自己叫醒了。我仍躺在床上，并没有随鸟而去。但在醒来后很长的时间里，望着窗外一缕缕银亮的月色，我的心情久久地被噩梦中对黑夜的无望和对阳光的渴求所压迫着。我睁大着眼睛躺在黑夜中，一直等到天明。

第二天起来后，我开始认真留意树和阳光的关系。我以为我知道了树的一个秘密。对这秘密我将比谁都更为清楚，这种经由身心的烙记，它是不可言喻的。①

对于在那凉夜之梦里女孩所洞悉到的植物的原始恐怖，我把她理解成女孩这个产生酝酿生命的神秘载体，她的许多本能是暗通于树的。她是较男人远于社会而近于自然的生命存在，她身上保留着许多与树相关的特性。她携带着生命之核。

少女作家班女孩林曦在散文《飞起来的花》中，再一次传递了一株花所捕捉的大地感觉：

刚从花苞里出来的我的花瓣湿漉漉的，就像刚出壳的小鸟的羽毛

①选自《走神女孩》，福建少年儿童出版社，1994年第1版第82—84页。

一样。我闭上了还不适应强光的眼睛，一边等待花瓣干透、硬起来，一边倾听着世界的声音。

我听到我母株的根在泥土中穿梭的声音；我听到一只蜗牛在我面前慢慢爬过的声音，我想它走路一定有一些黏稠的乳白液体；我听到在我旁边的叶子打了个呵欠的声音，那声音就像是风吹过叶子，叶子们相互碰撞的声音。不过植物们打呵欠只是“沙”的一声，除了特别留心的植物，几乎没有东西可以发现。

就在我的身子努力往上伸的时候，几缕从叶缝透出的阳光照到了我身上，这一丝的温暖却让我全身的血液沸腾起来。在没有一丝阳光的花苞里，全心全意地享受这一丝能量。虽然只是一点点，但它却让我每一瓣小小的，还未长大的花瓣感受到一种全新的温暖。①

《飞起来的花》里，再一次写到了植物的“话语”和“声音”，写到了植物对“光”的敏感和渴望。

用精工细描的笔法写出花的句子和细节，传递的却是隐藏在花里的人那极其精微的生命感觉。

不管是身体还是精神，女孩和花和植物都是那么暗合相通。所以我们少女作家班孩子们一个重要的创作单元，就是将自己与花结合，写出花的女孩在生长过程中那些细致入微饱含深情的细节和感悟。

写出花和人贴切的互喻，写出花和女孩融合后升华出来的意象。

像植物那样思考和表达，使我们的女孩不但领悟和传递了花与树的美丽，而且获取了植物的智慧与力量。

### 4.从人与植物的合体中升华出的绿人

在树与花这个意象的延伸中，我们还引导孩子们，创造了一个个“绿人”

①选自《绿人姐姐和小绿人》，河北少年儿童出版社，2013年第1版第135页。

的故事。

“绿人”，是人与植物的合体，是树神与花精的化身，他们是大自然的精灵。“绿人”的故事，就是守护绿色的故事。

多年以前，我曾经和班马老师一起，为孩子们创办过《绿人》儿童杂志。“绿人”的故事，就从那时诞生。这是一个让孩子们可以亲自参与进去的故事。二十年来，无数的孩子和我们一起演绎着这个故事。

2016年，我的小长篇《绿人家园》出版。这是以广东清远丛山中的“九州驿站”树屋村为背景构思的故事，讲的是一群现代人来到山林中，仿造自然精灵“绿人”的行为方式，在树屋村里探寻天人合一的生活方式的传奇故事。小说出版后，“九州驿站”的“驿丞”决定将树屋村故事背景的真实地址就命名为“绿人家园”并设置“绿人馆”作为我们和孩子们一起进入森林课程的大自然课堂。

我们因而有了难得的感受和写作小绿人生活的环境。

和孩子们在课室和野外演绎“绿人”的故事时，我常常扮演的是那个有着长长绿头发的绿人姐姐，而孩子们则争着要做全身绿绿的小绿人。在野外游学中，我们多次玩过“寻找绿人留下的暗号”的游戏；在课室里，孩子们的项目本上图文并茂地写下了神秘的大自然隐居者小绿人的系列作品。

在《最后一抹绿》中，女孩罗韬就写下了一队绿人将身体化为草地的故事。

孩子们对“绿人”的故事充满了向往和想象，她们各自假设了“与绿人相遇”的故事情境。在初一女孩温欣笔下，小绿人的出现是和树与芽有关：

> 他被我盯得发毛。他抬起头，却始终不敢与我对视。良久，他猛地看着我，令我一惊。他的眼睛令我毛骨悚然——深绿色的眸子，略带悲伤，又略显得有些敌意。须臾，他的目光变得柔和，放下了一样东西，向左移了移。
>
> 我犹豫了一下，把那样东西拿了起来。
>
> 是一根树枝。
>
> 远处，一辆载着一车树枝的车停在路旁，一个工人爬上树，锯断

了碗口粗细的树干，树干落在车上，发出了巨大的响声。

小绿人吓了一跳，回头看时，它的眸子里充满着哀伤。

看到了他这种表情，我只觉得自己很想笑，这种伐木的情景，对于城里人来说，都不会感到陌生，更别谈惊讶了。

可是，我笑不出来。

我默哀片刻，从笔袋里拿出了一支笔，打开窗户。我把笔塞入缝中，笔盖紧紧地挨着小芽。我尽可能轻柔地把笔推向芽儿，避免伤害到它的根系，推到推不动时，我缓缓地压住笔的另一头，把芽儿给铲了出来。

它那乳白色的，瘦小的根系是多么脆弱，尽管它们还沾着泥灰。我把芽儿放到凹柜上，向后退开一步。它感激地看了我一眼，捧起连带着泥灰的小芽，以令人惊讶的敏捷身手飞快地从窗户越过。[①]

另两个十岁女孩假想中的“绿人”的出现，是为着给人们送来秘密礼物的：

过了几天，莲又来找我了。这次她带上了比她小四个月的妹妹蓬来找我玩。我见她来到，手上还拿着一个竹篮。她又像上次那样，不过她这次带了两样东西，一样是她在北方的时候拾的第一片红叶，告诉我秋天就要来临了；第二样是她在绿人望月节美食大赛中得了奖的鲜花包和鲜花汁。[②]

几个星期过去了，我几乎把小绿人给忘记了。但在这天清晨，在大雾中的阳台上看见一团被雾遮住的绿影。是她吗？我吃了一惊。她来干什么？她也看见了我，便拿出一盏装在土豆里的灯。慢慢地，我发现我们周围的雾渐渐散去。原来这盏灯可以驱散浓雾的！[③]

---

①选自少女作家班温欣习作。

②选自少女作家班江可柔习作。

③选自少女作家班刘懿涵习作。

女孩江可柔假想中的“绿人”，是给人类送来自然讯息和送来绿色素食的使者和美食家；而女孩刘懿涵则期待“绿人”给人类送来驱散雾霾的驱雾灯。在她们眼里，“绿人”就是和树与植物站立在一起的人类与大地的守护神。

关于“绿人”与树的紧密关系，《绿人家园》中也写下了这样的章节：

### 绿人家族秘史：树的意义

在绿人家族里，绿人们所挂念的，除了自己的家人和爱人，那就是树了。

树在绿人眼里，如同大地与母亲一样重要。绿人们生在树上、住在树上，树为他们提供房子、空气、风和阴凉。树是绿人不会说话的保姆和亲人。

绿人从小在树枝的搂抱和摇晃下，闻着树身和花的香气，听着树在风中的叹息，看着美丽的伸展在天空中的树枝和树叶长大。树上的花和果子，是他们每天躺在树洞和鸟巢一样的树屋床上都伸手可摘的东西。

绿人们认为树是地球上最美丽最可信赖最温柔顽强的生物，他们常把树当作女人看待。他们认为树叶树枝的姿态、花的娇媚，胜过了最动人的女人；而树对故土的一往情深、不离不弃，以及它坚持用身体遮蔽一切爱它和害它的人，都那么像那些憨厚宽容的妈妈；还有，树在春天里用花朵来呼唤着等待着梦想着它所爱的人，又多么像让人怜爱、心疼的少女。

关键的一点，树永远坚持不离开土地、永远想在地球上繁殖出生命的“绿”的本能，是绿人一直追随着树、树长到哪里他们就跟到哪里的原因。

绿人因为自己有着和树相同的肤色而骄傲，他们把自己视为树的孩子、树神的恋人。他们的孩子一生下来，就会去寻找一棵他命中注定的保姆树；而当他长大，这棵树就变成了他的情人树；到他死的时候，他便葬在这棵树下，使他的灵魂最终和这棵树彻底地结合在一起。[①]

植物作为大地上古老的土著，产生于人类之前，也将消亡于人类之后。作为人的远亲近邻，植物与人类应该是一种共生与合作的关系。它们荫庇着我们的家园，装点着我们的生活，提供给我们食物和新鲜空气。

喜好用植物来作为装饰和佩戴的女孩，如果有一天失去了花草枝叶的伴同，那将是无法想象的一种缺失。而更为重要的是，植物与树林在我们这个星球消失的那天，也将是人类无法在地球上存活的一天。

植物对于大地和人类的重要，我们古老的祖先早就有所领悟。日耳曼古老的法律里，对于剥去活树树皮的人，处以挖去他的肚脐和肚肠、以人命换树命的严惩；而立陶宛人对树神的敬畏，使他们相信谁在神树上砍去一根树枝，这人就要失去一手一足。[②]

在人的占有欲膨胀到为扩建现代城市而移山填海，砍倒一片片森林植物，用水泥和楼群覆盖泥土与密林的今天，我们似乎有些忘记了，离开植物的庇佑所面临的灾难。

在少女作家班写作《树》这个专题的时候，我也为女孩们写作了《树的屋子》这个故事，它讲了一个女孩将一棵叶子花树作为自己的树屋和密室，并坚持守住与树相守的诺言的事情。

是那个一直住在叶子花树下的小屋人家的女孩。傍晚这个时辰，正是女孩放学的时间，树知道。好几年了，女孩每到这个时辰就沿着那条小路回到家，放下书包，叫一声“爸爸妈妈我回来了”，就钻到这棵树伞一样的枝叶下来。她会抱住树干，也对它叫一声：“嘿！我回来了。”

女孩走近了，把书包放在废墟中的窗框上，对着窗框愣了一会儿。

①选自《绿人家园》，浙江少年儿童出版社，2016年第1版第97—98页。

②出自詹·乔·弗雷泽《金枝》，徐育新等译，中国民间文艺出版社，1987年第1版。

然后走过来，钻进叶子花树的枝叶下。“嘿！”她叫了它一声。

树用了全身力气想回答她，但它只能抖动了一下。它本来想说：“嘿！你回来了！[①]

那棵被女孩叫作“密室”的树之所以站在了废墟中，是因为老屋被拆掉，它也将惨遭砍伐，那里将盖起一片高楼。在大树被砍倒的那一刻，赶来救援的女孩惊异地发现——树的影子摇晃着站立在原地，对女孩说：“帮帮我，我是不会走的。”

女孩转回头，她隐隐约约看到，一团美丽的淡灰色影子，在她眼前摇晃。她睁大了眼，什么也没有了。她虚起眼睛，调整视线用心去看，她又看到了：一团淡灰色影子，美丽的叶子花树的影子，正在那坑中的老地方摇摇晃晃。“孩子！扶我一下。”影子发出了这样的声音。

女孩松开男人的衣角，转身扶住了它。她用力太大了——影子那么轻，像湿漉漉的雾那样在她头顶飘摇。女孩心里咚咚跳着，小心地扶住它，轻声问：“你、你是什么？”

影子停止了摇晃。“孩子，我不会走。我的影子会一直留在这儿。”[②]

在这个故事里，女孩用了一切方式来留住树的影子，这个影子对她是如此重要，护住它，就是护住了女孩与树永远相守的诺言。所以，当这片树影的位置被建设起来的高楼所占有，树再次将影子投附在楼墙上时，女孩终于找回了被挖走的树身，并将它分植在一个个邻居的阳台上。后来这棵失而复得的树环抱着女孩的家，长成了真正绿树红花的树屋。

每到夜里，树闻着楼里人们温暖的呼吸，轻声吐出凉爽的叹息。

---

①②选自《树的屋子》，浙江少年儿童出版社，2014年第1版第3页、第6页。

它仿佛回到了过去那个古老的村子。它想对那一栋栋楼说：其实，树早已习惯了与人们为邻啊。

一个月光如水的夜晚，叶子花和它的影子，在女孩家的楼墙上追逐舞蹈着。它新长出的花枝探到女孩的窗口……忽然，那娇嫩的花影在窗外触碰到了什么，对，是那老杆上的一些刻痕。

“我的树屋。我的密室。”

女孩几年前刻的字，留在树身上。那些字慢慢长粗、长大，和树枝一起，贴在楼墙上。人们已看不清这些变得有些模糊的字了，但树知道，它们是树和女孩之间的秘密，和永远相守的约定。

叶子花树用影子摸索着身上的字，将女孩的家，紧紧抱住。

“嘿！我回来了。”①

明白植物与人类是一种合作与共生关系的女孩，在植物的习性上找到了她们彼此的亲缘关系，她们就会生发出自然和大地保护者的情感。

英国学者弗雷泽在《金枝》一书中说，由于少女与自然通灵，所以在世界各地的民间，人们挑选出少女来扮演他们的“树神”，也就是生命与自然的保护神。

期待着女孩们的笔下走出更多的“树神”和“绿人”。在漫延的城市最后的原野里，女孩本应该与植物和大地一起，美丽倔强地站成一片，成为真正守护生命之神。

为此，我送给过每一位少女作家班孩子一支花形的笔，让她们写出“我的花”的花语和品格，盼望她们妙笔之下，万物花开。

有一位女诗人丫丫写过这样一首后现代派诗歌：

巨大的浴镜前

我小心翼翼穿上——

---

①选自《树的屋子》，浙江少年儿童出版社，2014年第1版第11页。

不锈钢内衣
塑料背心
红木短裙
玻璃外套
橡胶连裤袜
水泥长筒靴
最后不忘戴上
亲爱的纸花小礼帽

你站在镜子背面
一语不发
拿着透明螺丝刀
不慌不忙
将我一件一件，一点一点
拆下来
我终于成了
一堆废土[①]

这首诗从一个侧面再现了被异化的现代人丧失鲜活生命感觉的荒诞图画。而植物作为原始生命的符号和象征，当然就成为花样少女的美丽图腾。

在我们师生共同创作的《绿人姐姐与小绿人》这本书里，力图呈现女孩与植物的类比和生命感应、少女作为绿色生命守护神的角色暗喻。追求精致而感性的将女孩与花朵结合一体的生命生长描写，和对“绿人世界”诗性的理想诠释。希望通过这本书，大家可以看到一个个姿态各异的“爱美的花”“母性的花”和“有梦的花”在女孩们灵动的笔下，展示出生命生长的蓬勃、新鲜与顽强。

①选自网络。

# 女孩们的月亮符号
## ——月亮女孩的文化角色及故事演绎

古希腊神话里，太阳神是男性，月亮神是女性。我们中国文化中，也历来把男性视为阳，女性视为阴。造物主对这个世界的安排是完美而细致的，我们应该努力去领会他的暗示。

美国作家艾瑟·哈婷在《月亮神话》里提出，“人的本性之一就是女人明显区别于男性的女性特征”，这种特征又被称为“女性原则”，在她的书里即是与月亮有关的女人的自然特性；“不少妇女在少女时代……便与她们内心的女性原则疏远了。这大概是当今不幸福和感情不稳定的主要原因”。她提出一个女人与其内心女性原则的联系，毫无疑问对她有非常重要的个人意义，她强调这“甚至是世界性的所有女人的问题”“今天急需这种与女性原则的新联系去阻止西方文明中男性格调的片面增长”。

哈婷指出“古代月亮女神信仰代表了对情感生活的教育”。她追随荣格的理论提出了月亮所象征的“无意识产物的建设性含义”。

哈婷认为月亮带来的其实不是思想、逻辑和知识，“思想的特征应属于太阳”，月亮带来的是“伊西斯的智慧”。月亮下形成的观念，是倾听自己内心的声音得来的，具有力量和强迫性质。信仰月亮的人们通过分享苏麻酒而放弃自我控制，听任自己潜在力量的流入。

对于哈婷的研究，笔者基本是认同的。月亮带来的灵性、集体无意识和潜意识，使月亮下萌发的念头深切、真挚又赤裸，就像处于白日梦中的少女的喃喃自语。

月夜是什么？月夜是无需遮蔽的脸、无需遮蔽的心，以及随着遥远的光芒和呼喊回到内心梦境、回到自然的那条隐隐约约的路。

月夜是人类的噪声灯光减弱后，大地重回浩瀚星空的那一刻。我认为寻找月亮下的心灵图画，就是寻找那个被白天蒙蔽和遮盖了的真实的自己。就是脱下白天穿上的文化外衣，从约定俗成的教条和经验里解放出来，拧开心灵的灵性阀门，去触摸那个血肉丰满的自己和自成一体的强大的自然，以及那个伟大自然给予我们的种种暗示和指引。

所谓“思想的特征应属于太阳”，应该是指人类文明中所积累的经验。但我们的经验只是一种太阳下的发现，同时也完全可能是一种局限。

而“来自月亮的念头”是从宇宙星云最初的生命意识里带来的，它暗示的智慧可以作用并校正我们的行为，然而却不一定为我们所明了。这种来自遥远的生命感觉和深切的身体记忆的“月亮智慧”是否每个人都能够找到并重新获得呢？我们的孩子是否还有月亮的感觉和意识？

在一个个被作业、电视、网上游戏塞满，又被高楼、网吧、K厅围困的夜晚，在原野、乡村被城市和道路切碎的时代——孩子们其实是早已丢失了月夜，丢失了月夜独立沉思的时间和广阔深邃的空间的。孩子们能够想起月亮的时候，可能只剩下中秋那个唯一的夜晚了。

那么，孩子们还能发现月夜、找到月夜吗？

为此，我们少女作家班专门开设了一个写作“月亮女孩”的创作专题。我在孩子们的作品里看到，在这个越来越机械化的时代里，仍然藏匿着仙子般的月亮女孩。她们的文字虽然像露珠一样天然、稀少，但也如同露珠一样，将清凉珍贵的光芒照向了我们，让我们疲惫麻木的身心在她们描述的月夜里醒来。

## 1.月亮女孩在月夜的醒来和发现

哈婷作为一位心理学医生、历史人类学家，通过对大量人类原始神话和心理案列研究，指出“我们生活在一个执政者和科学家的时代”，当今的世界问题和我们对世界的不满，使得“人们越来越明显地感觉到，不可能在堆积的产品和新发现的能源中找到幸福美满的生活”“今天的生活是空虚和贫乏的，不论我们是否希望，我们都要从内在苏醒的精神源泉中寻求更新”。

我们呼唤月亮女孩的苏醒。

有关“被月光唤醒的女孩”的描写，在我和学生们有关月亮题材的创作中曾经多次涉及到：

是在夏夜，假日的夏夜。

起初女孩泠泠以为是梦。睡梦中，她感觉有一些如同雾和水纹一样的光亮浸到她的身上来。她好像躺在一条乳白色的小河里，如同一条水波中的小鱼。若明若暗的光波，潮汐一样抚拍着她的身体，她看到自己周身变得白亮、饱满，又像正在膨胀想要张开的花蕾一样。她就醒了。

坐起身，蒙眬地睁开眼——哇，好白好浓的月光呵！月亮太大了，月光居然探进窗户里，覆盖到她的床上和全身了。

泠泠嗅到了小花园里一些花朵和叶子浓重的气味，嗅着这气味她感觉到月光在外面游荡，惹起一些细小的声音。她在花儿和叶子的动静中，听见有一个虫子一样细小的耳语声在对她说：来、来、那月下的花园……她被这声音牵引和迷惑着，半睡半醒地坐起身，打开门，穿着白睡裙走到家中小花园里。

老天！好大的月亮呵！花园如同白炽灯照着一样，树影那么暗那么浓。她一出现，花园里就卜卜卜地响了几声，不知是月光下的青蛙还是鸟儿，躲回到暗影中去了。她深深吸一口夜晚花园的气息，感到全身的汗毛都像蒲公英一样张开，和周围清冽的夜气联通了。她伸展双手，突然间好想在夜花园里跳一个舞。①

月夜对于疲劳粗糙的心灵来说是一张昏睡的大床。但对于回到内心的探索者来说却是从白天的假象和混乱中脱离，注视世界、舒展自己的自由之境，是醒来之地。

在这个故事里，月亮女孩在月光的抚摸下醒来，“看到自己周身变得白亮、饱满”“如同一条水波中的小鱼，又像正在膨胀想要张开的花蕾一样。”她的身体和心灵在月亮的潮汐中醒来了，并且听见月亮女孩们对月夜而唱的颂歌：

为什么夜色是清甜的
为什么黑暗是微苦的
为什么孤独是银色的
为什么思念是乳白的
为什么寻觅是暗夜的
为什么舞蹈是月下的
为什么宁静是广阔的
为什么飞翔是无边的
因为世界是神奇的
因为生命是醒着的
因为夜晚是精灵的
因为女孩是月亮的②

这首月亮女孩之歌，出现在我为少女作家班女孩写作的《月亮花园》里，

①②选自《月亮花园》，人民文学出版社，2011年第1版第105页、第113页。

这个故事里的所有人物，几乎都在我们少女作家班的女生中找得到原型。我们曾经在海边的沙滩上举行仪式，穿着白裙，手拉手，共同吟诵这首歌。

少女作家班女孩曾泽宇在《月光手电》里，也出色地描述了女孩被月夜唤醒的情境：

> 四周充满了花香的气味。明亮的月亮变得更亮了，让人终于能够呼吸。
>
> 我突然觉得周围的一切都复活了。我压抑孤单的心在呼吸、复活了。①

作品中的“我”在月夜里看到了月亮上的女孩，当“我”被月色唤醒，看到神秘的月亮女孩的时候，隔着朦胧的雾，月亮女孩对“我”说的一句话也是“你把我唤醒了！”这是一种来自精神深处的呼唤和回应。

> 湖面泛起了一层一层的轻轻的水纹，每一圈，似乎都带着她的秘密的味道。
>
> 说真的，我这次真的看到了她，真的。她穿着一身淡黄色的衣服，她的头发带着点透明的黄，像月亮的黄，美丽的身躯让人一见就心动，但在朦胧的烟雾中，我看不见少女的相貌，即使是用在月光下得来的手电，也看不出她迷人的样子。
>
> 烟雾降临，湖面，包括我的月光手电都盖上了那层雾。少女只对我说了一句话：“你把我唤醒了！”②

在月夜里，我们被清亮的月光、清凉的夜气所唤醒。我们在一片宁静的夜空中，发现了我们白天里忽视和遗忘了的世界——那另一种充满大地灵性的恢宏又精致的存在；发现了我们生命中沉睡和模糊了的不一定实

①②选自《月亮女孩和风的孩子》，河北少年儿童出版社，2013年第1版第33页、第33-34页。

用、然而很重要和本质的需要；我们在这种发现中身心都变得自由、真实和喜悦，我们重获生命的激情，我们找回了想要的东西。

这种由月亮女神带来的月夜潜意识的苏醒，当然更多地发生在保留着较多原始直觉和情感感知的女孩身上。

对情感的寻找和守候，是大多数女孩和女人终身都走不出的网。在少女作家班女生杨斯路的作品《月亮的眼睛》里，就描绘了一株寻找月亮目光的向月葵在夜晚与月亮女孩眼睛的相互注视和情感互动——

月亮出现在了天空中。

身边的同伴正在休息，我却兴奋得难以入睡。

我仰头望着她。我的眼睛为了看到她而转动，就像身边的朋友们在白天为了看见太阳而转动。

她似乎也在望着我，用她那淡黄色的双眼望着我。……

“在天空中的时候，我每天在夜晚，都会看见一双眼睛，那双眼睛发着淡金色的光。我望着她，她也望着我。即使是有云雾挡住我，她也望着我，我能望见那双隔着云雾但依然亮亮的眼睛。我今天是特地来找那双眼睛的。”女孩轻轻地说。

我惊讶地望着女孩。

过了好久我才说话，“你知道吗？那双发亮的，看着你的眼睛，是我的眼睛。”①

而在斯路另一篇作品《月亮的风筝》里，又再一次描写了一个身处离异家庭的女孩，在月夜里将水中月亮的倒影看作轻盈的风筝，牵着它走入和父母相聚、月下游戏的梦幻情境——

从那天晚上起，宁每个夜晚都会来放风筝，来听月亮唱歌，并牵

①选自《月亮女孩和风的孩子》，河北少年儿童出版社，2013年第1版第22—23页。

着月亮的手在草地上飞跑。

在那片草地上，每天晚上，都会有风在吹，有月亮在唱歌，有一个女孩拉着一个发着淡黄色光的风筝在轻快地走着。那风筝飞得很高很高，那风筝看起来轻极了，却似乎可以把女孩带到草尖上飞起来。那风筝上面有着月亮的颜色。

那片草地的晚上永远是快乐的，永远是优美的，是一幅梦中的夜景。①

这个女孩的东方审美和柔情，使得她在月夜生发出对月亮的“圆满”的期待和月下“聚合”的期待，这种对月亮圆缺的物理现象的感性理解，在“但愿人长久，千里共婵娟”和“举杯邀明月，对影成三人”的中国诗意里源远流长，这是超越了生存焦虑对精神快乐的追寻，是在安静下来的月夜，心灵苏醒后的寻觅。

## 2.月亮女孩带来的月夜符号和礼物

哈婷在她的著作里强调“月亮思想”是一种“女人式的思想”，月亮带来的思想不是在人脑中发生而是起源于人的存在的最深层：“来自月亮的是幻想、直觉和奇怪的念头，大约为原始人和远古的文明人所确信。”月亮带来的直觉和观念不是理智的标准，而是“隐藏在不平常形式下的深刻的真实”，“它们也许是创造性地不同寻常，充满了狂喜，就像苏麻酒带来的迷狂”。而“苏麻酒带来的不是知识和学识，是一种不知其所以然的大自然的智慧”。

醒来的月亮女孩会给人们带来什么呢？一群月亮女孩可以培育成为月亮家族吗？

为了完成这个探索和尝试，我们少女作家班的课程里，设计了这样一堂课，一次月亮女孩的聚会。

①选自《月亮女孩和风的孩子》，河北少年儿童出版社，2013年第1版第30页。

女孩们坐在录影棚一样的课室里，面对她们的是一面巨大的屏幕，上面投影着一幅幅月夜的图景。课室里是一片安静的银白和深蓝，孩子们的脸和白裙浮在月光中，每一个孩子都穿着月亮女孩的白裙子。她们轮流上台，表演和解说她们的作品——《献给月夜的礼物》。

孩子们都分别准备了一件月夜的礼物：有月夜里起舞的白鸽，有发出风铃撞击声的小星星，还有一只能收听到月亮歌声的耳机……

当我们按孩子们的要求在屏幕上投射出不同的月夜背景，一个个孩子就分别拿出自己的故事道具，向同学们讲解她月夜礼物的含意。不同的月夜礼物，都围绕一个相同的主题：月夜的故事和月神的行为。

我一直把我们少女作家班的女孩，就叫作月亮的女孩。我在《月亮花园》里写到的情节其实就是我们班《月夜礼物》这一节课的再现。而故事里描述的一群月亮女孩所拿出的月夜礼物，分别代表着月亮的各种象征和文化符号：

> 紫裙女孩就从裙兜里叮叮咚咚拿出许多五颜六色的小瓶瓶，对伙伴们说：“我在这些小瓶子里，用夜间开的十几种花，和着花蕊上的露珠，制成了这些不同气味的夜露。用它们滴在额头上，即使没有月光的夜里，你也可以听到花儿的说话声，闻到花瓣在夜雾里洗澡的气味。就是住在几十层高楼上的小孩子，也可以知道月夜里露珠滚动在青草上的样子、知道青苔的小叶子是怎样长起来的。”“我想把这些夜露，送给一直住在城市高楼里的孩子。”①

这个孩子在夜露里收集着夜晚植物的生长气息和生机勃勃的大地夜气。

> 最小最小穿淡黄睡裙的小姑娘月荷说：“我用月光的泪水，浸透可以使人复活的黑根白花草，织了一张柔软的围巾，戴上它，不会哭的

①选自《月亮花园》，人民文学出版社，2011年第1版第109页。

人就会懂得了伤心，像石头一样硬像木头一样粗的心就会变成丝线那样又细又软。我要把这围巾，送给我的爸爸，让他懂得妈妈为什么常在夜里流泪。”①

这个孩子的“月光围巾”代表着夜晚人们内心泛起的细致情感和情感的传递。

“而我带来了一个月亮的拨浪鼓，它比月神伊希斯的西丝镦还奇妙。在月夜，一摇起月亮拨浪鼓，它就可以让你去到白天顾不到或者不敢去的地方……比如你最想念的人的门前，或者你要向他道歉的人的窗口。它还可以带你去到再现自己过去某一年某一天的镜子前面。”淡红裙的月昊接着说：“我要把这个拨浪鼓，送给丢了魂的人，或在白天说假话和不会说话的人。”②

被月亮的拨浪鼓敲打的心灵，可以揭去白天的面具，真诚勇敢地直视自己的内心。

文静的绿裙小姑娘月亭，托出一间全透明的可以看透墙外一切的小玻璃房：“我带来了一间叫‘宁静’的小房子，等待月夜来访的神秘事件、神秘朋友。”她微笑地注视着小房子说：“这间透明小房子，会放进一只小小摄像机。希望它，能够发现和记录弟弟盼望的月夜故事。”③

夜晚的玻璃房，叫作“宁静”和“神秘”，是对月下世界的秘密探访和记录。

①②③选自《月亮花园》，人民文学出版社，2011年第1版第110页。

“我带来了一个星星枕，是用蒲公英、满天星和薰衣草的种子，加上陨石的粉末做成的。睡在星星枕上，你会做美妙的飞在夜空里的梦。你会遥望到世界最美的角落里最有趣的人和事，从高空中发现世界原来有那么广阔。你的梦里不再是永远走不出的房间和搬不完的钱柜，而能透过屋顶看到星月的光芒。”月安安拿出了一个鼓鼓的小枕头：“这个小星星枕头，送给我连觉也睡在办公室里的叔叔，还有那些渴望变成鸟儿的人。①

陨石粉末和星星枕头，带来的是与白天功利琐碎对立的夜晚广阔无垠的自由。

“我带来了月光作业机，让它清理掉我们白天怎么也做不完的多余的作业，不让它们塞满了夜里的脑子，好让其他的梦可以挤进来。”橙黄裙的月子宁，拿出一个奇异的盒子：“我要把它送给我的黑眼圈哥哥，以及他们全体六年级同学。”②

月光作业机，带给孩子们的是放松和放下，提供着童年应该有的庇护和栖息。

“我带来了这个。”那个穿半透明黑裙、皮肤最白个子最小的月兔儿，从藤筐中捧出一只小小的猫头鹰：“这只绿眼睛鸟儿，是用来赶走黑夜里的大老鼠、吸血鬼、还有一切追赶人的妖怪和暗影的。我把这只猫头鹰，送给我自己，也送给每天晚上都怕影子的表妹。”③

夜晚的猫头鹰，是阴暗与反阴暗的符咒，象征着月的阴影中出现的黑暗之力和与之抗争的驱邪之战。

①②③选自《月亮花园》，人民文学出版社，2011年第1版第110—111页。

最后一位月亮女孩的一段文字，是她在一个失眠的月夜所写的：

“世界睡了，我醒着。白天的喧嚷和浮华隐没之后，心像烛光一样，闪跃出宁馨和明亮，这个空间不大，却适合属于灵魂。触角自由舞动、感观出奇灵敏……[①]

月亮女孩的礼物里有着和平、柔美、宁静、护佑的母性情感，但也会有着激越与飞翔、挣扎和疗救的女巫符咒。

在少女生长中的身体处于发育期时，如同月亮的盈亏那样，她们会开始遭遇作为女性性征的每月身体周期。刚刚进入女性身体周期中的女孩，受着躁动不安的自然力的驱使，有可能会在困惑中被疯狂的情绪所支配，这时候的月亮女孩们进入了她们的“阴影”之中。可是一旦她们认识到自己的行为由来，她们就可以将身体的激荡期转变为创造力的喷发口，将黑暗的能量化为明亮的光和动力。

多年前，我曾经在《蜕变的诗》中，描述过女孩在由小姑娘变为女人时，身体处于特殊周期的那种潮汐似的感觉和行为：

这种事悄悄地就来了。

纹子坐在太阳下做作业。她觉得太阳温热得越来越醉人。她觉得太阳光正萦绕在她头顶，又柔柔地涌动着流过她的脑子和周身的血管，热乎乎地肿胀着她，使她仿佛发着炎，微微地燃着，昏昏沉沉地就要在突发的疲惫和倦怠中睡去。

然而许多莫可名状的幻觉却在太阳光里向她探头探脑，接连不断地兴奋刺激着她的感觉和情绪；她的思维总不连贯，总不能集中精力来对付好那些作业。四周的景色时而温柔无比，时而又甜美得恶心。她仿佛浑身酥软地发着炎，强烈地感触谛听着，充满莫名的要求。但

①选自《月亮花园》，人民文学出版社，2011年第1版第111页。

她自己也不知道要求什么。她觉得她的身体是入了邪，与什么东西联通了，骚扰着她，使她心神不定。她想竭力听懂来自四周，来自自己身体的暗示。

她站起身，专心地凝视前方，又茫然地坐下去。我这是怎么了？她想。她长久地眯缝起眼睛，盯住太阳光里那些醉人的闪闪烁烁若隐若现像某种心情一样只能感觉不易看清的东西，沉浸在一种迷惑一种满足一种多愁善感的状态中。

那股涌动在她血管里的阳光，堵塞在了某处，堵得她阵痛。倏地，她明白了。就在这时那阳光从她体内冲流出来，它冲流出来了。

纹子满脸绯红地跑进自己的小屋。它来了，纹子心里说。

它来了呀！一个可以结核的开始熟着的女人，正向她少女的身体走来。①

这样的遭遇会发生在每一个青春期的少女身上，就如同海水在月亮盈亏下的潮汐涌动。在共同的悸动不安中，有些女孩会从困惑中走出，将敏感的身心感应和生命激情倾注在创造性的建设行为中，从月亮的阴影里摄取能量释放出明亮的光芒。

当她再从小屋内走向院子的时候，脚步庄重而缓慢。她知道自己的体内正在发生着一场蜕变，简直是将不得了地改变着她。她异常紧张地倾听着经受着这激动人心的震撼，一边却对自己说：没什么，我要保守这个秘密。

重新坐在院子里，纹子望着下午阳光下的世界，不知道这个世界是否知道她的身体里正在经历着微妙而巨烈的变动。蜜蜂在木栅栏的丝瓜花上嗡嗡地采着蜜，一切静悄悄的，然而又微动着。

她含情脉脉地注视那些攀伏在栅栏上的丝瓜花、那些在院坝里觅

①选自《走神女孩》，福建少年儿童出版社，1994年第1版第207—208页。

食的雏鸡，突然很想要干件什么事，比如写一封信。但她不知写给谁，她就随手在纸上写下了几行字，全是不相联的感触，但它们念起来却像最好的诗句，弥漫着一种特别的腥香的女人气息。纹子自己也惊诧于纸上那些诗句，她隐约记起前两次，也在这个时候她写下了另一些美妙的句子，同样出色得不像她写的。

……

她突然听懂了自己身上和行走在这个世界中的诸多暗语，她突然明白了一些注视和眼神，并憧憬着与它们一次次会晤。

一个无忧无虑蹦跳着的女孩，变得文静而心事重重了，仿佛在专心幸福地酝酿一种酒，这酒首先就醉了她自己。

她计划开始留一头长长的女人的头发，买一条端庄的碎花飘曳的长裙，再备下不属于小女孩所有的小内衣。她要穿戴着这样的装束，随涨潮的海水一起慢慢散步在月光下了，她也将是在满月时波动不已潮涨不已的海水。她幻想着一个梦一样的自己，以及与那个自己有关的美妙的一切。女人的秘密向她开放了。

同时，在下午的阳光下，她感受着身体里温热的蜕变和阵痛，昏昏沉沉地堕入喜悦、羞涩和自豪中，她随手写下许多的诗，她将在这种时候写下最好的诗，她想，将来也会如此。[①]

无论女孩是处于明亮的满月还是昏暗的黑月时期，她们身心对自然的感应所得到的灵感和智慧，都使她们接近西方和东方传说中的月亮女神。

在弗雷泽的《金枝》和哈婷的《月亮神话》中都写道，月亮是丰收的施者。原始部落的人们认为，月亮具有丰富的能源，它使种子萌发、动物生产、女人怀孕，女人在月亮的监护下，完成对植物和孩子生长的料理工作。

在古老的神话中，月亮还是生命之船，是灵感、天赋与再生魔力的赠予者。

---

①选自《走神女孩》，福建少年儿童出版社，1994年第1版第208—210页。

月亮女神的早期形象还常常与月亮树、牦牛、蛇、熊等图案结合一起，这体现出人类不只是对作为丰收女神的月亮给予赞颂，也是表达了人们对大地之母的月亮具有的“洪荒之力”的敬畏。

在原始的月亮崇拜中，崇拜月亮就是崇拜自然的创造力，崇拜人的本能里合乎自然规律的智慧。

我们相信，月亮和月亮女孩送来的，是大自然对生命的馈赠和暗示，是智慧与灵感。

**3.月亮女孩梳理和倾泻情感的夜晚**

在我的记忆中，有两个和孩子们一起在巫峡度过的月夜让我印象深刻。

一次是在神女谷原始深谷里，在翠屏峰的高山顶，广州市的孩子与山村的孩子聚集在山顶小学唯一一位老师的泥屋前，在火把和星月的光芒下，城市孩子和山村孩子一起唱歌到深夜。当山村孩子们归去的小灯消失在远远的山路上后，我们的孩子坚持要在泥屋外的土坝子上睡觉，她们想要望着天上那么大的星星和月亮、听着山中麂子和鸟儿的梦话，在山风中紧贴着大地入睡。

另一次是在神女峰下的一个月夜。我们带着孩子们在长江岸边的农家，点着灯笼写作一封“给古人的信”。忽然，一个女孩的哭声响起，接着她竟对着长江和神女峰、对着灯光中的伙伴，将压抑在心中许久的委屈和烦恼喷涌般哭诉出来！她足足哭了半个小时。我们被震撼了——在这宁静美丽的月夜，在神女峰下，不只是一个女孩爆发出哭声，围绕她的女孩们全都在那一刻泪光闪闪。

我想，如果这时候她们照例坐在自己封闭的书房中，机械一样做着作业，她们会想到哭吗？在这个夜晚，是什么东西，将她们的心激活、唤醒了？

在月夜里苏醒过来的意识中，有被白天淹没的美妙安静的声音、画面、心境，也有埋藏压抑在心底的苦痛、担忧、牵挂。月亮就像一面明镜，你用手抹去它白天的尘埃，它呈现的是赤裸裸的美、赤裸裸的爱、赤裸裸的痛和赤裸裸的愁。这些心灵的镜像，我们如果一味回避，我们的心就变为了病死的石头和麻木的机械；我们只有在夜晚直面和整理好自己的内心，完成一个梳理、调整的过程，第二天才能踏踏实实迎接太阳下新的日子。月夜是蝴蝶诞生前那个茧，毛毛虫要在里面长出翅膀，飞出这个黑暗的茧，才能变成蝴蝶。

少女作家班小学五年级女孩章弘在她的作品《月光下的贝壳》里，向我们描述了月亮的阴影里一种沉重和冰凉的声音：

> 那是五月的第二个星期天，也正是母亲节。
>
> 当夜幕降临时，在大海边的沙滩上，有一位少女。她就是伊灵。
>
> 伊灵孤独地坐在海边，双腿合并，一双纤细而修长的手抱住膝盖，水灵灵的眼睛直望着一轮明月。
>
> 海浪轻轻地推，推向伊灵的小脚丫，她并不觉得很痒。默默的，沉默不语。月亮好奇了，用它那盏金黄的灯，去探查她的心。
>
> 月亮钻进伊灵那幼小的心灵，探查了片刻，结果却无所收获，它只好回到深蓝深蓝的天空上，将脸藏在深蓝色的夜帘后，悄悄地观察着伊灵的一举一动。
>
> 海浪轻轻地荡上了海岸，推上了许多五色的贝壳。贝壳舀着一勺海水，皎洁的月光仿佛踏在贝壳的水上，贝壳里的水被月光映照得银白银白的。①

文章一开头，就写道“在母亲节的夜晚，月亮用它那盏金黄的灯，去探查消瘦的小女孩伊灵的心。”伊灵是一个有心事的女孩，而月亮是负责探查心事的使者。

①选自《月亮女孩和风的孩子》，河北少年儿童出版社，2013年第1版第46—47页。

一阵海风从海面轻轻地吹过，伊灵深深地吸了一口气，屏住呼吸。而贝壳里的海水却轻轻地荡漾着，好像是打了个冷战似的。海水活跃地跳动着。伊灵无奈地斜视着眼睛，无精打采地瞅了瞅身旁跳动着月光的贝壳，又若有所思。

霎时间，月亮突然又像一盏灯似的关闭了起来，荡漾着波纹的海面也霎时间平静了下来。鸦雀无声，一片漆黑。就在那鸦雀无声的一刹那，伊灵刚起身准备离开，却听见一个凄惨而又十分缥缈的声音：

"伊——灵，你——别——走，我——还——想——再——看——看——你——"

这句话断断续续地在沙滩上回荡了几次后，伊灵立马站了起来，跟着断断续续的回音，寻找着。

因为，她听得很清楚，那正是她妈妈的声音。

渐渐地，回音逐渐消失了，伊灵望了望四周，大声叫道："妈妈，妈妈，你在哪里？你在哪里呀，妈妈？"大海仍然十分平静，沙滩仍然是漆黑的一片。伊灵感到很失望，她一下子跪在软软的海滩上，双手紧抚在心头上，眼眶不禁激出了泪水。①

这是一个寻找着母亲的孩子，当月夜里传来母亲缥缈的声音，读者隐约感到了她的母亲身份的异常。接下来小作者用了不少笔墨来描写逝去的母亲以幽灵的身份出现时的声音和形象：

就在她感到失望的那一瞬间，伊灵似乎看到了一群黑影人从海面轻飘到沙滩上，往不远的地方轻飘而去。伊灵定睛一看，立刻被呈现于眼前的情景所震惊而不禁呆住了。那一群黑影人都是同一个模样的，全都很像伊灵的妈妈。更奇怪的是，那些黑影人不是走着的，而是往她妈妈的坟墓那边飘去。伊灵诧异地睁大了眼睛。

---

①选自《月亮女孩和风的孩子》，河北少年儿童出版社，2013年第1版第47页。

这时，伊灵看见那一群黑影人又往海面飘来，最后又往伊灵身边飘来。伊灵本以为是海风吹的缘故，可是海面风平浪静，怎么会有风呢？

当伊灵回过神来时，吓了一跳，再一次惊呆了。她发现那群黑影人排成椭圆形，从不远的地方朝她走来！那些黑影人离伊灵越来越近了！眼看就快要把伊灵包围住啦！

“啊！”伊灵终于忍不住了，尖叫了一声。

那些黑影人没有放弃，仍然朝她走来，还整齐地传来这样一句话：“别——害——怕，宝——贝，我——不——会——伤——害——你——的，你——不——认——识——我——了——吗？我——是——你——妈——妈——呀——”①

接下来，小作者写出了一段小女孩为逝去的母亲所做的一个近似月下巫术一样的行为：

伊灵明白了，她也不害怕了，变得很冷静。因为那确确实实是她妈妈的声音，妈妈果然来与她说话了。

当那些黑影人离伊灵几米左右的时候，月亮却霎时间敞开了，月光照在海面和沙滩上，那些黑影人立刻中了咒语似的消失在茫茫的大海里。

伊灵失望到了极点，比从前更加伤心几十倍，几百倍，甚至几千倍。月亮把她妈妈夺走了，她责怪月亮。这会儿，海面由平静变得翻滚起来。（那可能是妈妈也在埋怨月亮吧！）后来，倒映在海面上的那轮明月瞬间变得零零碎碎了，而伊灵却变得微微地高兴了。

伊灵哭着望着她身边每个孤单单的贝壳，她把它们捡了起来，扔向海面上那个零零碎碎的月亮，使月亮变得更零碎了。

①选自《月亮女孩和风的孩子》，河北少年儿童出版社，2013年第1版第47—49页。

海浪仍然不停地翻滚着，还陆续带上许多五颜六色的贝壳，可伊灵却把它们一个个投向茫茫的大海中……

当伊灵把最后一个贝壳投进海里时，海面刮起了大风，卷起了巨浪。许多杂物和废物也跟着巨浪卷到了沙滩上。伊灵情不自禁地退后了几步。突然，伊灵隐隐约约地看见了有一个竹篮，她小心翼翼地将竹篮从沙滩上的冲击物堆中拿出来，发现竹篮里面装着半篮子的贝壳。

伊灵拿着竹篮琢磨了一阵子，她觉得这个竹篮十分熟悉，一时想不起是在哪儿见过。最后，她终于想起，这个竹篮是她妈妈生前亲手编织的。妈妈一直把它当成宝贝看待。

伊灵把里面的贝壳掏出来，发现这些贝壳也很熟悉，全部都是她刚刚扔到大海里的贝壳。

在竹篮的最底下，伊灵发现有一张花纸，这纸干干的，一点儿也没有湿，在月光的照映下，伊灵清楚地看到一行用黑色笔写着的字：

**送给亲爱的母亲——我爱您，妈妈！**

那破旧的竹篮子也跟着发出了“吱吱”的声音。这声音很有调子，像在重复着纸上的那句话。

伊灵会心地点了点头，便捡起沙滩上剩下的贝壳，装满了整个竹篮子。

她站起身来，手挽着那篮子满满的贝壳，默默地向妈妈的坟墓的方向走去。

躺在竹篮子里头的贝壳，被皎洁的月光照得闪闪发光。

伊灵来到妈妈的坟墓前，先沉思了片刻，再把那一篮子贝壳放在坟前。把原先那些枯萎了的鲜花捡掉，在路边摘了几簇野花换了上去。最后又默默地沉思了一会儿，安心地离开了。[1]

而对于这个将贝壳投向大海，以及将贝壳装满妈妈编织的篮子、献给

①选自《月亮女孩和风的孩子》，河北少年儿童出版社，2013年第1版第49—51页。

妈妈坟墓的巫术，逝去的妈妈的回应令女孩不解和难受：

在回家的路上，伊灵远远地看见家中的灯好像亮着。她清楚地记得，她出来时把家里的灯全熄了，为什么灯会无缘无故地亮着呢？她感到很纳闷。越想越着急，便加快了步伐，小跑起来。月光照着她柔嫩的小脸，“咕噜”一颗金黄的汗水从脸蛋滑落下来。

回到家，奇怪，屋里一个人也没有，显得异常冷清。伊灵顿时惊慌失措，立即跑进房间，用棉被把头裹住。

几分钟后，她探出了小脑袋，瞧了瞧四周，看见房间的柜子上放着一竹篮子贝壳！

伊灵仔细地看了看，那不是她送给妈妈的那篮贝壳吗？怎么又回到家中呢？她越想越奇怪，便把那篮贝壳给她妈妈送去。

到了坟墓前，伊灵果然没看到先前那篮贝壳，她把手里的竹篮放在坟墓前，又离开了。

伊灵走到海边，以一种平静而极端伤心的表情凝视着月光，望着那轮白得快要溢出来的月亮。

海浪轻轻地荡着，荡着她的小脚丫，一阵海风吹过，吹向伊灵的脸颊，她不禁打了个冷战，低下了头。

……她觉得自己不能再在这里发愣了，捡起地上的贝壳，捧在手上，再往她妈妈的坟墓跑去。

到了坟墓前，她发现原先那篮贝壳又不见了！顿时，她又焦急不安起来，四处寻找。

伊灵找了一会儿，便捧起贝壳，跑开了。

原来，她是要跑回家。开了门，伊灵直奔向她的房间，果然，那篮贝壳又被送回到了她家中的柜子上。伊灵的眼泪夺眶而出，她固执地又拿起那篮贝壳，又跑出了屋子。

……她跑到妈妈的坟墓前，哭着把那几个大贝壳放在几簇野花旁边，再把一竹篮子贝壳放了上去。跪在坟墓前，双手插着地下，含着泪水说道："妈妈，请您不要再把贝壳还给我，这是我送给您的，我知道您最喜欢贝壳的，您就收下吧！妈妈。"

四处静悄悄的，没有一点儿声音。忽然，不知从哪里传来"不……行，宝……贝，不……行啊……"的叹息声。

"请您收下吧！"伊灵哭得更厉害了，"妈妈，就算我求您了，好吗？您必须收下。这是女儿送给您的一份礼物，请您一定要收下它！"

话音刚落，伊灵就捂着鼻子哭着跑开了。

她跑回家，就再没有发现竹篮回来了。[①]

这个噩梦似的沉甸甸的故事，有一个更为沉重的收场，同时也是一个痛苦求索后豁然的开悟和人物精神的成长吧。

她又漫步回到沙滩上，当她再次看到黑影人时，她们好像不再像原先那样轻快自如地轻飘着，而是像承担着重大的负担似的，慢慢地挪动着沉重的脚步。

伊灵久久地望着她们，觉得那沉重的脚步就像踏在她的心上。忽然，她猛地意识到，让黑影人变得沉重的，是她们手里拎着的那一篮贝壳呀！

伊灵隐隐约约感觉到妈妈的离开，还有妈妈拿不走她的贝壳，都是有她不可能明白的沉重原因的呀。

伊灵悄悄跟在那些慢慢挪动的黑影后面，突然叫道："放下吧！放下篮子，妈妈！请您不要再惦记伊灵的贝壳了！"

海浪哗的一声打过来，把那篮贝壳送回到了伊灵脚下。一些微弱的声音哽咽着传来："对不起，宝贝，对不起，对不起！宝贝……"

伊灵低下头来，注视着篮子里，那些从大海里来的微小而精细的小生命。[②]

---

①②选自《月亮女孩和风的孩子》，河北少年儿童出版社，2013年第1版第51—54页。

女孩忽然明白了让母亲的亡灵变得沉重的，就是她送去的那一篮子贝壳，小姑娘对母亲的亡灵所说的那句话：“放下吧！妈妈！请不要再惦记伊灵的贝壳了！”让我们看到悲痛的女儿在这一刻，表现出了超越她年龄的懂事、担当和坚强。

在明白对母亲的情感牵挂成为不可能的索求的时候，敢于选择放下，让逝者安息放心，对一个需要安慰和保护的孩子，是需要具备强大力量才能做到的。小作者将一个在痛失亲人后承受强大情感空缺和心理压力、包括独对“死亡”与“亡灵”等恐惧意识的女孩的心理状况和感觉细节，描绘得触目惊心。

章弘的这个沉重的月亮故事，是女孩直视月亮的阴暗与沉重的代表作。是对月亮下意识深处情感的挖掘和倾泻。令人诧异的是，一个10岁女孩的心中，竟呈现出这样复杂、幽深、沉重、纠结、情感充沛、色调暗沉而又发亮的画面和故事。这也许就是我们现实生活中某些女孩的原生家庭带给她们的月夜故事。虽然它们是残缺的月亮故事，是月亮的阴影部分的故事，是眼泪、叹息、等待和孤单甚至害怕交织的月夜故事。

中国古诗道“月有阴晴圆缺，人有悲欢离合”，心中的痛苦、眼泪若是在月夜也得不到倾泻和晾晒，大量暗沉的负能量聚集在一起，人恐怕有可能变成行尸走肉，或者由人变为鬼。因此，月夜，也应该是对于感情的梳理、疏导和发泄的宽大疗室和自我康复的睡床。

的确，在复苏的月夜意识里，有优雅宁静，也有幽暗深邃。生命的原始记忆里，就是这样光与暗交织的。所以，找回月夜的女孩，通过直面内心图像，或者走出阴暗，或者重获宁静。

女孩杨斯路的童话《月亮的歌》，呈现的就是一个轻盈、清明又诗情画意的月夜，写到的是月亮宁静透明的音符对失眠女孩的治疗。

乔最近觉得脑子里有些乱乱的，嗡嗡嗡地响，让她心里感到很烦。是啊，六年级这学期的事真是太多了，乔烦躁得已有点失眠了。

这天晚上，乔躺在床上，用被子遮住脑袋，可是耳朵边依然是嘈杂的。

乔把被子推开。窗外是皎洁的圆月，几片轻纱般的月光犹如云丝，在房间里游啊游，却没有推起空气的声音。

眼前的景是静的，乔的耳朵却没有静下来。

乔盯着眼前的几片月光，看着月光在房间里飘荡。

渐渐地，耳边的吵声不见了，然后又响起了另外一个声音。这是一个什么样的声音呢？

这样的声音乔还是头一次听见呢——声音淡淡的，轻轻的，就像月光一样的声音，但声音里又带着几丝清脆。

乔疑惑地坐起来。

声音好像是从远处传来，又好像是从附近传来。

乔看见窗外射进的月光变成了一个类似于五线谱的形状。而在这一条五线谱里，站了许多小小的类似透明的小人儿。她们一个个都笑着，边跳舞边唱歌。

这声音就是这样传到乔的耳边的。

乔看着她们，她们也不在意，只是一直笑着，跳着，唱着……

乔感到自己好像也快活了起来。①

“咦？玩儿什么呢？”乔问，“怎么玩儿？”

可是小人儿们已经向前跑去了，乔只好站起来去追她们。

乔看见小人儿们都停在一棵高大的白桦树下。

“我们来捡月光吧。”小人儿们对乔说，然后纷纷坐了下来，开始捡月光。

月光洒在地上，像一片片薄薄的银纱铺在地上，每一片都是那么的美丽。摸起来也是那么的舒服——滑滑的，冰冰的，却又软软的，

①选自《月亮女孩和风的孩子》，河北少年儿童出版社，2013年第1版第15—16页。

有一种说不出的感觉。

……

是昨天的那一片月光啊……乔想着。

这天晚上，乔躺在床上，把月光放在枕头下面。

这个晚上，乔没有看见那些小小的，近似透明的小人儿来唱歌跳舞。

但乔也没有感到耳朵很吵。

这晚，乔梦见有一个小人儿走到她的床头边，坐了一会儿，又离开了。

第二天早上，乔从枕头下拿出那片月光。

上面多了一行清秀的字：祝你以后能睡个好觉——月亮的音符们。①

在这个故事里，月亮唱给女孩的是一首轻快的安慰的歌。

“女人们像月亮一样从自我中衍生自己。月亮的孩子应该重新诞生。”

如果月夜是找回真实、内在的自己，找回情感、梦想和诗的时间，那么，我们希望月亮女孩就是月夜里传梦的使者。

如果我们以月亮的诗性和深情对抗粗俗和浮躁，我们的孩子就会具备一颗优雅的心，我们的民族会更加高贵和文明。

希望更多的月亮女孩能引领着同伴寻回月夜的细致、优雅、浪漫、真挚、内省与深沉，寻回一个喧嚣浮躁的世界正在丢失的月夜的诗。

### 4.月亮女孩等待风的孩子

这里我想提到与月亮女孩对应的风的男孩。假设把这两个角色做一个比较的话，我想月亮女孩守护的是生命的时间，而风的男孩改变的是人们

①选自《月亮女孩和风的孩子》，河北少年儿童出版社，2013年第1版第20—21页。

行动的走向和空间。如果说月亮女孩是在昼夜与四季的更替中，唤醒人们对时间长廊里生命与情感感受的守护者；那么“风的孩子”则是在大地和心灵的驰骋扩展中，推动着人们向前改变的变革者。

月亮在静止中用光芒浸润我们的身心，风却在流动中用变化引导着我们的行为。月亮带来悠远的原始意识，风带来不断发生的变革。

在我们当下的生命不断被机械化的趋势下，希望月亮女孩同时也感受到“风的孩子”对自己生长姿态的影响。

“风的孩子”是最自由和生动的孩子。他们是鸟的化身。

人们说，听话且自制的女孩，就是飞起来也大多是一只风筝。这似乎成了一个共识。它使我们的女孩在写作有关《风的孩子》的作品时，几乎把所有的“风的孩子”都写成了男生。而女孩自己，则是一只风筝或一只风铃。

为了让这些“风筝”或“风铃”放开自己，感受更强劲的生命之风，我们曾带少女作家班孩子在台风袭来的沙滩上奔跑、在山头的树下玩风。当她们的丝巾在海风中像彩色的翅膀噼啪作响，当她们的头发和裙子被柔风撩拂，她们有了女孩应该有的对“风的孩子”的感悟和互动。

在写作《风中飞行》的题目时，女孩们笔下会小心控制“风的孩子”变为“疯的孩子”的极端，但是，她们依然渴望着年轻的生命能与风共舞。

她们说：“其实我的心里，也一直有着一股风啊！”

女生们也会叫，也会呐喊，也会唱着《隐形的翅膀》，写出《最爱的风》《风与风铃》这样耐看的作品。她们在风中的叫声往往比男生还要大。

女孩张雅琪说：“我骄傲地飞了！我成了风筝的偶像！”

少女作家班周妍作品《风的灵魂》中就这样写道：

一股微风吹过，凌就闭上眼睛，慢慢欣赏微风带来的那种不言而喻的感觉。而凌就最喜欢这种感觉，她认为这不仅是风，也是一双可以拂去压力的手，因为迎面而来的不再是作业本，却是自然带来的香

气……①

文中提到的风“是一双可以拂去压力的手”，是风通常带给人的自由、放松之感。而班里另一位女孩吕广淇在《最爱的风》里，将风分类，写出了几种风的形象和性格。

风的寿命不长，在太阳出来后，在树叶上的最后一滴露珠蒸发后，风就会从太阳那里诞生。风一旦诞生，他们就会被封为一个个种族——我看，风的种族有这几大类：山野的风、城里的风与海风。

我最喜欢的风是山里的野风。别看野风凶巴巴的，一下就吹一大股风，但它却是很听话的一个孩子。

我叫它不要那么凶猛，平静一些，它便用轻风朝着我吹。我叫它帮我梳理头发，它便给我轻轻梳理……

其实城里的风挺害羞的，它不像野风那么奔放、活泼、乖巧。它既腼腆又任性，似乎还有一点儿叛逆。……

而城里的风却比我大些，她应该是一个青春期的姐姐吧！一看她那叛逆的、害羞的不听话的性格就看得出。

每当我去拥抱她时，她总是从我身旁溜走，那种感觉你们谁也不知道，风从你身边，扯脱你，与你擦肩而过的感觉！

那像是被用细沙做的围巾拂过的感觉，先是觉得脸麻麻的，就像一粒粒珠子或者沙子砸到了脸上。而脸上的那每一粒“沙子”像融化成水一样向四周扩散，脸的每一个部分有了非常非常细微的麻麻的感觉，渐渐又转变成像什么滑滑的东西从脸上滑下来的滑溜溜的感觉。

哦，这就是所谓的风的“围巾”了。接着，“围巾”化成了一股烟，一刹那就从我脸颊边擦过，走了。哦，是的，这是她围巾的末尾了，我感觉得到。

---

①选自《月亮女孩和风的孩子》，河北少年儿童出版社，2013年第1版第85页。

我并不甘心让风跑掉，继续扑向她，她又溜走了，我追着她，啊，要抓到了。可是无论怎样抓，我都抓不到，一抓她时就像抓住水一样，她从我的手中滑过。

除了野风与城风，我还管另一种风，叫海风。

……其实台风是海风生气时变成的，所以海风也是三种风中脾气最大的一位。

海风发起脾气确实够恐怖的，但如果它心情好，那就够温柔了。它会轻轻地弹起波浪曲，那种曲子你可能会听到，那是一朵朵浪花拍击着礁石的声音。如果你仔细听，会听出它的高低起伏。①

吕广淇将风写出了人的形象，是因为风像一个隐形的、时常与我们身心相遇和碰撞的生命活体。

风看似无形，却四处留下它奔走飞动的足迹。它生动活跃的性情带来的变化，使它的魅力吸引着看似安静实则内心激荡起伏的月亮女孩。

在我的小说《风中的影子》中，就讲了一个被当今的应试训练弄得看不见自己影子的女孩，如何在"风的孩子"帮助下，获得了"风之眼"，重新找回自己影子，并改变方向找到适合自己未来之路的故事。

做着重复的考试作业以至于眼睛看不见自己影子的小木，戴上妈妈给她配的眼镜后，从水里的倒影中惊见了自己老太婆一样的脸，她本能地丢掉眼镜却又不敢回家交待。这时候"风的孩子"出现了。

小木记不清是怎样收拾起书包，坐上男孩那辆银白色单车回家的。她只记得她坐在男孩身后，风一样地飞着。男孩的白色薄绸衣飘打在她的脸和手臂上，像柔韧有力的白羽毛拍打着她。她发现男孩的双手并不放在车把上，而是一次次向着空中张开："好凉快呀！小木！你凉快吗？闻到晚上树林的气味没有？"

①选自《月亮女孩和风的孩子》，河北少年儿童出版社，2013年第1版第107—109页。

闻到了。小木闻到了栀子花的气味和七里香的气味。她还闻到了男孩身上的气味，那气味应该就是树林的气味。这气味让小木感到从脑子到全身像被夜气洗过那样清澈。

小木觉得眼前这个神奇的男孩像个梦，她怎么会碰到这样一个男孩呢？其实在这之前小木从来没有这样挨近一个男孩，更何况坐上他的单车、一只手还死死抓住他腰间的皮带！（因为他骑得那样快呀）更奇怪的是，小木似乎看到了林中有一对鱼一样的影子，游弋在如水月光间，她觉得那明明就是她和男孩的影子，可她为什么忽然间又朦胧看到了那影子了呢？

小木在一种莫名的激动和幸福的心情中大声说："你骑得就像飞起来一样。"男孩就大笑，笑声中小木一手紧抓住男孩、一手紧抓住裙子，那裙子在风中鼓得就像云里晃荡的一朵降落伞。[1]

"风的孩子"的到来，立刻改变了丢了影子失魂落魄的小木，当她戴上"风之眼"，她不但找回了影子，而且被影子带着逃课、爬树，快由"风的女孩"变成"疯的女孩"了。当她在"石头女孩"和"风的女孩"角色转换的不适应中困惑时，"风的孩子"也在努力探究"风之家族"的行为逻辑与人群的行为逻辑的差异。

"哎，不要哭……"羽毛那样轻的手指抚过，小木的泪珠没有了。

她睁开眼，看见月亮升了起来，月光下的男孩身体变得有些透明，他的声音也模糊了些："我不会离开你，小木。只是我告诉了你我是谁，就不能再做你的快递员了！"男孩笑了一下："我想帮你，可我总犯错误。我不懂学校的事………"他一边说，一边为小木轻轻取下绿眼镜。

"为什么？为什么要帮我？"

"因为我想看你跳舞呀！你跳舞的时候，头发飞起来、裙子飞起来，

①选自《月亮女孩和风的孩子》，河北少年儿童出版社，2013年第1版第62—63页。

整个人都是飞起来的！这是我最喜欢的样子！大地、天空、水里飞动的东西，都是美丽的生动的东西，像诗一样。那些不能飞翔、没有自己方向的东西，都是快死亡的东西……我好怕你一动不动石头那样的时候！"

"哦！所以你要制造台风！制造海啸！你好恐怖呀！"

"对不起……可我们家族，有我们自己的逻辑。大自然里的一切，都有着自己的因果关系。"①

"大地、天空、水旦飞动的东西，都是美丽的生动的东西，像诗一样。那些不能飞翔、没有自己方向的东西，都是快死亡的东西"，这就是"风的孩子"的审美观和世界观。这样的想法对一个生长中的少女来说是充满希望和吸引力的，它会点燃月亮女孩内心的火焰。所以小木不愿放弃"风的孩子"伸过来的手：

男孩的声音越来越缥缈，他的身影也越来越模糊，他伸出细长的手说："小木，你知道了我是谁，我就得走了，最后再送你一次好吗？以后我会再来找你，以另一个样子，会的。"

小木死死抓住那几乎变得透明的手指，大叫："你如果真的是风，告诉你吧——其实，其实我的心里一直都有一股风呀！"

她大叫道："你取走了那捣蛋眼镜，是想叫我再戴回那老太婆眼镜吗？我怎样才能再见到你？风的孩子！"

男孩望着她："小木，当你心里有风的时候，我就会来到。"他伸出手指，撩起小木额前的一缕头发，微笑地又说："如果你长时间的忘记了我，快变成石头的时候，我也会来看望你的。"月光下，他拿出两滴水珠那样闪光的东西，它是一副无色的全透明的像蝉翼那样薄的眼镜。

①选自《月亮女孩和风的孩子》，河北少年儿童出版社，2013年第1版第66—67页。

“拿去，放好它。你想要看到我的时候，戴上它，就能看到。但我要告诉你，这副眼镜是风之眼，它和那副绿眼镜都是风的家族的东西，戴上去，心里立刻会起风的……所以，你一定要在可以戴它的时候才戴上它，不然……”

“知道！我得在放学后、做完作业后，才能戴上它。不然，我会变成不守纪律的风的女孩！”

小木一边说，一边就偷偷把“风之眼”戴上了。

——天呵！她看见一只巨大的白鸟从湖边振翅起飞！她从湖水的倒影中，看见一个女孩骑在这白鸟上，闪电一样掠过木桥、树林、草地和湖水，她从来没有看到过这样一幅无比舒展无比迷人的画，她会永远记得，那就是风的孩子带着她在大地上空飞翔的样子。①

“其实我的心里一直都有一股风！”这一声呐喊是月亮女孩对自己内心风暴的坦白，也是生命的原始自然力冲破禁锢不肯就范的呼啸。当今的应试教育几乎绑架了我们所有的孩子，小木和她的同学都要努力将自己排列到应试机器模子制造的零件队伍中。要摆脱这个宿命，像“风的孩子”那样浪荡天涯，当然是对小木的一个诱惑。但故事中那个风的少年似乎并不鼓励小木仿效他。

她也会记得那天傍晚她和风的孩子在空中的一段对话：

“天啊，原来天上的路是可以随便走的，好宽好大！怪不得那影子要拉着我往云朵上飘！我真想一直这样跟你飞去很远的地方啊。”

“好啊，我们一直飞下去，让你知道什么是自由！我要加速了！”

“慢点！我看见我的家了！妈好像在窗口，是在等我呢……你呢，你的家在哪？”

“哈！风的孩子哪里有家！树林、池塘、山谷都是我歇脚的地方，

①选自《月亮女孩和风的孩子》，河北少年儿童出版社，2013年第1版第67—68页。

可永远都不是我的家，我和父母永远都在各自的路上，永远在路上，永远在路上——”

“哦……你哭了？”

“哈，没有！”

“你哭了。眼泪飞到我脸上了！”

“该死！臭丫头。告诉你吧，我有时羡慕你。飞是有代价的。就是这么回事——风的孩子要有一副让自己永远飞下去的翅膀，不然，就变成了断线风筝。”①

这里再次提到不愿变为石头的人类的孩子同时也不可能完全遵循风家族成员的行为尺度。只有遵循这个尺度，小木才能真正走出困惑，获得自由与快乐。风的孩子无拘无束、不遵守月亮的盈缺规律，也不会受制于人群的纪律和规矩。他们一旦任性，也会对人类秩序造成破坏和灾难。对于本性更倾向月亮特性的女孩，对于生活在当代文明规则和社会中的少女，完全脱离人群做一只断线的风筝，并非是一个乐观的结局。所以我在小说的后半部，对于受困的月亮女孩怎样作为“风的孩子”的朋友，试图提出较为理想的做法。

小木相信，当她一个人经过回家的湖边，她和她的影子在树林里疲惫地穿行时，谁也不知道，有一只调皮鸟儿在追赶着她们嘻嘻哈哈地飞奔，把她的裙子吹得花儿那样鼓起来。

当她在课间的教室窗口向外眺望，或做完作业眼前游满小蝌蚪的时候，窗外的大树杈上有人晃着双腿用树叶为她吹奏风之歌。

还有一个重要秘密：在她填写升中选校志愿那天，一片从窗外飘来的小树叶，使她忽然备选了这所舞蹈学校。那片金黄的树叶上，刻着一个舞蹈小人，还写着小字：“小木明天的演出券”。

①选自《月亮女孩和风的孩子》，河北少年儿童出版社，2013年第1版第68—69页。

还有呢还有呢，班里出现的那个口琴演奏组，还有考试后的六年级风筝赛，谁也不知道这些点子是怎样从小木脑袋里蹦出来的。他们只知道，看起来文静的小木，有时候会很疯；平时说话细声细气的小姑娘，跳舞和朗诵时会变成一团火。

谁也不知道，小木和风的孩子，从六年级开始有一些秘密的约会和交往。只有这个爱和影子跳舞的女孩自己知道。她相信，每当她心中呼唤，风的孩子会以各种形式出现，她能认出他来。

她已明白一定要小心地、在适当的时候，才能戴上那风之眼，去赴那不能太多太任性的约会。她学会了如何控制在学校严格的时间夹缝中，去打开风之眼，"让心中起风"。为此，她经历过一次次痛苦的挣扎。①

最后写到了考试前夕快要崩溃的小木在"风的孩子"带领下，飞到空中，看到了自己在广阔的云层上跳舞的影子。那天上的场景令她惊异：她引领着云朵逆风飞行，"在城市上空上演着千万只鸟儿飞行的舞剧"。

就在那天傍晚，小木来到家中楼顶天台上，她对着天空大叫："我要崩溃啦——风！"

那只白鸟儿便带着湿湿的羽毛从远方穿云而来，停落在小木身边。他带着小木，向空中飞去。

他们无声地在空中一圈一圈地飞，飞过她的家、飞过她的学校、飞过她的城市。小木轻轻对那鸟儿说："就这样飞下去……飞下去……我不要回去了，好不好？"

"不好。"

"为什么？"

"因为，你没有足够硬的翅膀。你毕竟不是风的孩子。你不能离

①选自《月亮女孩和风的孩子》，河北少年儿童出版社，2013年第1版第69—70页。

开学校，离开人群。你的家在大地上。”

“可我现在拼命也做不完那些重复的考卷。如果进不了重点中学，怎么办？”

风的孩子高高地飞起来，飞到云层之上。

他对小木说：“你看，大地多宽啊，你试试看，是不是有足够的地方给你跳舞。”说着，风的孩子让小木轻轻从他身上滑下，滑到空中。

小木没有感到跌落，而是在飞翔，她知道这是风的孩子在帮忙。

那时的天上正布满一朵朵向前行走的云。她向一朵云飞去，看到一个轻盈旋转的影子在云中舞蹈，那美妙的舞姿让小木以为她见到了飞在大地上空的一个天使。小木无限向往地靠近她，睁大眼，却发现原来是夕阳下她的影子飘到一朵云上，正踩着云朵舞蹈着。她惊讶地望着那风中的影子和云下的城市，那镶嵌在绿林中棋盘似的城市积木一样小，而云朵们仿佛被舞蹈的人影引领，在城市上空上演着千万只鸟儿飞行的舞剧。这是她在地面上看不到的图画。

她仿佛听见有雨点一样的声音从地面的各个角落响起，是那云朵上的影子向大地舞蹈而得到的掌声吗？

小木收拢成石头似的心在那一刻像花朵一样胀胀地展开，她问自己：这一切只是梦境，还是一个暗示？

她转回头，拉着风的孩子透明的手指，在云朵间穿行。云朵被他们拉扯成一片片羽毛，像鸟群呼叫着在大地上空逆风飞行。小木耳朵里尽是呼呼的风声，她不断穿破空中无形的压力之墙，追随着风的孩子，觉得两只手臂快变成充满力量的翅膀了。①

当小木从空中看着地面上的画面，“终于相信这画面是她不知道的另一种真实，是转换了一个角度，从平时达不到的高度看到的一种真实”“她仿佛看到小蚂蚁一样的自己被固定在整齐小巧的城市棋盘中，正弓着背在

①选自《月亮女孩和风的孩子》，河北少年儿童出版社，2013年第1版第70—72页。

木桥上做着重复的考试题”。她叹息道：“那只小蚂蚁不知道大地上空的舞台有那么辽阔呵。”

视线的转换和提升，使小木对自己和自己的生存环境有了一个新的认识。

> 就在那一刻，当小木望着向无限阔大的天边伸展的云层，以及云朵上她随风飞舞的影子时，她做出了决定。她对风的孩子叫道：“好吧，我决定了，我会为疲累的人们做一个跳舞精灵！我会让他们在我的舞中听到风声！我要让我的同学和我的学校听得到风声！”她喘了一口气又说：“只要你永远像今天这样同我在一起，我就会为人们跳舞到老！答应吗？风的孩子！”
>
> 那时的空中，响起了风的口哨声和女孩风铃一样回荡的笑声。[①]

小木在最后的择校当口，做出了一个打破常规的决定：她要报考舞蹈学校。“要为疲累的人们做一个跳舞精灵”“让他们在我的舞中听到风声！我要让我的同学和我的学校听得到风声！”这是小木按照自己的特长、才能和兴趣所做的决定。

小木最终放弃常规的学校而选择艺术类的舞蹈专业学校，她终于摆脱了机械教育的绑架，以自己的理想和兴趣为前提选择了未来的发展方向。一个当代的中国孩子做出这种选择已经是不容易了，且不说传统观念认为以舞蹈为职业的人生是“不务正业”的“戏子”之路，更何况舞蹈生涯的短暂和艰辛，使许多父母认为舞者生涯不是划算的生存之道。中国学生对职业的选择，基本还是以生存而不以爱好和兴趣为前提。这是迅速富起来的中国人对贫困的恐惧，还是中国人的幸福观里只有大众的贫富标尺而没有上升到个人爱好与梦想的达成呢？

《风中的影子》是为孩子们所写的一个身处当代文化中的“月亮女孩”，

---

①选自《月亮女孩和风的孩子》，河北少年儿童出版社，2013年第1版第72—73页。

在“风的孩子”鼓励下重获自在生命的故事。它是一个幻想故事，而幻想要变为现实，其间所存在的诸多障碍，等待着月亮女孩们在智慧和自信的光照下去跨越。

在一个旋转得混沌不清的时代和正在变化重组的局面中，如何为我们的男孩女孩寻找合理的归位和美感，是我们应该要努力做的、并让我们的文明得以延续的工作。

“风的孩子”与“月亮女孩”当然是有所不同。后者索求的是灵性的苏醒，前者则追寻本性的自由。他们一个是变革者和前行者，一个是守护者和返回者。

但他们有一个共同的追求，就是对生命原始激情的尊重。

当我们的孩子在被沉重的书包压迫成机器和石头的时候，当他们的视觉听觉被粗糙吵闹的图文包围的时候，真心希望他们能相遇“风的孩子”、相遇“月亮女孩”，希望他们能真正游在水里做一次鱼孩子、玩在风里与鸟共舞。那么，他们心中那还没张开就干枯了的花苞，将会伸展出湿润多汁的花瓣，在水中、风中、在阳光和月光中怒放。

那么，这样的孩子，将会变成内心更为丰满、有着更多诗与歌儿的孩子。

# 少女们的艺术天分
## ——少女之舞与妖精之画的天然巫术

在我们少女作家班的课堂上，孩子们可不是成天都在伏案疾书。虽然屋子里很安静，但那些低头干活的孩子，有的在专注写作，有的在精心插图，有的在音乐中构思，还有的正情不自禁站起身要在过道和讲台上即兴跳一段舞！

谁要跳一段舞别人也不会感到惊讶。有时我们故意把课室布置成月光下的林中舞台，让女孩们在光影中对着自己的影子跳舞。

这个如花的年龄正是生长的时期和跳舞的时期，一个打开了的身体，心灵和文字更是渴望着歌唱的。

所以，在教室里即兴舞蹈、对影作画的行为，大家见惯不惊。孩子们在这里是自由而放松的。她们在用文字表达的同时，完全可以辅以身体的舞蹈和画面上线条色彩的铺排，她们懂得怎样用文字来跳舞，用色彩来叙述。这可能就是她们可以写出那么美妙而精彩的有关画画、舞蹈等艺术散文的前提吧。

一个如同花儿一样正在生长开放的女孩，如果她不舞蹈、不歌唱、不弹奏、不作画、也不写作的话，这个孩子的青春没有得到应该的喷发和表达，她很有可能会憋出病来的。

所以，在少女时期能与音乐、舞蹈、绘画这些艺术活动相遇的女孩是幸福的女孩。她们有了一个很好的可以在阳光下撒欢的理由，并且将女孩的艺术感知与表达天分，在她们的花蕾期得到了最好的演练，同时形成了她们的艺术感知和审美判断。

而这些艺术训练，都将为文学行为奠基，并与之贯通。

当女孩们的心灵渴望像身体那样舞蹈和歌唱的时候，当年轻的思想像旺长的根须，向着四周伸展的时候，她们的写作行为，就是用文字来呈现心的舞蹈和歌唱，来表达精神对世界的探索和触摸。

我非常重视和喜爱我们孩子的作品中，那些个写作冰上和水中舞蹈的《像鱼和鸟那样的舞》，写作色彩带给人情感震撼的《在孤独的画中》，写作在练琴过程中发生精神突变和飞越的《黑与白》，还有写作大地万物对生命滋养的《世界的呼吸》等美文，我把它们看成是生长的女孩记录生命秘密的日记。

### 1.生长的女孩对舞蹈的渴望

生长中的女孩，可能寻找任何一个无人的舞台，或者类似舞台的小空间，独自翩翩起舞，用以表达对生命的喜悦和对世界的向往。我多次目睹这样的状况，也问过不少由女孩长大的女人，她们都坦然承认儿时甚至现在，都有躲在一隅悄悄独舞的行为和冲动。

美丽的女人是会舞蹈的；自由生长的女孩也都渴望着身体的舞蹈。

我曾用小说和散文记录过这样的事情。有一篇二十来岁写成的小说通篇就是讲的这个事：

> 那个夏夜，很热的夏夜，萤在半夜里溜出来，来到门外土坝子上。
>
> 去跳一次舞，去到土坝子上跳一次舞，在夜里，在没人的时候。也许正是这个埋伏得很深很强烈的念头，搅得她不能入睡，催她在半夜里从床上下来，来到土坝子上。
>
> 她看看四周，没有人，周围静悄悄，动着的只有树和月亮。萤怯

怯地试探着伸出一只手，又伸出一条腿，只让右脚立在地上，做了一个姿势——哦，那就是她吗？那黑影里的一双手弯曲得那样好看，腰肢微微扭着，两条腿的动作，完全是巧线在《金色小鹿》中的舞姿。

萤稳在那里，盯着地上那美丽的女孩，那梦中才有的女孩的影子，心里恨不能把她的模样永远地刻在土坝子上，或者至少把它保留到明天。[①]

“萤”是一个腿脚稍有残疾的女孩。跳舞的冲动深藏在她的内心，以至使她夜有所梦。这个冲动来自她发育的身体，来自她对美丽的向往和对未来世界的向往。舞蹈是女孩寻求体型和动作美的手段，跳舞的女孩可以超越平庸，到达美丽、激情的极致，由丑小鸭变天鹅再变成女神。跳舞将生活艺术化了，将笨拙迟缓的身体变灵巧流畅了，将沉重窒息的精神喷涌发泄出来了，舞蹈使女孩成为自己解救自己的巫师。

她舞着，不知疲倦。跳舞多好呀，舞蹈可以把你变作各种东西，各种最好最好的东西。舞蹈比做梦还好，它不是假的，它是真的，你从身上的疼痛就能感觉到那舞蹈中的形象就是真正的你，是现在正在疼着的美丽的你。[②]

谁个女孩不爱舞？一个没有舞蹈过的女孩，就如同一朵花没有完全开放就关闭了。舞蹈中的女孩的体态、身姿与眼神，使她们在那一刻成为用身体语言表达对生命和世界的欣喜与向往的美丽精灵。

少女在舞蹈中，有着怎样丰富的体验呵！

她可以惊喜地看着自己逐渐饱满的手、臂、腿，在超凡的弹跳舞动中划出漂亮的线条和亮光。她可以在舞蹈中松弛或制造一种伴随青春的紧张，将压抑未渲的种种情感，通过无言的身体动作，或激烈或舒缓地借题发挥出来。她可以在野外的翻滚扑卧和飞跃中，那样临近那样刻骨

①②选自《那个夜，迷失在深夏古镇中》，重庆出版社，1990年第1版第152页、第155页。

地与土地、荒草、阳光和熏风接触交流。她像土壤一样接收，又呈现，将自己化为非人，揉成无形，再变为各种有形，变为土壤、空气、浮云、小鸟、一丝疼痛或一阵欢愉，变成她想要变的一切东西。舞蹈的女孩，具有这种惊人的本领。她生就了一副柔软、美丽、渴望如花一样向世界展放的身体，生就了极富语言表情、灵巧无比的一切身体关节，而她稚嫩的感觉器官正在新奇地张开，每一根神经都全神贯注地感触到自然界、人类秘库，以及逐渐走近的那些未知领域的预告和暗示。上帝让少女保存了亘古的巫术。

在少女的舞蹈文化中，她们创造了一个只有少女才能表达的审美和感性的世界。

当同年级的男孩开始用咄咄逼人的逻辑思辨和洋洋洒洒的分析议论来阐述他们对历史、对时事现状的认识时，善舞的女孩却用细腻的感觉独有的悟性，通过附魔的舞蹈，向世界发表她们的青春宣言。

**2.舞蹈中的女孩对声、光、风、影的身心体验**

在我的少女作家班里，有一个孩子是考入专业舞蹈学校的女孩泠君。我曾鼓励她将舞蹈女孩特有的台上经验——灯光、音响、戏服、道具、化妆、舞伴与队列等因素作用于她身心的感觉表达出来。于是我们看到了《舞蹈女孩》这样少有的一篇写作舞蹈少女独特生活经验的作品。

> 芸喜欢舞台上的灯光。明的，照在身上暖暖的，有如阳光一般却不刺眼；暗的，幽静清凉像夏夜池边微风吹。……
>
> 背景是夕阳欲逝的傍晚。淡色的月亮浮现在天际，暗灰色的灯光打在台上，仿佛一切将要休息。这时，带着几分松懒的音乐，低沉地响起。笼在暗色中的森林有了响动。芸伏在地上，撑开了手，貌似伸了个大懒腰。暗暗的光线中，干冰制的烟雾从幕里飘了出来。清冷的气息弥漫在空气中，使得芸的心中一个激灵。白茫茫的雾穿梭在舞台

上的每个角落，包裹住了芸。……

一声长啸，连树都颤几下，鸟雀之声更是消失得无影无踪，湖骤然消失。所有声音都不见了，一切静悄悄的。幽蓝色的神秘也变成了灰暗，一片暗灰色的天地，所有事物都消失不见，又像藏于那暗灰色之中，时而隐约瞧见什么，又觉得是幻觉。如置于混沌，仅自己一人。一时间，孤独、寂寞、恐惧……全都涌上芸的心头。

音乐突然变得悠扬、轻快。远处有着清晨的曙光。芸一下子感觉被释放了一样，朝着光亮追逐过去。①

这样美妙的舞蹈经验，在我多年前还是一个小姑娘时也有所体验，我同样把它也记录在了《那个夜》里——

有时她觉得自己并没有动作，是月亮在晃动，是无数个黑影在晃动。那些黑影——树木、房子，甚至还有脚下的土坝子，在绕着她转圈，在趺趺撞撞地跳跃。它们一次次向她覆盖过来又飘然远去。她觉得整个黑夜都在舞蹈，都在旋转。

她忽然想起上星期天巧线在这里跳舞的情景。那天巧线脸上抹着油彩，手里舞着皱纹纸做的彩带……后来下起小雨来了，巧线仍然接着跳，她把脸向天空仰起，一面跳舞一面让小雨洒落在脸上。多痛快呵，巧线说，多痛快呵，跳舞真痛快，跳舞的时候让雨洒在脸上真痛快②。

迎着空中的雨滴起舞，让轻盈的身体在舞台上旋转，即使没有观众的掌声和注视，那种超越引力、超越束缚、放开自己、舞在大地的感觉，足以让少女狂喜和痴迷。生命的舞动是最原始的快乐，只可惜少女这样的舞动随着年龄的增长越来越少有了。

---

①选自《生长的女孩》，河北少年儿童出版社，2013年第1版第112—115页。

②选自《那个夜，迷失在深夏古镇中》，重庆出版社，1990年第1版第155页。

### 3.迷幻的化妆与舞妆让女孩成为梦中的角色

化妆，作为舞蹈“巫术”里的一个重要的因素，对女孩在舞蹈中的忘我和超越，起到至关重要的作用。冷君是这样来描述它的：

> 化妆的时候，芸挑了个与子衿斜对背的座位，眼前的化妆镜正好可以照到自己的斜后方——子衿对着的镜子，从而看见子衿着妆之容。
>
> 子衿想必是演出多，用品也比我们齐全，各式的化妆品摆了一桌子，眼影盒一打开，各式颜色便从里面跳了出来，都闪着亮光，像一群贵气的娇小姐。
>
> 子衿选了蓝色，当白色的眼影笔一碰它时，它就用幽幽的蓝色包住了单调的白，那些闪闪的光粉像是在炫耀自己的出众。
>
> 沾染了蓝色的眼影笔，轻轻地从子衿的眼皮上抹过，不着痕迹地把闪着光的蓝留在了子衿白嫩的肌肤上，一点儿也不凸露的蓝很自然地融入了子衿的眼皮，为子衿添了几分孔雀的神韵。
>
> 当黑得发亮的眼线笔勾勒出子衿的眼形时，那眼角末梢微微往上翘起，多了几分只属于孔雀的灵气。
>
> 子衿满意地起身，拎起碧绿色的拖地长裙转了个圈。芸停下手中的工作，扭过头来，一只高傲的孔雀转了个圈，尾巴上的羽毛以她为圆心，断断续续地形成了个蓝绿色的圆。对这只孔雀，芸再熟悉不过了，一眼就认出这就是子衿。子衿转完以后，拿起桌上三根竖着蓝羽毛的头饰，谨慎地戴在自己头发上，就像高贵的孔雀戴上了它自己独一无二的顶冠，那种王者的傲气不言而喻。[①]

在舞蹈的“巫术”里，化妆是一个重要的仪式和手段。化妆使女孩成

---

①选自《生长的女孩》，河北少年儿童出版社，2013年第1版第110—111页。

为另一个她。化妆使女孩忘记寻常的自己，进入她希望进入的故事。

小时候我曾是大人们常常邀请参加表演的舞蹈女孩，当我的脸被涂上夸张的油彩、我的头戴上及膝长的银白假发、身上穿着破烂成条的衣衫——当一个闪电打在我头上，我立刻就是那个多年躲在深山里的白毛女了。故事里需要表达的悲愤、恐惧、苦难和艰辛，这一刻全都喷涌而出，舞姿里传递的情感淋漓尽致。

舞蹈产生于巫，而巫的身体与精神的化妆，是连接现实与故事（或超现实）的出入口。

所以，一个善于舞蹈表演的女孩，应该更善于进入故事和表达故事。因为她会较快地为自己进行精神和身体的化妆，全身心地投入故事的氛围和情境中，用身体去感知和表达。她就是一个连通此岸与彼岸的“灵媒”。

具备这种巫气并且表达它的女孩，在今天这种被应试课业包围的囚禁中，是有一定力量突围出去，让感知苏醒、让灵魂与生动敏感连通，进入创作状态的女孩。

### 4.女孩群舞圈的生成与延续

中学时期，我几乎每个星期都要和一群女生在校园里跳几次舞。是那种非表演性的女生自由组合排练的“现代芭蕾”、民族舞和“即兴舞”。我们五个十个，一群群随便找一块校园里的林中空地，就可以跳上几小时的舞。

现在的女孩可能会纳闷：“文革”中长大的女孩怎么还会有这样的跳舞经历？那是因为，即使在沙漠和极地，任何野花细草只要逮着一点光线和水分，就要为自己找到拼命生长的理由。“文革”中为了强势宣传某种“思想”和“主义”，全民都要动员起来，唱“样板戏”、跳“忠字舞”。“现代芭蕾”在当时风靡所有校园，也是那时女孩子们能接触到的最美丽的舞蹈了。

校园女孩从“现代芭蕾”开始进入舞蹈。她们无师自通，乐此不疲。她们为自己找到的跳舞理由就是为了给经常会有的宣传演出进行准备和排练。但她们真的不是为了表达“主义”，实在是在那极度贫瘠压抑的年代，生长着的身体需要舞蹈。

中学时代，我几双布鞋的鞋尖，都穿出了一个大洞，那是在跳“现代芭蕾”时，由于没有正规的舞鞋，被踮起脚尖的脚趾磨出来的。

在上学前或放学后，七八个女孩随时找一块校内宁静的空地，就可以围成一圈开始跳舞了。她们在风中为自己唱着曲子，柔软的身子像树枝和花朵一样招展舞动。她们可以连续跳完长达几幕的叙事舞剧，也可以即兴创造出无门无派却极富表现力的少女身体舞蹈话语。我曾经在一篇文章里这样描写过那时女生的舞圈：

我很想对你谈一谈少女的舞蹈圈，那个酝酿并展示着白日梦的世界。

在我还住在重庆老家的时候，我曾一次次目睹星月下少女的群舞，那是我离开家乡前最后看到的，不同于舞厅娱乐的一种少女独特的舞圈，它至今仍鲜活地留在我的印象中。

那时，每到傍晚我都去幼师小山顶上的大操场散步。每当我沿一级级石阶登临操场的时候，总感到自己正步入一块非现实的凌空圣地。首先，有一阵轻缓的歌声从操场上弥漫下来，然后在这黑夜的歌声中你可以看见一组又一组月下的少女，在群山围绕的这块宽大空地上夜妖一样跳着舞。看不清她们的脸，只见一个个柔软灵巧的身躯在夜色中招展舞动，形似山坡上那迎风作态的年青树枝，又如野草丛中一只只对月而跃的丰满小兽。我穿行其间，看着她们乱人眼目的舞姿流动，听见她们在夜空中飘浮上升的悄语和哼唱，我感到这些群舞的女孩是黑夜里召唤生命的巫师呵。她们舞蹈中激情的呼吸和着群山草木的呼吸，仿佛大地也随她们绝妙的舞姿暗长着。

站在小山顶上，我想，女孩的舞圈里存在着一种魔术，这魔术迷乱了观众也迷乱了她们自己。女孩在她们舞蹈的魔术里走魂出窍，在一片白日梦的光芒中营造出一座多么迷人的少女幻殿呵。

在我的少年时代，着魔的舞圈不仅存在于幼师校园这样较为专门的群体里，就在一般的女孩群中，它也自发地形成着。多年以前，我也和女伴们拥有一个牢不可破的舞蹈集团呢。

那时候，我们同一班的五六个初中女生，常相约着在早晨、中午或傍晚，到校园人疏的地方聚集，我们把这种聚集称为“练功”或“排练”。说是“练功”，却并不刻意于古板的功夫，大家聚到一起，只为形成一个跳舞的氛围圈子。

在这个圈子里，大家可以摆脱日常的拘谨，进入一种互允的放纵状态。在这里，女孩们可以任意地自编或学习一些令自己陶醉的舞蹈，揣摩和体验传递感情的最佳舞姿和面部表情动作。那时候我们不知道邓肯，也不知道刀美兰和白淑湘（那是“文革”中一段莫名其妙的日子）。我们是将一个天才的高中女生的舞蹈作为我们最好的启蒙。我们常模仿她对“悲哀”和“喜悦”的表达，模仿她指尖、手臂的传情动作和充满特色的利用“呼吸”的表情方式，然后我们将它发扬、变异，在校园那发散着草味泥味的空地上跳出了多少永世不再、即兴创作的舞蹈。

这是一个神圣的舞蹈圈，这个圈子里没有嘲笑没有限制，有的只是纯真和鼓励。这是一个充满魔力、有着无形光环的圈子，其他的男孩女孩走过这里，很自然地要离得远远的，带着莫名的敬畏、好奇和渴慕，有意无意看它一眼，他们的心就已给什么东西撩拨了。

现在想来，那时我们确实没有花时间去认真排练一个完整的节目，也并非只是聚在一起练舞。女孩们上瘾似的离不开这种聚集，真真是大家心中有一种默契，渴望在一起用舞蹈的身体进行一种体验、一种交流、一种发泄和表达。十三四岁，正当青春伊始，身体与思维正在灌浆成形。许多的感觉在体内冲击酝酿，许多初发的自审自恋和对未来世界的向往，交织成无限的希冀，要向着自己和世界倾诉。而这时的女孩，她的言辞已难以表达她发育着的身体和思维，一个动作，胜过千言万语，当她难以说清的时候，她可以淋漓尽致地跳出她没有说出来的。

舞蹈的状态，是少女自由美好地舒展身心的最好方式，欲知少女之美，必得一睹其舞。①

那时，在舞蹈、流汗和角色进入中，我们班那五六个女孩的身体都明显地发生着变化，情感与意志也早熟于一般的女孩，较早地从某些方面提前进入了成人世界。

还记得，那时的我因忙于文考而戒掉每天必有的“舞蹈训练”时，那种压抑、萎顿，以及身体情感方面感觉到的无法言说的“进不来、出不去”的状态，使我怎样地几乎陷于窒息中。我相信，失去了跳舞这一手段的女孩，她生命中某些东西将逐渐麻木和枯竭。

所以，我知道曾有些女孩长大出嫁后，会在丈夫离家时，将自己独自关闭在客厅，在隐秘的角落里拾起残存的舞姿，再做一次少女的舞蹈梦。所以，在与舞蹈作别的十年后，我竟鬼使神差地在小说中写下了一个关于渴舞的女孩萤的故事。所以有多少男人在梦境和心底，收藏着成精的杨丽萍那永远的少女舞影。②

当初，我们一群中学女生，就是这样在母校的林中空地留下一幅幅“林妖之舞”图画的。我们那时穿得很简单、几乎没有任何打扮，但我们稚嫩的身心和现在的女孩一样灵动，我们纯真的心思比现在的女孩更透明。我们在一片红的烈日和一片白的囚墙中，是一株株穿墙越狱的小野花。我始终记得在“文革”后期的中学校园里，那种在当今不可能看见的一处处“野花之舞”。③

这里我还想提到，“文革”中跳《白毛女》《红色娘子军》和“林妖之舞”的女孩，现在陆续已经成了女孩们的婆婆。九十年代中国开始出现的广场

①②选自《走神女孩》，福建少年儿童出版社，1994年第1版第111—114页。
③选自韦伶《母校记忆》，该作品发表于台湾某刊物上。

舞，便是她们退休后的创造性集体行为，是她们放下工作、放下锅碗瓢勺后，在当代中国城市楼盘密林般包围之中，她们为自己在城市广场强占的一个舒展自我的舞台。从某方面来说，这就是“婆婆”们想重新寻回和延续的一个遥远的女孩梦。

**5.有关女孩身体的妖画**

女孩的画是值得少女文化研究者做多角度多层次解读的天然“供词”。通过女孩画的内容锁定、细节强调、色彩和风格的选择，你可以接近和深入少女秘不告人的内心，窥探少女那些芬芳的气息来自怎样的花房。

女孩画画的行为方式与冲动和写作非常相似，都是在宁静中用一支笔表达内心的图画。在我们少女作家班里有一个有趣的现象，就是孩子们几乎人人都要为自己的文学作品插图，人人都能写会画。这与我们希望孩子们画下故事构思和人物设计有关，也与图文互为提示、互为补充有关。

女孩的画画行为，更是与她们追求美与装饰有关，与女孩追求如画的形象、如梦的生活有关。

> 最初我受到画的诱惑是在做小女孩的五六岁时。有一个夏天的中午，我跟随小女伴陪陪钻进一株枝叶密织垂地的伞样的叶子花树里。树影阴暗，叶缝间的光斑神秘地印在陪陪的脸上。她撩起裙子，让我看她双腿上的东西。一时间我惊叹不已——陪陪在她一双胖嘟嘟的大腿上，用钢笔画满了无数个长长睫毛的俏女孩，个个都细腰纤指，舞蹈翩跹。我哑着嗓子，盯住裙子里的女孩说：好漂亮！比妖精还漂亮！
>
> 陪陪很小的时候，就爱把一些妖精样的小女孩画在大腿上，然后用裙子遮住她们。她对我说，谁也不知道，你要保守我的秘密！[①]

①选自《走神女孩》，福建少年儿童出版社，1994年第1版第131—132页。

这是我在记录童年生活的一篇文章《迷画》里描述的一个女孩初涉画画行为的来由和场景。我记下了当时女伴画在腿上的画在我心中引起的震撼：

我完全给迷住了。陪陪腿上的跳舞人，有公主的眼神，有美丽妖精的身姿。最“妖”的当然就在她们的细腰和丰胸上，这样的形象在我们儿时，是只能画在腿上藏在裙子下面的。①

我清楚地记得在女伴的影响下，四五岁小丫头的我怎样迷上了作画的游戏：

我画了一座花园，里面有一只女的蜜蜂和一只男的蝴蝶在一起采蜜。蝴蝶竖起一对又巨大又漂亮的翅膀，立在一旁随时随地准备保护和爱抚正在采蜜的小小蜜蜂。——哇！我那时候多么激动于这幅画！然而，我只敢把它藏在抽屉里，因为，是一只女蜂！和一只男蝶！我不知道这是不是一张妖画。

我就带着这幅画，钻进叶子花树里，让陪陪看了。陪陪的眼光大大鼓励了我，我就用颤抖的语音念了一首小诗，是专为这幅画编的。画画是一件多么美妙的事情！两个小女孩在还不能用语言和词汇捕捉自己的思想和感觉时，她们发现可以用笔在腿上和纸上画下那些影影绰绰钻进眼里、脑里或飘浮在远方的东西。这是何等愉悦的事哟。②

这里说出了童年的绘画行为早于写作行为的原因：“小女孩在还不能用语言和词汇捕捉自己的思想和感觉时，她们发现可以用笔在腿上和纸上画下那些影影绰绰钻进眼里、脑里或飘浮在远方的东西。”这种半记录半创作的文化行为，带给女孩的感知世界的成就感和审美创造的愉悦，使她开始了毫无功利目的的、自言自语似的对这个世界的审美解说。这是一种表达

①②选自《走神女孩》，福建少年儿童出版社，1994年第1版第132—133页。

生命感知的欣喜，是让原始人和儿童都着迷的游戏。

> 我们透过叶缝、透过垂枝与地面相差的空隙，像从猫或兔子的家门缝里看人的世界一样，画了一幅幅不再寻常的寻常世界。儿童的坦诚、执著和好奇眼光，小女孩以崭新的身体触感未来所得的第一丝讯息，记录在稚拙的画面上，那种新鲜，那种特别，都是成人画家所不能拥有的。①

女孩童年的绘画确实如同人类童年期的绘画一样，充满了对世界的假想和憧憬。我在一篇写林蓝少女时期出版的画册里，谈到了她在十五岁前所画的一组画，那是她假想中的从来没有去过的塔希提岛的迷离图画，那里的小姑娘不是把妖画画在腿上，而是画在她的长裙、被单、枕套、窗帘、房柱上：

> 那画上的塔希提除了布满椰树、热带花果、沙滩、绚丽的礁石外，它还长满了四处穿行的热带小姑娘。这些迷人可爱的女孩周身穿戴着绘满她们小岛图景和她们浪漫故事的长裙，行走在阳光下的海湾和她们荫蔽的房间里。你仔细看去，在她们闺房的门柜、窗帘、被单、地毯、枕头上，一切室内的东西也都绘满了塔希提的热带景色——它繁茂的植物和它神秘女孩的故事。少女们在这些布满迷幻图景的环境中于室内室外进行着各种活动，一时间你被她们正在进行着的故事和她们长裙上绘制的故事所迷乱，也被那些室内的装饰和室外的景致之交错所迷乱，分不清哪一处是更为真实的。顷刻间你已被这小岛上铺天盖地的背景里的故事和背景下的故事之交叉和交融所淹没，你脑子里不得不装满了那氛围浓烈、似真似幻、神秘、诗意、与世隔绝、充满更高大溪谷意味的一片世外乐土，记住了塔希提岛上潜埋着的无处不见的人影、植物影，还有那无处不在的明朗又交叠飘逸的少女幻象和浪漫。②

---

①选自《走神女孩》，福建少年儿童出版社，1994年第1版第133页。

②选自《月亮花园》，人民文学出版社，2011年第1版第56页。

这就是一个女孩心里和画纸上的塔希提，这是少女林蓝的塔希提。她住在亚热带临海的一个城市。十八岁前她画了许多的画，把其中的一组取名为《永远的塔希提》。在这些画中她有一个独特的构思：把她所爱所憧憬的女孩子置于塔希提岛上，让她们的故事弥漫在那小岛的每一个空间，真实的和装饰的空间——她的整个画面是一个故事，每一位女孩的长裙上又有一个故事，而那长裙女孩所躺卧的床单上，还有一个故事——这些故事都用浓重的装饰图案构成，相关或相连，天上地下，充满了整个塔希提。

许多的女孩、许多的植物、阳光、风暴、海滩，还有远处逆风而来牵船绳的一少年。林蓝的塔希提上交错着这些，又不仅是这些。这就是少女对那个热带小岛的梦和少女的绘画。

> 不可否认，林蓝找到这种用环境中的装饰图案与主体人物的真实存在相混合的扑朔迷离表现手法，来烘托少女那非常主体化、氛围化、诗意化和装饰化的心灵世界，是一大成功。这些黑白线描，将制作技巧上极端的装饰性质与主题内容上对少女内外世界的恰当把握巧妙地相结合，开辟了少女画家在线描艺术中一个独到的领域，也是利用绘画手段对少女世界的一种极好的表达。
>
> 少女画少女，少女特色的实现不仅表现在画面人物的成功塑造上，也表现在作者作品制作的独特技艺中。林蓝为自己和少女们找到了塔希提——这个装饰与神话的岛国。她对塔希提的创造，为普遍存在于少女审美意识中的装饰化心理，做了绝好的艺术再现。[①]

从中我们看到，少女的装饰美心理与才能，使她们天生善于用一把精巧魔幻的梳子，调理和修整粗粝的生活原型，使之从属归顺于她们的审美理想和秩序。只有纯真少女才将内心图景直接绘入她的裙饰、她们的手脚

---

①选自《月亮花园》，人民文学出版社，2011年第1版第57页。

和身体。

少女是天生的装饰美艺术家。

绘画符号和文字符号互为补充的创作，时常出现在孩子们的作品里。为了让写作中的孩子领悟形象和造像对人物精神的呈现，我就曾经让少女作家班孩子做过文身游戏。在海南岛的五指山下，我们让女孩们模仿黎族女人的手法，给自己文身，用不同的色彩和纹饰，将自己打扮成仙、妖、魔，并区别他们形象表达的不同含义。

在长篇小说《幽秘花园》里，我曾写到过女孩把自己身体画上枝叶，体会植物生命感觉的故事细节：

> 我自己后来又在身上画了许多的东西，大多都是一些花呀叶的。我特别喜欢在手臂上画上些美丽的叶片，把自己弄得像白婆婆花园里那些好看的树似的。
>
> 我在手背和手臂上画上些叶片和花苞，然后一动不动地站在花园的树丛里，就像一株真正的树那样站着。奇怪的是，我这样把自己画成树站在树丛中，好像突然之间听到了一些林子里过去我从不注意的声音，我觉得它们是叶子生长的声音和花儿结果的声音。我听见花和叶子成天忙着寻找太阳的方向，不断转动自己的脸。我老听见周围一些声音在唱："叶摇摇，花开开，果儿就要走出来。"我愣愣地听着这声音。①

女孩的化妆与画画不无相通。当代在女孩群里流行的动漫人物扮演，就是文学、绘画与身体扮演的结合。而我们把写作课室，设计成表演舞台与摄影棚的样式，就是为了方便孩子们写作时的扮演与情境进入。

①选自《鱼幻·裸鱼》，新世纪出版社，2008年第1版第194页。

## 6.时间绣出来的女孩之画

画画是需要将声音、动作转化凝固成静止画面的工作，画画过程本身也是需要练就的一种安静的功夫。女孩们相对宁静的外部动作，使她们能够较早地沉浸在绘画这个艺术行为里。

宁静的时空里所包容的信息和感觉，是更加丰富、精细、深切的。在近似禅境的写生境界里，可以体会到“万物之音入我心”的状态。我们可以在少女作家班一个五年级孩子苏诗语所描述的写生经历里，看到女孩在作画的过程中静静吸纳的那些饱满多汁的大自然养分——

我轻轻拿起一把被水齐刷刷地刷齐的画笔，笔尖的细毛儿躺在水桶里，洗了个痛痛快快的凉澡，毛尖上的小水珠布满在润润的毛上，悄悄地起着泡泡。我扭转着身子，从画包里取出画夹，细微的小灰尘儿齐齐飘落在画夹深绿色的军布上，我轻轻抬起樟木小板凳，将小板凳在这长着绿色小尖儿的草地上，轻轻拖动着。“这儿不错，可以看到侧面菊花的身影儿，就这儿。”

这儿似乎刚下过雨，湿润的泥土慢慢吸收着雨水的独特气息，我轻轻走上前去，仔细端详每一朵菊花。它们似乎开得挺大，可几枝花季已过，被风吹剩的花瓣上似乎留有一丝丝凄凉……

画笔贴上了颜料，不知该画哪种颜色，颜料盒似乎没有这种颜色。柠檬黄，没它的精艳，朱红色，似乎没有它的灿烂，眼神一一扫过颜料盒都没有发现相近的颜色。我不停地试着颜色，在报纸上调试了好几次，报纸被摩擦出了一条横生的裂痕……

这里似乎有几分潮湿。叶子在暗中作响，沙沙地让人深切地感觉到这片森林独静的幽秘。灌木丛上的小花儿紧紧地依偎在一边的木枝上，似一个个娇艳的小灯笼挂在上头。踏上林中小道，空气中夹含着一阵阵雨后的清香。泥土似乎水分很多，化作成了一潭潭泥浆，软软的，就如同一排排吸盘似的，把脚上的黑皮鞋贴住了一样……

嘀嘀嘀嘀，这是水的声音，透亮的水珠一滴接着一滴打在芭蕉叶上，嘀嘀嘀，渐渐的渐渐的，一片片厚大的芭蕉叶上形成了一个透明的小水洼，小小的水池……

我从白得发亮的塑胶水桶里，取出笔不停地在水边轻轻地向上刷着，啦——啦——啦——一阵阵清脆的水声微微传来。侧望着河水的眼睛偶然望到的又是那一丛桔梗花，它们还是那么美，图像又一阵飞快地从我脑海中闪过，一朵朵桔梗花似乎又含有一些凄凉……怎么回事？莫非它也会有伤心事，花会有吗？蹲着仔细向前看，原本一丛丛的芭蕉好像不见了，好像又变成了一丛丛桔梗花，它们的眼神似乎也那么凄凉。……

轻轻坐在小木凳上，拿起画笔，在颜料盒里，我决定先弄微微的朱红，再搭配一些柠檬黄轻轻点在调色板上。一直用笔尖儿的细毛们轻轻搅拌着，不一会儿，笔尖儿上的小笔峰儿就布满了橙黄色颜料，对着木板儿上的画线细细地点，一片花瓣点出来了，这一点，由细密的深橙再到大片大片的柠檬黄，一点，一点，紧着，慢着，一大朵栩栩如生的菊花便画出来了，中间深部的小花芯，上面完美地顶着一颗白皙的小香粒。细毛儿上的颜料似乎快干了，画纸上的花瓣儿渐渐没那么浓密了，笔头开始分岔，一条条干燥没有水分的毛丛分居在细毛儿头下，我用手轻轻把笔头微微地粘粘水儿，细毛儿的尖部还悄悄冒着小水泡，再从包里拿出一片纸巾，轻轻地把细毛儿尖上的水珠擦了擦……

画得不错，好漂亮的菊花。

不错，我把笔轻轻放进水中，用力地甩，渐渐地，渐渐地，水中漂出了条条橙黄色的水条，不一会儿，晶莹透亮的水完全不见了……

我完全画入神了，甚至有时我还感觉自己的腰好像变细了，身上的衣服似乎变成了一片片娇嫩的大叶子，头发变成了一片片橙黄色的小花瓣，我好像变成了一朵菊花。[①]

①选自《生长的女孩》，河北少年儿童出版社，2013年第1版第83—86页。

这样详尽细腻地描述写生中满含水汁的毛笔、点彩的动作、颜色在水洗中化开的条纹，让写生的人与道具也成了那静谧神秘的森林里的一个存在画面。

而偶尔穿插的一两段微风吹过一样的心思，让我们窥见到写生的女孩对周围世界的灵敏捕捉："侧望着河水的眼睛偶然望到的又是那一丛桔梗花，它们还是那么美，图像又一阵飞快地从我脑海中闪过，一朵朵桔梗花似乎又含有一些凄凉……怎么回事？莫非它也会有伤心事，花会有吗？"写生的女孩可以一坐就是几个小时，这时候她的状态正如一棵树一株植物在大自然中感受和窥探的状态，那真是万物之音皆入我心的物我两忘境界，这时候的女孩最容易生出与自然通灵的遐想："蹲着仔细向前看，原本一丛丛的芭蕉好像不见了，好像又变成了一丛丛桔梗花，它们的眼神似乎也那么凄凉""我完全画入神了，甚至有时我还感觉自己的腰好像变细了，身上的衣服似乎变成了一片片娇嫩的大叶子，头发变成了一片片橙黄色的小花瓣，我好像变成了一朵菊花。"

在儿童和少年时期，能潜心作画的女孩肯定多过男孩。这与她们社会角色的遗传有关。因为女孩善于在时间的长廊里感受、孕育、装饰和守候着生命。

像这样的写生体验，我也曾在散文《迷画》中描写过：

在许多个阴郁忧伤的雨天、许多个明朗灿烂的晴日，在醉意熏熏温柔的中午和湿润多汁朦胧暧昧的早晨——在我敏感的少年时节，我背了画夹穿行于密林古宅，写生在校园山头的田垄土坝间，比同龄的女孩有更多机会专心捕捉来自我的周围、来自美丽生动的自然界那些细腻入微的讯息。

我更深地体会到画画的过程带给一个女孩的迷醉。

还写生过一座座村子。我有时用整整一天的时间来详细写生一座村落。我目睹村里人家早晨、中午和晚上的炊烟一次次升起又熄灭。我画着这个村子一日中微妙丰富的天色变化，画它早晨的微黄、正午的炽白、向晚的紫红。可以说，没有一个村民如我一样洞悉他们一天里连续不断的生活场景的细微变化，没有一个村民如我一样看到他自己进出在那些场景中所产生的各种画面。我感到有这样的机会让我静下来，以观者的身份细细注视我并不深知的人们的村子，是我的侥幸。我那时青春初萌，内心躁动不已，急于知晓一切而又万事心不在焉。这种静心对一个村子的反复写生，却几乎把我培养成经由画画来品味世界的哲人。一种由感性到理性的哲思，伴随着对美的画面的制作过程，一层更深一层地悄悄产生于潜心品物作画的少年心中了。

画画是我马虎不宁的少年期的一门课，它使我沉静、细腻、易感、善思，它提醒了我对这个世界之美之生动的觉察和爱。①

可以这么说：画画不仅是对女孩的感知培养，更是对她们的心境修炼。

## 7.少女眼睛捕捉的颜色、时空、大花、羽翼的巫术符号

少女鲜艳如花，她们对色彩是关注和敏感的。而色彩的“巫术”，不但可以表达女孩丰富、复杂、细腻多变的情感和情绪，让她们领悟美术作品中不可言喻的色彩符号的内涵和张力，也可以唤起女孩对平庸生活的超越、对心灵彼岸的遐想。

少女作家班六年级女孩黎烨彤对她看到的一幅色彩画留有深刻印象：

我曾经在美术室看过《黄昏》这样一幅画。

朱红色、淡黑色，那是那么杂乱，那么混乱，可是这一幅画只有朱红色、淡黑色的景象，是那么孤独，那么寂静。

天空，是黄昏的朱红色，还夹杂了寂静的黑色，湖中倒映的景色是热闹的朱红，加上安安静静的黑色，令人的心情是一片矛盾、犹豫，

①选自《月亮花园》，人民文学出版社，2011年第1版第53—54页。

湖中也只停着一只灰黑灰黑的木船，显得那么安静与孤独，它不像朱红色的繁茂，它只是冷漠的孤独。

湖边的树微微摇动，一阵冰凉冰凉的风从湖边拂过，好像悲伤的心情像一条线一样，从心底里穿过，那种悲痛与孤独，一下子，从画里腾空而出。

这孤独与寂寞的黄昏，犹如清泉般流到我心里，让我永远记住了这个关于孤独的黄昏的画。①

我也曾经这样描述过色彩对一个女孩的诱惑，以及她经由色彩对梦境的表达：

我常爱画一种蓝色的石头。蓝色的石头无棱无角大卵石那样躺在山坡上，中心闪出白亮的荧光。蓝石头旁边生长出沉甸甸的大紫花，丝绒一样的花瓣间隐藏着许多神秘的小穴。

那种蓝呀！我小小的经验里从来没有见过世间有这样迷人的蓝石头。但我梦见过它，我画出过它，我望着家对面淡蓝的远山一次次想象过它。尤其在我画出蓝石头后，我就断定哪一座山上肯定有这样的自然物。我盘算长大了要去最远的山里找寻它们，我相信它们都在遥远的地方等待着我。

那时候，我和陪陪只有一盒固体块状颜料，和一些晒图纸。但它们已是不得了的可以为我们变魔术的东西，它们魔力无限，特别是那盒固体颜料，你都不知道那些花儿人儿一涂上它们，怎么就变得那么奇丽。我们很满足。②

少女不仅对色彩具有敏感捕捉的能力，在她们的作品中，你还能看到她们对时间、空间、气候、氛围的细致入微的感觉捕捉。

---

①选自《生长的女孩》，河北少年儿童出版社，2013年第1版第82页。

②选自《月亮花园》，人民文学出版社，2011年第1版第73页。

在林蓝少女时期的那本画册中，有另一组名为《回忆夏日》的线描画，就是充分表现少女感觉世界的作品。在其间,你可以看见少女那敏感、幽美、像透明的水母一样呼吸开合在感觉世界中的细致心灵。

十五岁的林蓝为她的绘画作品取了几个非常有文学意味的标题:《回忆夏日——客之将至》《回忆夏日——恍惚的黄昏》《回忆夏日——隐蔽舒适的房间》以及《敲门声》《没有声音的夏日》等等。只要琢磨一下这些弥漫着“莫以名状气息”的标题,是可以体味到这些画中所存在着的那种情绪性、氛围感，以及对自己与时空、与环境、与气候之间存在微妙关系的捕捉和表现。

林蓝在画册的自序里介绍说,《没有声音的夏日》等作品，描绘的都是在“透得进充足阳光的宽敞房间”里的女孩种种。我曾这样写道：

> 温柔静谧的夏日室内，纱帘与长裙拂弄着家具和女孩，躁动撩人的阳光流淌于窗内。站在光斑与阴影中的少女那甜蜜的夏日忧郁，静默中的思绪，对一切事物多情易感恋爱似的慵倦神色……光影中一切室内陈设都因了少女那恍惚的神态有了一种特殊意味，一切的场景瞬间都变为专为夏日少女设置的场景。如果说那些女孩子都在夏天的白日梦里打盹，那她们也是如半睡的猫似的支棱着耳朵，感觉着阳光下和阴影中的特殊声音。《无声的夏日》里，室内四处流动着多少微妙的声音呵。
>
> 而创作这些作品的林蓝，也猫一样蹲在她感觉和构思的阳光里打盹，然后她在一张张白纸上画下了进入她眼里和心里的东西：交叠的叶子、卷曲的花瓣、摇弋的光影、走神的眼睛，少女那好玩的脚趾极富表情地裸露着，男孩的身影永远作为远景出现在画面之一角。林蓝“从所有可能的组合中，挑选出使绘画有生命力的最富于表现力的线条来”，组织成了一张张纯粹的少女的画。她在她的绘画世界中创造了艺术也创造了她一个独自拥有的美妙佳境，她在这个心之佳园里与

画中之物融为一体了。[①]

《回忆夏日》不只是画，更是一个深深进入自己和自然环境领域的大眼睛小女巫的感官世界和哲学视角。

许多女孩，都具有这种静观、默感和独悟事物的眼神。这为她们提供了从事艺术创造活动的天才基础。

林蓝曾在她画册的序言里表露，她曾希望成为一个作家，还提到了对她深具影响的文学和音乐作品。她对那些真正卓越的文艺作品具有很深很真诚的领悟和热爱，那些东西滋润并丰满了她的心灵，并与她的画暗暗相通。

在这里我还要谈到我在《进入羽翼于画蕊之间》一文里，提到的另两位以鸟巢和大花为题材的少女画家充满母性与雌性符号的美术作品。

她们画的都是中国画，虽然是画的植物与动物，实际则是传递着雌性植物和小母兽的感觉讯息：

史方方，她梦中出现了《天空、气流、阳光和云彩》那幅画。在这片天空、气流、阳光和云彩下，她酝酿着一巢巢洞穴中体温暖暖的羽毛动物。她总是画巢穴中的小动物。她的画中仿佛总有一束微光或一盏小灯，聚焦地照着温热母羽下眉目不清的小脑袋和小身子。这些充满雅致闺阁情调的棕色画，处处弥漫着毛乎乎的灯光感和巢穴中暖和安逸的氛围。

这是一组追忆童年亲情和母体感觉的作品。小母亲一样具有浓重母性意识的女孩方方，情不自禁偏爱表达毛茸茸母性体羽的感觉，和室外花叶间稚纯惹怜的柔情小世界。在她画中，每一片硕大的芭叶，每一丛蓬松的草丛，都是母体的变形，强烈传递出一种触觉上的柔和感和情感上动人的暖意。那母腹一样的空穴小巢，那小巢中暖洋洋的灯光感，不仅是对小动物发出的声声召唤，也是每一个人都心领神会

①选自《走神女孩》，福建少年儿童出版社，1994年第1版第127—128页。

深潜心底的对童年与母体的温情回忆。

小母亲一样的少女画家方方，宁静地坐在一片天空下，舒适地哼唱着她诱人的摇篮曲。在她画中，总有一方现代人失去了的宁静乐土。她能在一片喧嚣中，凝神倾听到生命中最单纯最抚慰人心的声音，倾听到生命与自然的和谐，并深深领受造物主最美丽的乐音。她的画，又是一首安详曼妙的轻歌——小动物的家族在草叶间平静地享受阳光和树荫，空气中偶尔响起它们卜卜卜的拍翅声。有时，鸟群中传来睡意惺忪的呢喃，相告着藏在翅膀下的一个香甜舒适的梦……这世间本不该遗失的，自然界赐予我们的吉祥安宁图景，在方方简约、别致、清丽的画面上，提醒和抚慰着现代人忙碌与疲惫的心。①

在方方的构思中，还酝酿着一组“天真的花”，那就是一个孩子对异常鲜艳的、呈现惊人色块的“花”之最初的欣喜和永久记忆。作为一个女孩子，她总是留意着最原本最纯净的东西，她常常很投入地进入梦中，寻找心灵深处那一片不受污染与禁锢的芳草地。梦带领她在心灵的故土上游荡，留给她关于“天空、阳光、气流和云彩”那样斑驳绮丽的梦，并赐给她神来之笔和对美的直悟。如果要解析她构思《天真的花》与《天空、气流、阳光与云彩》这些作品的最初冲动，只能去解释一个同动物植物与大地很亲近的、一个宁静而通灵的女孩，她头脑和身体里，最幽远的原始生命留给她对自然存在的感动和深爱。

如果说女孩史方方的画，是用母性的温柔和孩子的纯净来讲述抚慰人心的动物故事，那么方方的朋友——女艺术家王季华，她所作的一组以大花为主题的画，则展示了花之身心与少女之身心天生的凝合。

这组画的总题目为《大花与我》。扑面而来的，是那女孩笔下震撼人心的、撑满整个画面的大如人体的花。

这些花，从微观到宏观，一株株画得那样细致入微、血肉清晰又大如

①选自《走神女孩》，福建少年儿童出版社，1994年第1版第138—139页。

人体。充满情绪、感觉、气味和势不可当的开放欲。你很快会感到这极其写实的大花哪里是花，这是人，这就是女孩出示给人们的她和她的同性姐妹们。

我在《进入羽翼于画蕊之间》一文中这样写到：

“大花与我”，在这个主题下，可以想象女孩王季华怎样在大纸上勾出那花的影子，然后嗅着花与自己的气味画出大花的身体和皮肤，画出她们柔嫩的肤色与质感，以及亮如绸缎的花之皮肤下涌动的体液和脉搏，还有那呼吸着空气猛长着的美丽沉甸的花蕊。

这是女孩子眼中的雌花，充满着美丽的激情和深深的哲思，有着自审自恋的青春视角，有着女孩子对花所独有的心得和感受，同时透出一个女孩在花群中如同对姊妹那样的迷醉和深爱。①

女孩与花的酷似与暗通，使王季华情不自禁要将女孩身附着在花身里，默默地用心去画花，这样，她必然要在花里画出人味来。这会比直接画女孩身体更为提炼和美妙。

那羞涩光嫩的花瓣，绰约起舞的花形和叶片，那激情怒放的花蕊和暗香袭人的花之心韵，每一朵花都共有花族相似的灵魂，却又各有色彩、气味和身姿，使你联想到一个个动人心扉的女孩，想起她们一回头一注目所留给你的永久印象。每一种色彩都透出一种诱人的个性——神秘雅致的墨紫、清丽娴淑的荫绿、饱满的金黄和丰腴的粉红——形形种种的女孩，以花相喻，真是点出了精神。②

与方方的宁静动物相比，王季华的大花充满了内部的激情与骚动感。它们的体态和脉络里流动着蠢蠢欲动的生命冲动和诗情。那些外静而内动

①②选自《走神女孩》，福建少年儿童出版社，1994年第1版第140页、第141页。

的花如同少女一样，虽哑然无声却能灵敏地听到身体里将要开放的声音和外部世界里每一朵流云、每一丝气流对自己心灵的召唤。

> 王季华最着迷以挺拔而出的大花借喻一些“美丽才女”。这些奇花，颀长地伸向空中，头顶是流动的气流和云朵，脚下是渺远的山川。它们美丽的花蕊喷薄向上，裙裾似的叶瓣噼噼啪啪在空气中卷动，潇洒自如地在大地上跳着花的生命之舞。这些茁壮生长的奇花，以仰视的角度画出来，有一种醒目的冲击力，有着花中皇后的辉煌风度……①

由此我联想到少女作家班的孩子们在文学作品中描写的那些风采各异的“爱美的花”“母性的花”和“有梦的花”，它们和画作《大花与我》表达的内容极其相似。不管是用文字还是用画面，女孩一经将自己的精神附着在花的身体上，她们就会创作出神形兼备的花之精灵的故事。

虽然，在王季华的植物画与方方的动物画中，可以区别出动与静、激情与柔情、哲思与天然的不同特点。但她们都选择了生长在大自然里的动植物作为绘画主题，她们的画充满着原始生命的活力，充满着画者对雌性与母性世界的关注，也充满着少女画家对艺术创作的自信和自足。

无论是女孩画画还是写画，还是对画画过程的文字再现，这些作品都透露出浓重的色彩、气味、温度等大地生命的讯息，它们鲜活多汁、精致空灵，如同树叶的响动和摇摆，是大地精灵才能说出的感觉和话语。

①选自《走神女孩》，福建少年儿童出版社，1994年第1版第141—142页。

# 女孩群体里的女书
## ——女书与女孩群的产生与情感交流

当我第一次听说在我们中国有一种由女人创造的秘密流传了几百年的文字——女书时，我就有了要去探访它的计划。

是什么样的冲动让女人们创造了这种毫无功利目的、仅为精神沟通而共享几百年的文字符号？

我曾经三次去到湖南江永县的女书村，拜访了几位女书传人。当我第三次带着少女作家班孩子们前去寻找曾经在女书村相识的一位女书婆婆时，老人家已经去世。我清楚地记得在村口巧遇的这位出村赶集的易姓婆婆，她站在树下为我演唱女书，我们聊了很久。分别的那一刻她的行为留给我深刻印象：我向婆婆挥手告别开车走了一百米的时候，忽然听见婆婆对着我的车唱起女书，为我送行。所以我对女书的首次接触是来自它原生态的吟唱，是姊妹间的嘱咐和情感传递。

然后很快接触到女书秀美的文字。它形如月牙和风中柳叶，又像翩翩起舞的女人。我就和一个年轻的女书传人用舞蹈动作模仿过女书的“女”字。那个女书姑娘就是去世的女书村易婆婆的外孙女胡艳玉，她的女书写得字字秀如柳叶。

那么女书是什么？它的由来又是怎样呢？

一家德国媒体是这样介绍女书的：

它可能是最古老的特定性别文字，也是首个众所周知的仅在妇女中流传的文字系统。中国妇女用它交流秘密信息。女书一度几乎灭绝。2006 年中国政府宣布女书为国家级非物质文化遗产。

拉长的字符让人想到跳舞的妇女。“当我想起在家的日子，想起我的母亲，就觉得心如刀绞”，中国神秘文字女书写成的一本有上百年历史的日记第一行这样写道。

据德国《南德意志报》10 月 10 日报道，关于女书的起源，有很多传说：例如有的说它是一个假扮官员的聪明女孩所写，也有的说是 11 世纪执政的宋朝皇帝的妃子胡玉秀所写。在这两个故事中，女主人公都陷入困境。一个被投入监狱，因为她装扮成了男人；另一个则不能离开皇宫。但她们通过秘密文字给家人和其他女性写信。

报道称，清华大学的赵丽明教授猜测，今天已知的女书起源于 16 世纪，是当时中国南方湖南省农村妇女在纺织和刺绣过程中发明的。“现存最古老的女书日记有 300 多年历史”，但没人知道它确切始于何时。

报道称，古代妇女通过书写女书减轻痛苦，因为她们的生活往往不幸福。她们生活在农村社会结构里，男人和女人严格分离。女人负责家务和抚养孩子，她们被排除在高级教育之外。在女书发源地江永，古时女孩 7 岁开始就像全国其他很多地方流行的那样裹脚。她们的脚趾被绑断，以便塑成所谓“三寸金莲”。普通家庭的女孩通过这种方式获得了靠婚姻实现社会升迁的机会。但这与巨大的痛苦分不开：脚趾在疼痛中慢慢腐烂或废掉。因此导致的感染有时甚至会是致命的。很多女孩后来不能正常走路。

为了女书信息秘密传递，妇女们许诺不向任何男人透露。一些文字读起来就像是早期女权主义的号召，例如太平天国时期的一枚铜币上写着“世上所有妇女都是一个大家庭里的姐妹”。

相互鼓励，妇女们用女书传递秘密信息，例如“在我们陪伴下你将永远不会绝望”。带有中国血统的美国作家邝丽莎在其小说《雪花和秘密的扇子》中讲述了19世纪雪花和百合这两个女主人公在扇子上书写女书分担忧愁和分享快乐的故事。这部小说基于邝丽莎在江永发现的女书书信中的真实事件写成。

报道称，女书是吸收江永方言的一种音节表音文字。一个字代表一个音节。而汉字却是一种词素音节文字。80%的女书是借源于汉字而造的。其他20%模仿当地服装纹饰或自然造型。它们大多被写成诗歌，被咏唱而非口说。女书作者们用400至500个女书文字就涵盖了所有的江永方言。

但女书记录的格言大多是日常礼俗、生活的艰辛、普遍的贫困或丧失亲人后的悲伤。女书还被用来写作传记、童话、诗歌、祈祷文以及如何与公婆相处的建议。这种文字被写在扇面上，织在手帕上，也用来写信。它还记录过历史事件：人们发现了从太平天国至抗日战争时期的女书历史记载。

在过去20年里，很多高龄女书传人都去世了。现在，在湖南省南部的江永县还有大约7位女书传人。①

报道大体上概括了女书的情况。它没有详细描绘女人们在纺织花边和刺绣手帕、鞋帮的图案时，怎样将这些纹样演化成了她们秘密交流的语言符号的经过。不过在女书产生的三百年后，在我的少女作家班女孩群里，我看到了女书产生的各种可能。

在本书的《前言》中我曾经写过，几百年前湖南“年轻的女人们发明这种仅往来于同性之间的特殊文字，完全是出于精神的沟通而非日常生活的需要。她们将女人们的闺中私语用她们圈内才能知晓的文字记录下来，并用诗歌的形式写在扇面、绣在手帕和腰带上，她们逢年过节相约在村中某处，歌咏交流”。

“虽然在今天这个信息时代，女孩与女人们已经找到更多方式代替女

①选自网络报道。

书的交流功能，但是秘密的纸条传递、故事接龙、卡片互赠等行为，仍然频频出现在一代又一代女生们打堆的场所。”

少女作家班孩子们并不知道在湖南乡村里存在着神奇的女书。但在她们所写的许多作品中，都有女书的痕迹和倾向。也可以说，她们继续摸索着现代女书的书写方式和内容。

下面从几个方面初探一下女孩们相互依恋、相互安慰和支持的情感内容，以及为传递情感而怎样制造了秘密交流的语言符号。

**1.用图画和文字传递的女书**

与女书产生于刺绣和纺织的图案花纹相似，女孩们喜欢用图文加符号的方式将交友信息传递给对方。我就收到过女孩们折叠成花或鸟形的纸条，是写给我的秘密文字。打开来，里面有花和叶子加汉字组成的句子，也有像声波或电波那样的线条连成的符号。花和叶的文字还能猜到大意，比如“送给绿人姐姐”这样的造字，但波纹和连笔下斜的长短线条组合就读不懂了。女孩们挖空心思造出这样的秘密文字，是想让对方猜到自己的意思却又羞于让对方一目了然吗？

“猜字”和“读心”是女孩喜欢做的游戏。它来源于女孩对亲密知音的寻找和测验，来源于女孩对“友情”和“相知”的看重，是女孩间甜蜜的交友游戏，也是女孩间相互支持、相互看守的涉及“连心”“忠诚”“知己”等情话式的闺蜜语言行为。它的细腻、天真、痴迷和炽烈带有浓重的女性情感特点和审美倾向，尤其容易在少女之间出现。

我就曾在小说《白女孩》(又名《相望的风景》)中描写过两个女孩以画结识的行为：

> 我不知道一个女孩应该怎样去寻找必然的理由结交她想认识的人，我希望得到帮助，但又觉得这是我不能暴露的一个秘密。
>
> 于是，我后来就自己想出了另外的主意。我在窗户上，贴了一张

很大很好看的白鹤剪纸画。这是我的作品，我很爱剪纸，还很爱画水彩风景画。我希望白女孩推开窗户或在窗里的时候，能发现我的白鹤。我还希望画出一张最好的风景画，让D带给雪月。

就这样决定了。我让妈妈在我房间里装上一盏小绿灯。晚上和清晨，当白女孩的红灯亮起来的时候，我就在这边拉亮我的绿灯。

我用更多的时间去练习水彩画。我画了无数张日出前和日落后的印象画。我希望能像蝙蝠一样，飞在寂静无声的暗空中，更仔细地看一看翻卷的云层、发亮的河沟、颤抖的黑色树梢、潮湿冰凉的墙角和冒出细密冷汗的野草叶。我更希望飞向对岸那团红绒绒的亮光。那红色亮光从对面楼里白女孩的窗户中流出来，带着一阵阵绿香，带着那条轻轻流动的河沟夜晚的气息，漫到我这里，我伸手能触得到，我知道湿漉漉的夜雾中混合着的这一切。

我一定要画出些杰作，打动她，成为白女孩当之无愧的朋友。①

这是一个为结识仰慕的女孩而拼命学画的小姑娘。她遥望对岸那个让她倾心的女孩，远远感觉着夜气里混合着的来自彼岸的气息。让她惊喜的事：彼岸那个女孩也将她画入了自己的风景画。

我在展览馆里，搜寻着雪月的作品。当我找到它时，我真是有些意外——她居然也是画的一张描绘日落后的风景画。我对她的画心领神会，我熟悉这一切。她把一个凉爽的淡绿色夏夜画得多么淋漓尽致呵——夜空中行走的月亮、月光下流动的云层、晾在昏黑树杈间半干的暗红色裙子、屋顶上被风吹向瓦缝间的微亮的黄叶、挤在一片杂树和松树间的木楼；嗯？还有那黑色雕花的窗格里透出的灯光！我心里咚咚跳动起来：那窗里的灯光并不完全是银白的，有一圈莹莹的绿光环绕着灯心！我凑近一点——果然，我找到那只白鹤了，那只我制作

①选自《鱼幻·裸鱼》，新世纪出版社，2008年第1版第325页。

的白鹤！它在雪月画中的窗户上被绿色小灯映成了一只黑鹤，隐隐约约地和雕花窗框混在一起，我相信除了雪月只有我才能把它辨认出来。噢，白女孩，她是画的我的家！你看：这松树和木楼，这树杈间的红裙子，不管雪月怎样隐去了那些石梯、土坝子和山坡，我蓦地一下子全认出来了——这黄昏的景致实在是画的我的家。我再看一看画下的标签，那上面的题目是《夏天里遥远又熟悉的灯光》。①

以画和手工制作来传情表意，是古今女孩们爱做的事情。我时常观察校园外的文具精品店，里面琳琅满目的小卡片大多都是女生们光顾的爱物。而我教书三十年，收到的卡片基本都是女孩子在节日和毕业时送来的。尤其在毕业班，就有小姑娘用整整一节课折成的几十只纸鹤送我，上面写着："送给韦老师的最后的礼物"。

如同江永女书村的女人向闺蜜倾诉离别的思恋那样，少女作家班女孩杨斯路在《守钟的兔子》里，就写下了两个离别的女孩互赠日记本，续写校园里的友情的故事：

在树枝长得越来越繁茂的四月里，在被绿色包裹的四月里，在生命都在疯狂生长却这样无声的四月里，我又想起荏来。

思念就是在这个时候无休无止地涌了出来。

荏。想你了。

然后我便写不下去了。

轻轻合上你送给我的日记本，我记起你说，如果觉得心里被塞得太满了，就放一点儿在日记本里，会轻松很多。

日记本的封面，就是一片天空一片草地一棵树，和两个抬头看书的女孩子。但你总认真地告诉我——她们在看天。

现在我知道是了。那片小小的，却只有我们知道的天空。

---

①选自《鱼幻·裸鱼》，新世纪出版社，2008年第1版第326页。

已不大记得是怎么认识的了，只记得当时我们都知道对方不喜欢各种艳丽的花，只爱朴素却美丽的绿色。树的叶子的绿色，草的颜色。悄然散发着清淡却独特的味道。

那时我们坐在榕树下，我告诉荏，我喜欢看榕树叶子边上的天空，喜欢蓝色和绿色交接的颜色。那是安静的颜色。

在那时荏便告诉我——其实仰头也是可以看见天空的，那一片片小小的天空，“是我们才知道的天空”。

荏喜欢笑。有荏在的榕树下总会有欢笑。我总不爱说话，只一言不发地听荏说话，听荏好听的声音音符般地在我的脑海中乱撞着，悄然撞开我心中不常打开的门。

我曾经总是讨厌自己心中蹦出的奇怪想法，像想到我同荏坐在树下时，会不会有一只树精坐在树上看着我？像在水边听到悦耳却从未听过的声音时，怀疑是不是有一只鱼在唱歌？从感觉到心中冒出这么多奇怪的想法后，我就开始讨厌自己了——真讨厌！为什么自己会有这种想法呢？让其他人知道自己的想法的话，就太丢人了！

荏却像一个精灵，同我说起她心中许许多多美好的想象，而在我听来，荏说出的想象却是那么美好，讲出的故事就像是发生在我们身上，发生在生满绿草的草地上的榕树下，发生在绿色里。

荏送了我一本日记本。扉页上，是荏的字。

“小苒呀，你心里藏了那么多美好的想法。把它们写出来吧，你这可爱的树精灵儿。”

日记的封面上，是两个坐在榕树下看天空的女孩。里面写着四个青墨色的字——“等你书写”。①

这里写到的是两个女孩互赠日记相互鼓励的故事。两个女孩一个叫荏、一个叫苒。当荏随父母离去时，写了纸条约苒最后见一次面，但苒错失机

①选自《天使与女神》，河北少年儿童出版社，2013年第1版第74—76页。

会未能如愿。苒在每年失约的那一天，都会来到她们一起待过的大树下，用荏送她的日记续写她们共同的故事。

这样的女生间由同学时代缔结的友情，在分离后保持到终生的事情，在现实中也是存在的。在我自己的经历中，就有十八岁时在校结识的闺蜜，毕业分离后的几十年中，一直保持文字来往、几十年如一日年年准时互送生日祝福的事情。

这样的惜别、送别的文字创作，我也在女书村中听到过。比如，在一首哭嫁歌中，就有姐妹们为一个出嫁外村的姑娘打扮，她们从头到脚慢慢为她梳妆，一边梳妆一边吟咏嘱咐她的话，尽可能将分离的时间延长。

也许有人会认为女孩间的情意是否类似男女间的恋情？其实女孩之间的情感相比男女情感更持久更内在和精神化。她们有一种相互间交根交底、惺惺相惜的意愿和冲动，用当下的话来说，就是“抱团取暖”。有西方学者认为：这和人类远古时期雌性动物要共同担当哺育后代的集体行为有关，女人要相互依靠和帮助才能完成育儿的任务。

如果男人聚集在一起，喜爱做的事是“竞技”和“角力”，展示力量；那么女人的聚会，更多的是倾诉和互勉，寻求支持。在女书村，女人们定时相约在村中大树下，将在扇子和手帕上写作和刺绣的诗歌吟诵给姐妹们听。这其中有诉苦的长诗，有相互的建议和祈祷，也有对心灵手巧的女伴的赞赏。比如，有一首《姐妹梳头》歌里这样写道：

堂屋之中挂绣球
大姐小姐来梳头
大姐梳个盘龙髻
小姐梳个凤穿杨
唯有三姐梳得好
两头狮子抢绣球①

①选自女书传人胡艳玉的现场吟唱。

对于姐妹间的相互欣赏和赞美，在我们少女作家班的作品中也频频出现。当代少女还有一个自称的名词,叫“粉丝”,这个“粉丝”群或者是“追星”群，常常在同性中产生，而其成员，又以女生为多。作为“粉丝”，她们对心中偶像之“星”的追随，是从身体到精神的追随。

**2.带有体温和身体香气的女书**

女孩间的喜爱和迷恋是精神的也是身体的。她们常常被女伴的美丽打动，成为对方的追随者和崇拜者。相比给自己设立对手的男孩，女孩更容易寻找到倾心朋友并将自己的个人秘密和精神都毫无保留地交给对方。

下面看看少女作家班刘泠君笔下的两个舞蹈女孩的身体吸引和追随：

> 随着子衿的靠近，一阵阵淡淡的香气也随之弥漫开来。那是一种熟悉的气味，可芸怎么也想不起。子衿的手轻轻触到了芸的肌肤时，就像花瓣擦过，柔柔嫩嫩的，轻柔的气息碰到了芸，好像花粉一样，弄得芸痒痒的，却又很暖和。
>
> 子衿拉着芸的指尖，轻轻向远拉长，一缕头发滑到了芸裸露的肩上，像柳条一样拂过，又滑了下去。
>
> 芸的心怦怦地跳着，吸着一口气久久不敢呼出，身体都有几分不受控制了，话更是一句都说不出来，任由子衿摆弄。①

子衿和芸是两个跳舞的女孩。跳舞过程中的身体接触是常有的事。而女性对触觉的敏感是胜过男性的，这被一些学者认为是由于女人肩负哺育婴儿的责任，她需要在对婴儿的皮肤接触中有着灵敏的感觉和反应。而对触觉的敏感在文学表达中是传神而有温度的，在少女对同伴的描述中更加有了血肉丰满、意味深长的感觉传递。

①选自《生长的女孩》，河北少年儿童出版社，2013年第1版第108页。

这里所写到的对女伴“身体之香”的敏感和倾慕，在我的《绿人家园》故事里也有所体现。

走在山道上，素素妈妈身上发出的一股淡淡的香气，和周围的树香、草香混合在一起，就像雾那样一阵一阵撩过我。我相信素素妈妈身上的香气是发自她的身体，因为那不是香水的气味，而是一种像树香花香那样发自身体本身的气味。一个女人身体会发出好闻的香气，让我有种说不出来的有点被迷住的感觉，我已不是第一次对素素妈妈有这种感觉了。[①]

气味和味道的迷人，是一种只可意会不可言传的审美感受，它是物质的也是精神的。人们常说的“这个人蛮有味道”，通常并非是指嗅觉和味觉上的“味道”，而是一种意味和风韵。但女作家对真正人体气味的描写，有着一种很有传递力度的从身体到精神的深深的展现切口，所表达的经验是真切而赤裸的。

素素妈妈静静地坐在树下，她的眼睛在月色下闪烁着。我将她拉起来。

然后，我看到她跳起了一段奇特的舞蹈。她的身体左右前后柔软地起伏，她灵巧地下腰又快速地起身，腰肢和手臂轻盈招展。在她身体舞动的时候，从她身上一阵阵散发出来的浓重的香味扑面而来，使我忍不住叫道：“哎呀……你，你真的好香啊！”

她衣服的一角随风撩到我脸上，滑滑的丝绸凉凉地碰到我嘴唇。这个感觉我至今记得。是的，那晚素素妈妈穿着一件白丝绸的小衫，她的一片白衣服飘到我的唇上，散发出来的是一阵一阵花朵的香气。

我说：“还说你不能跳舞！连你的香味都在我面前跳舞！”我仗着月色有些放肆地说：“你身体怎么这么香啊！像晚上开放的花那种

①选自《绿人家园》，浙江少年儿童出版社，2016年第1版第83—84页。

香……"

"是吗？"她怔了一下，望望我，然后闻闻自己的衣领，"我们家的人都这种味。我们一出汗，气味就浓了。"她似乎红了脸。[1]

这里写到的"我"对素素妈妈的"身体之香"的迷醉，既是两个女人之间的真挚欣赏和相互吸引，又暗示了植物的气息对人精神的作用。素素妈妈的身份在故事中最后的揭秘，是素馨花精，素馨花是一种白色的有着清香气息的山野之花，《绿人家园》里"绿人姐姐"对素素妈妈苏馨的言谈和举止、模样和精神的喜爱与赞美，以及亲密无间，其实表达的也是女孩对植物的一往情深。

女孩与女孩之间情感的沟通和交流，常常伴以动作和肢体语言。她们喜欢手拉手或勾肩搭背，她们用身体的靠近与触摸来印证、加深相互的关系和情感。哪怕对于遥不可及的向往，她们也用精神的触摸来接近和证实它。

我把新年娃娃挂在我屋子里床头的那堵墙上。我跪在床上用指头去弄那娃娃身上的布头和毛线，想着白女孩曾经也用手指头仔细地摆弄过它们，我就觉得我的手指头碰了她的手指头。我想象白女孩怎样坐在那盏灯下，尖着手指去制作这精美的娃娃，我想她也可能把它放在膝上，也可能把它放在窗前的桌子上摆弄着。她的屋里靠窗边，肯定有一张桌子，我虽然看不清，但我感觉到了。我的手指摸索着那娃娃身上的针线的时候，我觉得我发现了一些秘密，我在心里会意地点着头：白女孩用的一些布头同我在城里买回的衣料一个样儿，她缝完最后一针时打结的方法和妈妈教我的一个样——她实实在在是一个和我一样的真的女孩，我一下子又觉得我同她有些熟悉。[2]

这是我在小说《白女孩》里写的两个隔了一条山沟的女孩，抚摸彼此

①选自《绿人家园》，浙江少年儿童出版社，2016年第1版第126页。
②选自《鱼幻·裸鱼》，新世纪出版社，2008年第1版第323页。

交换的信物，来想象和体验对方的形与神的动作细节。

我绕着她家的木楼走了一圈，似乎感到里面静静的没有一个人。楼旁的梅树和橡胶树把白女孩的家弄得又阴暗又清香，爬向屋壁和长满小坝子四周的野草，也带着梅花凉浸浸的香气。我觉得白女孩家的木楼，被梅树和橡胶树长年累月地熏染上了洗不去的、带着暗绿暗绿颜色的冷香味……

这以后我一看到白女孩的家，就闻到一股绿绿的香气，这气味过去我曾在白女孩身上闻到，我现在知道了那不只是梅花味。①

不见其人，却闻其香。这身体与精神之香是女孩与女孩之间联系的纽带，她们能在其中受到鼓励，得到长久的支持和力量："那红色亮光从对面楼里白女孩的窗户中流出来，带着一阵阵绿香，带着那条轻轻流动的河沟夜晚的气息，漫到我这里，我伸手能触得到，我知道湿漉漉的夜雾中混合着的这一切。"

我能闻到从白女孩家那边飘过来的梅花味，也能闻到我们楼旁的大松树味。我觉得有很多劲儿从身上冒出来，我想起了在这一天里要赶着做的许多美好的事情。②

女孩之间的友情能长久地持续保持，应该和她们用鲜活的感性不断去感受和体验彼此的情感温度有关，与她们渴望用身体的接近达到精神的接近有关。

早晨，太阳射进窗口的时候，大姐就招呼我到屋外院坝上梳头。院子里的小圆桌上堆满了发卡、夹子、缎带和透明头绳，阳光下它们闪烁红红绿绿的光晕。大姐口衔头绳给我编辫子，在我小辫上结满了蝴蝶和花儿。我举着镜子左顾右盼，看大姐怎样将我的头发编了又拆、

①②选自《鱼幻·裸鱼》，新世纪出版社，2008年第1版第323—324页。

折了又编，弄出许多的花样来。

这时候总有一支歌，沿着清新的晨光在院子里飘荡。这是姐姐的歌声。大姐是学校宣传队的领唱，她的嗓子袅袅婉转。每到梳头的时候她都要挑一些很慢很柔的歌来唱，随着歌声她的手指轻轻在我发丝间抚弄，使我舒适无比、幸福无比。

从小留长发，我一半为自己，一半为大姐。她曾用一元钱作赏诱我抵抗新潮短发的刺激，永远保留长发让她去梳理[①]。

### 3.带有月色和镜像的女书

有一种女孩，心里是永远有一个遥不可及的女神作为自己向往的镜像的。或许那个女神是她一直追求的自我完成的终极目标，或许那个女神只是她可望而不可即的梦想图像，又或许那个女神是她为自己假设的一个精神对话的对象。

少女作家班的女孩多次写到自己的“月亮朋友”。杨斯路在《月亮的三个故事》里就写到一朵“向月葵”与她的“月亮朋友”的故事：

我仰头望着她。我的眼睛为了看到她而转动，就像身边的朋友们在白天为了看见太阳而转动。她似乎也在望着我，用她那淡黄色的双眼望着我。

……

“在天空中的时候，我每天在夜晚，都会看见一双眼睛，那双眼睛发着淡金色的光。我望着她，她也望着我。即使是有云雾挡住我，她也望着我，我能望见那双隔着云雾但依然亮亮的眼睛。我今天是特地来找那双眼睛的。”女孩轻轻地说。[②]

①选自《走神女孩》，福建少年儿童出版社，1994年第1版第190—192页。

②选自《月亮女孩和风的孩子》，河北少年儿童出版社，2013年第1版第22—23页。

两个女孩，隔着星河相互对望，相互寻找着注视自己的那双眼睛。虽然距离遥远，但她们的眼光互相追寻、遥相呼应：

如果我一直望着月亮，那月亮会越过云雾来看我吗？我的脑子里闪过这样一个念头。

我又一次抬起头。

可是却出现了令人惊讶的事情。

云雾像幕布一样拉开了，夜晚的天上露出了一个用星星围起来的图案——那是一朵向日葵，向日葵露出了笑脸，它的眼睛很大，很亮。向日葵旁的星星组成了几排字：送给世界上最美最亮的眼睛①。

如果说杨斯路把月亮女孩与“我”的关系写成了两个小女生之间的温情脉脉的甜蜜注视，那么另一个女孩曾泽宇所写的“月亮与我”的故事则表达了一种神秘的寻找与唤醒：

四周充满了花香的气味。明亮的月亮变得更亮了，让人终于能够呼吸。

我突然觉得周围的一切都复活了。我压抑孤单的心在呼吸、复活了。

看着月亮，我真的感觉它像一个人，身上泛着淡淡的凉凉的味道，覆盖了这片凄凉的杂草地。我想看到她的模样。我不知道自己在干什么傻事：我把手电打开了，向月亮那儿照去，难不成我把手电当成了望远镜？

“噢，我看到了那个人！”从月亮上看到了一点背影，就高兴得失魂落魄！

走近一点，我又用手电照了照，背影比刚才更清楚了。我使劲地跳了几下，“你是谁啊？是谁？”一阵陌生的声音传来了。我还以为是那个神秘的人出现了：“你在吗？你在吗？”

没有任何反应，但我总感觉她就在那里，是一个少女。我又走近

①选自《月亮女孩和风的孩子》，河北少年儿童出版社，2013年第1版第24—26页。

了一点，再照照，我期待着。

湖面泛起了一层一层的轻轻的水纹，每一圈，似乎都带着她的秘密的味道。

月亮被湖面映得越来越圆了，突然，一阵风把湖面打乱了，一切都没有了，只剩下那月亮，但光没有那么亮了。

说真的，我这次真的看到了她，真的。她穿着一身淡黄色的衣服，她的头发带着点透明的黄，像月亮的黄，美丽的身躯让人一见就心动，但在朦胧的烟雾中，我看不见少女的相貌，即使是用在月光下得来的手电，也看不出她迷人的样子。

烟雾降临，湖面，包括我的月光手电都盖上了那层雾。少女只对我说了一句话："你把我唤醒了！"

说完，少女消失了，背影依然留在月亮的表面。

她好遥远又好熟悉呵，是我心中一直寻找的朋友吗？可为什么又那么像我自己呢？①

月亮是女孩心中追随的对象，又是少女自我发现的镜像。与月亮的对话是精神的对话，也是自我的对话。

月亮那恰到好处的朦胧光照和让人遐想的距离，让少女感觉那么浪漫、温情、柔情绵绵又毫无威胁感，恰似女生间温柔的情意。在月亮的注视下，她可以被理解、被照亮、被唤醒，月亮是女孩最持久的情人。许多女孩都留下了写给月亮的诗文。

我自己就曾多次写过月下之舞，也详细描写过像月亮那样让我痴迷的"白女孩"雪月：

我真奇怪白女孩怎么会搬走了。我以为她永远像月亮一样，每天都出现在我家老房子周围傍晚和黎明的景致中。我以为她永远就是一个景。②

---

①选自《月亮女孩和风的孩子》，河北少年儿童出版社，2013年第1版第33—34页。

②选自《鱼幻·裸鱼》，新世纪出版社，2008年第1版第323页。

早晨醒来的时候，我从窗口望见她屋子里的灯早已亮了。我一直很喜欢她房间里那盏红色的灯，那红蒙蒙的光从她的窗口向黑暗里扩散开，她的头发在最亮的灯光中晃动。我就想有一个美丽动人的女孩已经在那边起来梳头了哩。于是我就一骨碌爬起来，冬天也是这样，我一边穿衣服一边呼吸着早晨的空气。我能闻到从白女孩家那边飘过来的梅花味，也能闻到我们楼旁的大松树味。我觉得有很多劲儿从身上冒出来，我想起了在这一天里要赶着做的许多美好的事情。①

这样的月亮女孩往往是只能当作风景远远地相望，而不可触及的。月亮女孩和月亮女孩之间，是隔了距离的目光接触，她们永远处在精神的互望和感应中，这种"远远地相望"状态带一点淡淡的忧伤，但情感的张力却无限地强大。

雪月的家仍然在对面，它似乎永远都在那里，从我记事起我就知道它在那里，而且有时当我忘记了它时它也在那里。那里面有一个神秘动人的白女孩，我很喜欢她，她的木楼离我很近，而且既没有围墙又没有栅栏阻隔我，但我就是从来没有走进去看一看她。②

因此后来有一次我故意绕着道从她家门前走过。我以前没去过白女孩那里。我家附近没有到对岸的桥，那河水又深又急，我也不可能游过去。我绕了很远的道从对岸的山坡背后走到白女孩家，我希望她家的人把我当着走迷了路的远处小孩。我绕着她家的木楼走了一圈，似乎感到里面静静的没有一个人。楼旁的梅树和橡胶树把白女孩的家弄得又阴暗又清香，爬向屋壁和长满小坝子四周的野草，也带着梅花凉浸浸的香气。我觉得白女孩家的木楼，被梅树和橡胶树长年累月地熏染上了洗不去的、带着暗绿暗绿颜色的冷香味。我有些怕屋里忽然走出白女孩来，我想不

---

①②选自《鱼幻·裸鱼》，新世纪出版社，2008年第1版第323—326页。

出乎时在路上装着不认识她，现在猛地来到这里该怎样对她解释，所以我不敢理直气壮地往楼上看，只匆匆瞥几下，有点像小偷那样。①

“那红色亮光从对面楼里白女孩的窗户中流出来，带着一阵阵绿香，带着那条轻轻流动的河沟夜晚的气息，漫到我这里，我伸手能触得到”，但是，我就是不能走近那个女孩。

悄悄地窥望、想象，却不敢（其实是不愿）走近，这是少女的一个看似羞涩实则固执坚守的小心思，目的是为保有心目中那个永远的女神。一个完美的内心图画。一段无瑕而完美的情感。

这是少女时期才有的对纯粹之美的信任和坚守。

像这样把女书写给月亮的女孩，如果和你相遇并成为朋友，也是那种喜欢把一些话写成书信，悄悄夹在对方书本里的女孩。这样的女孩外表看起来是宁静收敛的，但她们内心却燃烧着炽白的月亮之火。

这样的女孩到了现在，有一部分演化成了动漫人物的收集者和创造者。现实的不完美，使她们经由艺术创造达到对极致美的追求和虚构。

还有一部分女孩，带着深深的被理解和支持的渴望，以及青春期的自卑与孤独，写下了热切真挚的求友的女书。

### 4.在青春的残缺中写给梦中伙伴的女书

在少女作家班的学生中，不少女生都用发烫的文字写下了一个生理或心理残缺的女孩对朋友的寻找和渴求。

其中张艾仪的《沙漠玫瑰》，表达的就是这样的青春焦虑和激情。《沙漠玫瑰》写了一个名叫刺刺的女孩，由于对自己形象的极度自卑，整天戴着面具，渴望着朋友又拒绝着朋友。有一天她感觉自己的书房变成了沙漠，然后看见一个叫盲的女孩闯入了她的沙漠，失明的盲看不到刺刺戴着面具

---

①选自《鱼幻·裸鱼》，新世纪出版社，2008年第1版第324页。

的脸，和她成为了心心相印的朋友。

她知道了女孩的名字就是“盲”，这样的名字永远是无言而可怜的。

女孩也知道了她的名字是“刺刺”，这样的名字对应了大部分时间的难受与寂寞。

“我们算不算是同病相怜？”①

盲欣喜地比划了一个快乐的手势。两个女孩就这么躺在枕头上，手在不知不觉间牵在了一起，聊起悄悄话来了。

“我曾经是住在楼房里的，香芳小区最高的楼的最高的一层。有一天我像往常一样在翻看世界名著，忽然就觉得这里好累好累……”

刺刺用手指了指自己的胸口。

“然后，当我的目光落在脚下时，却发现我那小书房冰冰凉凉的木地板成了金黄金黄的沙粒呢！你说奇怪不奇怪？”

“明天……或者后天……我可能要走了……离开这个地方。”

盲的声音虚虚的，仿佛尘埃的出现与无声地消亡。

刺刺的心猛地被抓住了，紧绷绷的，很累很累。

刺刺装作无所谓地答应着，并且挪动了一下身体，装作调整了一下姿势。可唯独是心，不甘地握紧了盲的手。用劲之大，使盲不由地轻叫了一声。

“哎哟！”

盲不解地翻了个身，有些担心地朝刺刺的方向望了望，可什么也看不见。她不明白刺刺为何突然拉紧了她的手。这是什么意思？在暗夜的沙漠中，盲默默地思索着。难道是因为，我要走了么？盲呆呆地转身，想使自己睡去，可是眼睛不允许她做出这样任性的举动。

“刺刺，你知道吗？世间万物，一切不曾停下过，又不曾永无。

①选自《天使与女神》，河北少年儿童出版社，2013年第1版第45页。

它的意思是……我总会离去，一切都会变化呢……”

盲的声音渐渐弱了下去，直至最后一个字，已差不多是淡如丝缕的延长音了。刺刺头一次觉得盲的声音很美，空灵的，遥远又贴切的，甚至是坚强的。

“你真的要走？去哪儿？回家？或是忘记我？”

刺刺装作更加无所谓地说着貌似与她无关的话。

“不，不会的哇！刺刺，我觉得和你一起玩，真好！我也很羡慕你有那么多柜的书呢！要是我能看见，一定最先把我看到的字说给你听！”①

在两人彼此成为朋友后，盲的那双代表心灵的眼睛不再失明，她发现了一个秘密——刺刺的脸很好看，并没有像她自己感觉的那样长满刺刺：

盲含泪推醒了刺刺，二话不说地将她拉至书柜外的广阔天地。刺刺疑惑地起身，不明白盲想干些什么。

“我，我看见了哇！我看见星星了呢！它们会唱歌，唱的歌真好听呀……”

盲又一次惊讶地指着刺刺的脸。

“你……你不是戴了一个面具吗？你，你很漂亮呀！”

刺刺呆住了。她用手悄悄摸了摸脸。真的，面具不见了。不如说是消失得无影无踪了，怎么会不见？难道是一不小心弄丢了？

盲快乐地一下子扔开了刺刺的手，跳着即兴的舞，欢乐地朝远方跳去了。她的白色裙摆在淡光的照耀下反射出一点光，像一朵盛开的白色花朵。刺刺看得入了迷。她不会跳舞，只会读那一本本厚厚的书。可此时，她却不由自主地跳起舞来。

“那是什么花？

淡淡的，异香的。

---

①选自《天使与女神》，河北少年儿童出版社，2013年第1版第46—48页。

那是什么花？

盛放的，希望的。

那是什么花？

……”

盲的声音空灵地从远处传来，居然奇迹地和星星的歌声达成了和谐的共鸣。刺刺听着听着，竟一下子笑了。久违的笑声，在沙漠上碰撞着响起。①

刺刺和盲听到了各自在沙漠里喝着水的生长声。她们相互认出彼此一个是沙漠玫瑰，一个是仙人掌花。刺刺终于取下了长期戴在脸上的面具。

是沙漠中的流水声！稀少的水流正在穿过沙粒与干枯的植物们！刺刺赶紧将耳朵贴在了书本上的图片上。

“咕……咕……”

“刺刺……我是盲……我在生长哇……”

刺刺看到一株美丽的沙漠玫瑰正在沙漠中生长。

盲？她是人还是花？可那只是梦中虚构的人物呀！

“刺刺，不管你在哪里，都别忘记了，一切不曾停止过，又不曾永无。”

“嗯！刺刺！暂时不能见你了，不过，明年，我还会开放。你也一定会开放的！我已看见了你的花苞，美丽的仙人掌花……”

盲，真的是盲。她看见了什么？看见了我的花苞？我是一株仙人掌花！

刺刺合上书，想伸手拉下面具。她摸索着自己的脸，她也要以一个全新的面孔，大胆地面对世界，就像盲一样。

可，哪还有什么面具？

它真的消失了，在无形中消失了，融化了似的。②

---

①②选自《天使与女神》，河北少年儿童出版社，2013年第1版第50—51页、第52—53页。

《沙漠玫瑰》里两个女孩的残缺是心理的，青春期的女孩在告别童年却又没有进入成年的时候，她们脸上出现的青春痘让她们困扰，她们的身体里出现的奇怪现象让她们尴尬，她们的情感就要冲破花苞释放芬芳，但她们却小心地加以掩饰。她们有点神经质地捂着喷涌的激情不让它破裂开来，这时候面对身体和精神的波动，一个发呆发窘时常走神的女孩，想象着自己长满拒人千里的难看刺刺的女孩，她们虽用木讷冷漠来包装自己，但内心多么需要一个知己来一吐为快、相互咨询、相互给予帮助和支持。女孩的女书就最容易在这时候写成。

生长中过于紧张的女孩，或是怀疑自己有残缺，或是觉得自己不起眼不动人。女孩何婧四年级时写过一朵不起眼的小苔藓花被一个女孩发现的喜悦。这朵从来不为人注意的花被女孩留意到后便心满意足地枯萎了，她虽然只被一个人注意到，但已心满意足，她听到女孩对她说的话："明年我还等着你！"这个女孩与花的故事，其实就是女孩与女孩间心领神会，相互理解、相互鼓励的故事。

我生长在森林的石头上，我全身都是绿色的。与身边的野花相比，我是微不足道的。

我一点也不引人注意。我想引人注意，哪怕只引起一个人的注意，只引起一瞬间，我也愿意。

一天早晨，我开花了。米黄色的花瓣比米粒还小，小得要人蹲下来，凑得很近，才能看见我的花。不过，我的花瓣格外漂亮。花瓣上有淡蓝色花的图案，穗儿金得耀眼。可是，谁会发现我呢？是的，没有人会发现我。

突然，我听见有个稚气未脱的女孩的声音唱着《红蜻蜓》这首歌。我四处看了看，发现这是个五岁多的女孩。她有一头短发，天真的眼睛有一种发现的喜悦。她手上拿着一大把野花，红的、白的、紫的，虽然没我的花漂亮，却比我大多了。

这时，她跑到我身边，好奇地打量着我身边的野花。"呀！这里的很像草苔的花草，怎么身上有些黄点点呢？”她终于发现了我。我开心地笑了。

她蹲下了，她凑得很近地来看我了。我充满了被发现的喜悦。①

这个小小的故事里，写出了女孩间等待着的“发现”与“被发现”的喜悦，她们焦急地等待被伙伴认同、接受，她们需要情感的滋养和注视，需要爱与被爱。

然而这时候的女孩又是最容易警觉的，她们对朋友的选择小心翼翼。她们怕出丑、怕遭拒绝、又怕受骗上当，情感的投射有时候就有了转移。杨斯路的《旅》中，女孩的知心伙伴是一匹马。五六千字的小说，全是以马的口吻来细细讲述马与女孩一路走一路对话的过程。

我想起女孩曾经给我讲过关于一个小王子的故事。故事中的小王子与那只被他所驯服的狐狸之间的无形的牵绊，一直为我所深深记得。我时常在默默中将自己与女孩同小王子与狐狸之间的情谊相比较，女孩是那个善良天真的小王子，我是一直追随女孩的狐狸。在经过那短短一刻的分别后，我越来越深信我与女孩之间那种名为羁绊的东西。狐狸对小王子说，我爱上了这麦田，因为看到它我会想起你金色的头发。

我爱上了行走，因为每次行走总会有女孩陪同。②

我们一直在旅行着，一直背对着上午的太阳，向西走。上午，我们会顺着影子给我们所指的方向行走；下午，我们则迎着太阳前进。每一天，太阳总会把我们的影子剪短又拉长，直到我们的影子变淡、变模糊，我们便可以看到最绚烂的夕阳了。那时，夕阳总会将我们的脸映上最具生气的橘红色，然后，那轮金橘色的日光会悄然淹没在夜的黑暗之中。

①②选自《天使与女神》，河北少年儿童出版社，2013年第1版第114—115页、第70页。

行走的时候，我与女孩总是沉默，路上响起的唯有我与女孩节奏不一的脚步声，它们一部分流进我们的耳朵被保存下来，一部分覆灭在扬起的尘灰中。在这样默默前行的过程中，我总会回想起过去，那些一步步被走下来的回忆。

要说我们是从什么时候就开始旅行的呢，这时间我已记不分明。现在脑海中不断回现的大多是与女孩走在一起的片断。我们一直都在走着，从未有与对方分离过。在耳边响起的是一直以来从未变过的一人一马的脚步声的两重奏。我们从没有想过，会不会有一天，我们会分开。因为我们都那么坚定地一直都走在一起，我甚至有些想将我与女孩之间的情感定义为友谊，即使我们是一人一马。①

这位作者在她的文中借女孩对马的表白说出了她对结伴同行的理解："我的马……当一样事物在默默存在时被发现，它便有了价值和它存在的证明。我的马，我证明了你的存在，也是你证明了我的存在。"

女孩曾经问，为什么我们能坚持走下去。她说，那是因为我们有期待——期待我们将来会遇见的、会经历的；也是因为有你我一路相伴——我们无所畏惧，我们也不觉孤独。②

我看见女孩沉默的脸，心中升起浓浓的安心之感。这一路的旅程，是因为女孩在才可以一直走下去，是因为我们一直相伴，有彼此的情谊在，才有毅力一直走下去。③

这个不断唤着"我的马"，一直牵着马儿"顺着太阳下影子指示的方向"走在路上的女孩，深深地印在我的视线里。他们一人一马，和两个忠诚跟随的影子走在太阳下面，感觉幸福安心，"无所畏惧，也不觉孤独"。

---

①②③选自《天使与女神》，河北少年儿童出版社,2013年第1版第62—63页、第65—66页、第70页。

因为，路再长，他们走在一起，“我证明了你的存在，你也证明了我的存在”。

这种相互证明和相互陪伴的需求与冲动，也应该是江永女书产生和延续的原因以及秘密所在吧。

美国作家约翰·格雷说：男人需要洞穴来独处和独居，而“群居的女人”需要说话和倾诉。男人“借着独自到他们的洞穴解决问题获得舒展”；女人则“借着群集一起，坦然讨论她们的问题获得舒展”。男人来自火星，女人来自金星。

这和一些科学家在研究两性的语言中，发现女性每天所说的词汇远远多于男性每天所说的词汇结论一致。

女孩和女人都需要倾诉、陪伴、相互注视和相互抚慰。在她们用女书缔结的关系中，她们感受着群体给予的温度和生命与生命拥抱中的安全和美好。

无论是流传了几百年的江永女书还是现在少女作家班正在书写的现代女书，她们在记录女孩和女人的情感活动时，都有着较为明显的精神依恋的倾向。这也是我在本文中主要涉及的女书中的一个内容。

从易婆婆在村口为我咏歌送别，到刺刺拉着盲的手在沙漠里看星星，我们看到一代代女孩和女人们寻找着属于她们的文字，创造着细致、干净、真挚的符号，在姐妹群落里共享着她们之间才相互懂得的感受和经验，手携手走出孤独。

当然，江永女书的出现，与当时女人们的社会地位受到限制有关。但我们不得不为这中国乡村出现的纯粹为着精神沟通和情感支持而顽强延续了一代又一代的女子之书行注目礼。

# 少女较早熟的自我
## ——影子镜子盒子与少女的自我觉醒

生长的女孩对于自己的关注应该多于男孩。

首先她们普遍在男孩之前进入发育期，她们一年一变，身体和情绪中有不少信号在提醒她，要注意和认识自己：我是怎么回事？我身体怎么了？为什么父母告诫我我的身体不容侵犯？

另一个重要原因，就是她从小的样子就被人们注视和议论：好漂亮的女孩！她皮肤白头发黑裙子好可爱！这个丫头长成姑娘了！仿佛全世界的眼睛都期待着每个小丫头都长成美女。出落得美丽成了女孩被认可的指标和她应当完成的任务。

在这样的文化评判和价值设定下，女孩们对于自己形象的期待和焦虑就使得她们较早开始了自我审视和自我观照。

对镜自照和对影作态，是小姑娘常爱做的事情。

姑娘们在镜子里端详着自己，在影子的变化中发现自己的各种可能，在秘密盒子里收藏她们的照片、祈祷、期待和向往。《影子》《镜子》和《盒子》就成了我们少女作家班重要的写作题目。

在我们少女作家班，除了跳舞、唱歌、画画，对着镜子打扮、瞧着身影发呆，都是受到鼓励和支持的行为。这些都是女孩正在长大和正在寻找自己的表现。女孩应该在自由开放的环境中自然生长，认识和找到自己，由此设计出适合自己的路。

而在《影子》《镜子》和《盒子》的写作探究中，我们除了对自我的发现和认识，还延伸出对世界万物的审美窥探，以及在镜像里才具有的艺术感知与由此衍生的独到的表达形式。

下面将谈到少女作家班有关《影子》《镜子》和《盒子》的作品内容和表达形式。

### 1.在镜中看到天使和心魔的女孩都会变得美丽

我曾在少女作家班拿出一面大镜子，让孩子们把它变成一面“魔镜”，讲一讲镜子中那个女孩的故事。镜子中的女孩看似镜子外的女孩，但仔细打量却有了不同——她有着不为人知的秘密，她是引领女孩的美梦或追随女孩的魔鬼——她是女孩在自审时看到的深藏在镜子里的另一个“我”。

这就是为孩子们书写自我意识而设计的一堂《镜子故事》课。它有表演、有游戏，但更多的是寻找和发现，是一次生长过程中对“我”的注视、塑造和写作。

少女作家班女孩吕广淇在六年级时写了一篇小说《镜中的梦》，讲到一个渴望在舞蹈中变得美丽的女孩在镜子中的寻找：

> 幽儿打开了小敏给的袋子，里面有一面看上去很古老的镜子。那是一面梳妆镜，小小的，刚好可以将幽儿的上半身装下。镜子边上的油漆都脱落了，露出镀金的镜框，看来它待在舞蹈室很长时间了。镜子的右下角，印着一个小小的芭蕾女孩。
>
> 幽儿用手指抚摸着镜子上的芭蕾女孩。可能是因为室内有冷气，刚刚从外面带来的镜子又很热的关系，镜子上出现了一层雾，幽儿能从镜子里看到自己朦朦胧胧的一个轮廓。幽儿伸出手指，沿着自己看到的朦朦胧胧的轮廓，慢慢把雾抹掉。

幽儿只是觉得自己的手指上有着薄薄的一层湿湿的雾。不久，镜子上出现了一条分界线，把白色的雾气与被雾气遮盖的镜子里的幽儿的身体分开了。

幽儿用纸巾把手上的水擦掉，在分界线内，就是自己镜子里的身体。从头发开始，幽儿把雾抹掉。

幽儿本来想慢慢地，颇有诗意地把雾抹掉，但是从幽儿抹掉自己头发那一部分时，她就惊呆了。

平时有着小短发的幽儿，怎么在镜子里就变成了长头发呢？在镜子中，幽儿的头发好长好长，上面还有一条白色的蕾丝边丝带，把一点头发扎在后面，其余的头发披在肩上。幽儿忍不住马上伸手把自己在镜子里的身体抹清楚。她越抹越快，又渐渐慢下来了，幽儿看着自己镜中的身体，呆住了。

那是我么？幽儿想到。

幽儿惊讶地看着镜子里的幽儿，镜子里的幽儿也惊讶地看着外面的幽儿。

镜子里的幽儿穿着天鹅绒的白色蕾丝边纱裙，扎着白色蕾丝边丝带，还带着白色的手套。她化了一点点妆，长长的睫毛，绯红的脸颊。

那是我么？幽儿再一次想到。

这肯定不是我，是小敏，是她换了跳舞的衣服来给我看。

可是，小敏不是去上课了吗？

可是，小敏怎么会长着幽儿的脸呢？

难道……镜子里的女孩真是我？！①

这样的镜中幻觉在故事中一再出现：

幽儿想着想着，无意识地看了一下镜子，天啊，镜子里的幽儿又

①选自《生长的女孩》，河北少年儿童出版社，2013年第1版第16—17页。

出现了。还是那样美丽，还是那样优雅，还是幽儿，只不过有点模糊。不过，只要可以看到就好了，幽儿羞怯地学着小敏把两只手叠起来搭在左边的大腿上，镜中的幽儿也这么做了。

果然！镜中的我就是我！幽儿开始相信镜中的幽儿就是自己了，她一瞬间发现，自己有点分不清镜子与现实的界线了。

幽儿看着镜中的自己，她发现，镜中的自己好像清楚了一点，幽儿可以看到纱裙的设计。

幽儿专注地盯着镜子看，她觉得镜中的自己百看不厌！[1]

故事中的“幽儿”基本上就是现实中的吕广淇。我了解的那个吕广淇，刚到少女作家班时就是个圆脸短发的小丫头，她暗地里向往着自己能有一头长长的头发和清秀的“瓜子脸”，这个形象更符合一个长大了的成熟姑娘的风韵。

在吕广淇所写的幽儿对镜自照的时候，那块由她仰望的漂亮女孩小敏带来的奇异镜子，让她看到了一个和小敏一样的自己：长长的头发、动作端庄优雅。这个发现让幽儿欣喜若狂，于是她迷恋上了对镜自照和对镜作态：“幽儿羞怯地学着小敏把两只手叠起来搭在左边的大腿上，镜中的幽儿也这么做了。”

挺身、双手相叠放于腿上、脸颊微微侧转……这些动作是如此娴雅优美，幽儿在镜中竟然拥有了小敏的风姿，这使她觉得“镜中的自己百看不厌”。

我们看到小姑娘对着镜子，在一次次地做着自己的形象设计和动作设计，并且开始了大胆的行为探索：

幽儿发现，这次自己已经完全看得清镜子里的幽儿了，幽儿感叹道：“那衣领花边上的花纹真漂亮。”

幽儿听见，上次那乐曲就是小敏跳舞时哼的那首歌。她觉得自己想要跳舞。

---

①选自《生长的女孩》，河北少年儿童出版社，2013年第1版第18页。

幽儿开始模仿着小敏跳她们的那支舞。很显然，幽儿跳得好烂，可是，幽儿用心在跳！

幽儿看着镜中的自己，觉得自己就是镜中的那个幽儿了，她开始大胆地离开了轮椅。奇怪的是，幽儿并没有摔倒，她还在跳舞，她感觉到自己跳得越来越好，她跳得越来越快，幽儿的耳边只剩下了风在呼啸。幽儿看不到自己的房间，也看不到镜子，眼前只是一片白。

在风里，幽儿忽然看到了台下的观众，他(她)们赞许地看着幽儿，向幽儿扔来一朵朵花。[①]

故事中的女孩由于身体状况，最终是不能像镜中的幻象那样做一个舞蹈家的，但是受到镜中幻象的启发，她成为了一个舞台服装的设计者。她在演出后和舞蹈者一起接受了台下观众的献花，完成了对美的设计和追求。吕广淇经由镜子的故事，表达了小女孩对于自己举止笨拙的不甘和对优雅形象的憧憬，并寻求着达到梦想的可操作途径。女孩在对镜自照和对镜写作中长大了。

不过，镜子让人看到的心相，不只是天使来访，也有纠缠人心的阴影和梦魇。在孩子们的写作中，它其实就是一面你回避不了的追随人的心镜，你在乎什么，它就展示什么。下面看看少女作家班李雯玥是怎样再现这面心镜的：

放寒假了，秦晴白天一个人在家，对学习已经完全失去了兴趣，也就不想碰作业了。她木然地盯着电视，目光不一会儿又溜到镜子上，她无比想念那个镜子里坐在钢琴前乐在其中的自己，那个只属于她的天地，现在还回得去吗？

她一天都目不转睛地看着那面镜子。看得累了，躺在沙发上睡一会，迷迷糊糊睁开眼，又看向镜子。

忽然，她看见镜子里出现了以前那架钢琴！

秦晴几乎要叫出来了。她使劲捏自己，确认没有在做梦，走近镜

---

①选自《生长的女孩》，河北少年儿童出版社，2013年第1版第21页。

子仔细看，天哪！镜子里的自己就站在钢琴前，现实中却并没有。她捶打、触摸着镜子，甚至希望能进入到里面去。这么折腾了一个小时，她的兴奋劲儿也过去了，就又回到沙发上。

真奇怪。镜子里怎么出现了以前的钢琴？①

女孩临近升中学，家长搬走了钢琴，但是在她每一回走神和注视镜子时，那钢琴总出现在已是空落落的老地方。

秦晴看见妈妈的身影晃来晃去。"醒啦？你都睡了两天了。好点儿没……"还没等妈妈说完，秦晴马上就起身去看那面镜子。她吸了口凉气——

钢琴还在镜子里！

她瘫坐在沙发上，思绪乱成一团。

自此她每天都只看着镜子，自己也不清楚为什么要看，"钢琴都已经远离我了——还留这个念想干什么呢。"嘴上是这么说，可是她手指还经常做出弹琴的动作，脑中也时常响起月光奏鸣曲的优美旋律。她拍拍自己："我这是怎么了……"

妈妈可是被秦晴的举动吓得不轻。她见秦晴整日就盯着镜子里的那面墙看，目光呆滞，反应也特别慢，总是心事重重的样子。②

母亲在女儿的恍惚中感到慌乱和内疚，终于改变主意把钢琴搬回家来。可是让人更为震惊和揪心的是，女儿在考试文化的夹攻和洗脑下，从强迫自己不看镜子到面对镜子视若无睹。最后，女孩在镜子里看到的是一片空白。

妈妈完全不知道秦晴此时心中所想。秦晴是拼命阻止自己去看镜子，完全投身于作业和预习中。"不能再这样了，再想就太折磨人了。"

①②选自《生长的女孩》，河北少年儿童出版社，2013年第1版第28—29页。

她躺在床上，嘲笑自己小时候钢琴家的梦想，“好吧，那个和考试不相关的东西，让它远离我，不再折磨人了！”

不久，钢琴搬回来了。

钢琴搬回来时秦晴正在客厅里休息。妈妈一进门就摆个大笑脸：“晴晴，你瞧……”

可是秦晴只是淡淡地瞥了一眼那个角落，又瞥了一眼镜子。

她发现，镜子里的钢琴竟不见了！她心里小小地颤动了一下，但马上又恢复了平静。

“哦。”

妈妈接到一个轻描淡写的回应，不禁惊讶无比，也不知道秦晴是看见了还是没看见，但看到女儿一副心情不好的样子，也没说什么。

钢琴是搬回来了，可是妈妈发现秦晴再也没碰过它，就像是完全对钢琴视而无睹了。

妈妈有多奇怪也都掖在心里了，不断问自己：女儿真的从此都只对学习有兴趣了？

她不知道，秦晴的意识中，早已没有了“兴趣”这个词。①

多么触目惊心的画面。

当镜子呈现女孩内心梦境的时候，它是召唤女孩摆脱困境、守住快乐与追求的朋友角色；当女孩主动麻木自己的感觉和意识并按照他人的要求放弃自我的时候，镜子就成为了她要躲避烦恼的一个来源，一个多余的警示。

难怪故事中的妈妈也感到“惊讶无比”——后来那个在镜子和钢琴前走来走去却再也没有一丝兴奋的女儿，显然成了一部机器。她听话，却如同行尸走肉一样死去了。

李雯玥的镜子故事，在看似平静的叙述中，让人感到成长中的重压和呐喊。

①选自《生长的女孩》，河北少年儿童出版社，2013年第1版第30页。

**2.女孩在镜子中抵达的另一个世界**

吴其南先生曾经写到：镜子如同一个画框，它把现实间离起来，让我们换一个视点去重新观照自我和周围的环境。“有没有这个画框、镜框是非常不一样的。没有这个画框、镜框，自我只是生活的绵延，而客观的世界、生活本身是无所谓意义的。”“将自我、自我的生活作为对象放到镜框、画框中去注视，自我的生活获得了意义，这种意义同时赋予了作为观照者的自我本身。这其实就是一种发现。这种发现使得观照者获得了一种关于自我的觉悟。这种觉悟……有一种顿悟的性质。顿悟是一种没有必要的逻辑过程而突然产生的感悟，因而带有一般感悟、认识所没有的神秘和机趣。”①

孩子是天生的艺术家和探秘者，孩子的智慧使他们不断找到新的角度去发现这个世界的秘密。他们的眼睛就像一颗颗露珠，有着对周围世界清亮而独到的成像。而通过一面镜子的间离以及特殊角度、距离选择来观察世界，他们可以获得和抵达藏匿在这个平凡世界中的神奇和美妙。

在《早晨醒来》一文中，我曾经描绘过一个女孩经由镜子对周围世界全然不同的新发现：

> 我捧出镜子，先照照我的头发，然后把镜子斜一斜，斜向院坝对面的花园。我看到一个很新奇的世界。镜子里照出的院子，比直接用肉眼看去，层次更为丰富，色彩与造型更为神奇明丽，似经过烘染一般。树干背后的房屋、房前的小径，以及远方淡蓝的山脉，在镜光下面能看得见它们沐着一片晨光，由大到小鲜明清新地收映在镜框里。里面的我与老太婆以及其他的存在物，都被一双眼睛注视着。那是我的眼睛，我用这双眼睛看着这院坝以及其中的我自己。那是一处多么美丽、神秘、清新的所在，一切存在物在宁静中处之泰然，

①吴其南：《守望明天——当代少儿文学作家作品研究》，宁夏人民出版社，2006年第1版第29页。

吐露早晨的芬芳。①

### 3.在对影子的注视中惊见自己精神投影的女孩

如果说镜子是把现实间离起来的一个画框，镜子里看到的是现实投射在镜框里的一片可望而不可即的海市蜃楼般的光学影像，那么明月下的影子、灯影下的影子则是变幻莫测地追随着物质，似是而非地演示着物质各种形态的一个灵魂和鬼魅式的角色。

而在少女作家班孩子们眼里，影子是一个永远跟随自已、可以变幻出各种体态的神秘伙伴。它有着单薄如纸的重量，它还有水雾和桥洞回音一样的声音。它可以展示你美如天仙的身姿，也可以带给你奇丑无比的恐吓，它暗示了你可以变化的各种可能。

影子在孩子们眼里，不只是另一个“我”的再现，更是相对独立于“我”、从“我”的身体里抽离出来的一个精灵。

于是影子的故事就带着对“我”的审视和评判，五花八门地精彩上演了。

杨斯路在《晔的影子》里这样描写一个中学女生和她儿时的影子相会的：

> “你是谁？”晔问，上下打量着镜中的女孩儿。女孩儿的个子仅过晔的腰，散落在肩上的黑发显得有些乱乱的，很漂亮的带有墨绿色花纹的米黄色连衣裙，上面沾着些棕色的已经干了的泥巴块儿，闪着亮光的黑色皮鞋上也沾上了不少泥巴。
>
> “你又是谁呢？”镜中的女孩儿笑了，歪着脑袋，右边的嘴角有一个浅浅的酒窝儿。她的声音是水流般的清朗，带着儿音的稚嫩声音是晔听到过不止一次的——是那个念歌谣的声音。
>
> “你，就是那个念歌谣的声音吧？”晔问。
>
> “是呀，你听出来了——真好，”女孩儿笑了，“你叫什么名字呀？”

①选自《走神女孩》，福建少年儿童出版社，1994年第1版第57—58页。

“晔。”晔回答说，“那你呢？”

“小晔。”女孩儿咯咯地笑了，右嘴角的酒窝儿又深了一点儿。她的笑声在空荡荡的房间里回荡，就像在桥底下扬开的涟漪一般，“我们的名字就差一个字儿呐。”

……

小晔轻轻地拉了拉她的头发：“晔，你一定很不喜欢我的样子吧？——头发很乱，衣服和鞋子很脏。但是我试过把自己变得整洁——把头发重新梳过，我曾拍过裙子上的泥，但它们从来没有变得整洁过。”

“嗯？怎么会这样呢？”晔蹲下身来看着小晔。她看见了小晔身上干干的泥块，不规则地散布在裙子上。

“你瞧。”小晔一手拉起裙角，另一只手轻轻弹了弹裙上其中一处的泥块儿。泥块轻巧地从裙上掉落在地上，但晔看见小晔的裙上又再次出现了与之前一样的泥。“头发也一样。”小晔又无奈地拉了拉头发。

晔望着小晔，忽然有些怔怔的了。她忽然感觉小晔的样子给了自己很熟悉的感觉——头发从没有整洁过，衣服从没有干净过，还有雨天爱玩泥、爬树摘花的行为——都那么像记忆中的一个人！那个人有着隐隐约约的影子，但晔看不清。

我也曾买过像小晔那样的连衣裙……晔呆呆地望着小晔，渐渐从脑子里一片空白变成脑中出现三个字——晔、小晔。

……

“再就是穿过一条小巷——很窄，两个人很难并行。小巷黑黑的，不过我也不怕，因为我每次穿过小巷时总是只盯着小巷口那儿的亮光——出口，沿着小路一直走到尽头就到我家了。”

“可是，你说的‘游乐园’什么的是什么意思？”晔问。

“对呀，”小晔认真地点点头，“在我心中它的确是游乐园呀。”小晔又皱起了眉头。

……

“不。”小晔摇摇头，“我在镜子里待了九年——从我对这里有印象开始。我一直没有长大，一直没变。”

“小晔……”晔变得有些欲言又止，“在记忆中你在樱花树上刻下的两个字是不是——等我？”晔轻轻道，看着比自己小九岁的自己的影子。“小晔，你是我的影子。”晔的声音那么轻。

“你离开之后，我一直在等你回来。”小晔轻声说，“但当影子离开主人之后，就会失去记忆。于是，我什么也不记得了，但有一种感觉在让我坚持……那是对主人的思念。我就凭借着这些力量渐渐记起了丢失的记忆和自己的名字。但我忘了自己是谁，为什么要待在镜子里，只记得自己在等一个人……”①

三年级的小女孩晔在搬家的时候，她的影子不愿意离去，留在了老屋子的镜子里，九年里她一直站在童年的老地方等着主人归来。终于她那穿过时间和空间每天所唱的歌谣，把已成为高中生的主人呼唤回来了。

这里，杨斯路在处理九年前留在镜子中长不大的影子“小晔”时，用了写实又魔幻的描写手法：“小晔一手拉起裙角，另一只手轻轻弹了弹裙上其中一处的泥块儿。泥块轻巧地从裙上掉落在地上，但晔看见小晔的裙上又再次出现了与之前一样的泥。”因为小晔只是一个留在镜子里的影子，她的形象永远停留在九年前主人离去时的模样，裙上的泥块无论怎样也弹除不去，弹下去又再回到裙上来。“头发也一样”，永远是假小子那样凌乱不羁的发式。这些细节的处理，对于一个初中一年级的写作者，无疑是做得精细、扎实而聪明的，它带给了读者心领神会的微笑。

可是，归来的主人却让童年的影子大为失望：

“晔变了太多太多，”小晔用她带儿音的孩子才有的声音说着，“晔忘了那个像个假小子一般好动，从未让自己保持过整洁的小女孩了吗？还有那幢目睹了她的童年的老房子？”

---

①选自《月亮女孩的花园》，浙江少年儿童出版社，2013年第1版第20—25页。

小晔抬起手，轻轻搭在镜子的另一面上。晔看着小晔那只沾着些泥的小手，犹豫了一下，也将自己的一只手搭了上去。一只大手，一只小手——原来晔与她的影子已经隔了那么远。镜子发出淡淡的白光。①

当小小的童年影子从镜子里走出，与主人重合的时候，她留给主人了一句话。

晔伸出一只手去触碰小晔的手。小晔像光束一般的手轻易地穿过了晔的手。小晔轻轻地笑了："晔，不要丢失了自己的微笑啊。"②

"不要丢失了自己的微笑"，这是一个快乐自在的童年影子说给长大了的主人的话，也是杨斯路在这个故事里要说给伙伴们听的话。

在孩子们写作《影子》这个题目时，我也曾写过一篇小说《风中的影子》来和她们一起探讨。里面写的是一个因为作业太多眼睛坏到竟然看不到自己影子的女孩，如何在"风的孩子"帮助下找回影子的故事。

她已经好一阵看不到自己的影子了！也许很多人都不注意这个，也不在乎这个，可小木不是这样的。她从小爱看着自己的影子跳舞。从小学一年级到五年级的许多次放学的路上，她一个人从这湖边的木桥上走过的时候，都要对着桥下的水面和自己的影子玩一会儿。那影子像一个永远伴同她的朋友，在水中不远不近地跟着她，有时候鱼会叼起她的发辫、扯拉她的裙子，看见水中的女孩东躲西藏地在湖面晃动，岸上的小木就像被鱼儿穿过心窝一样呵呵呵地笑起来。

那影子好漂亮哟，比我漂亮。小木甜蜜蜜地想，这时候她走路会走得更好看一些。③

---

①②选自《月亮女孩的花园》，浙江少年儿童出版社，2013年第1版第27页。

③选自《树的屋子》，浙江少年儿童出版社，2014年第1版第14页。

小木本是一个喜欢跳着舞走路的女孩，可是到了小学高年级，她发生了一些变化：

可这一阵怎么就没看见影子了呢，不但在水里看不见，在上学放学的路上，在太阳和月亮底下，在书桌和课桌的灯光下，小木都再看不见那另一个“她”。①

第二天放学，已是天快黑了的时候，小木背着书包，匆匆来到木桥。她戴上刚配的眼镜，低头俯瞰湖面。她睁大了眼，她在桥和树之间看到了一个人影。

是一个驼背的老婆婆。她的背驼得像一座小山隆起，她在水中惊讶地望着小木。②

太阳已落下湖边的树林，小木趴在木桥上做着小学升中学的考试题，无休无止。书包压在她背上，使她的背隆成一只弯虾，如果她还留着那副眼镜，她会再次从水中看到那个老婆婆的样子。③

在小木因为自己丢失了影子而惊恐万状的时候，她邂逅了“风的孩子”，“风的孩子”送给了她一副隐形眼镜“风之眼”。这一下，不但解救了小木的眼睛，也让她整个形象和行为发生了巨大改变：

小木似乎看到了林中有一对鱼一样的影子，游弋在如水月光间，她觉得那明明就是她和男孩的影子，可她为什么忽然间又朦胧看到了那影子了呢？④

当小木的眼睛变成半透明的绿宝石颜色时，奇异的事情发生了。

---

①②③④选自《树的屋子》，浙江少年儿童出版社，2014年第1版第15页、第16页、第18页、第20页。

又是一个放学的傍晚，骑银色单车的男孩在木桥那里看见了小木。小木闪着猫一样的绿眼睛，指看湖水对男孩说："你看，她回来了，可是她总要把我拉走、拉到好远的地方去。"

湖水中有着一个漂亮的彩色影子，可以认出来那是小木的影子。只是，那影子在湖水中飘飘荡荡，向着湖的边缘飘去。隐隐约约，你可以看到那影子越来越淡，一直飘到对岸，爬到夕阳斜射的草地，然后钻进树林里去了。

木桥上的小木，绿眼睛闪烁着，梦呓一样说："她被树枝拖住裙子了！她的手抓住了树杈，哦，她碰到了树杈上的鸟巢！好可爱的鸟蛋！她捧起那一只，哦，她把鸟蛋放在了裙子的小袋里！"

……

"我知道，这是绿宝石眼镜的魔法！也是你的魔法！你是魔法师吧？告诉我这眼镜和影子是怎么回事！为什么我一戴上这眼镜身体和影子就要拉着我飞起来似的！"①

"风之眼"的魔术，虽然让丢失了影子、被大书包压成驼背老太婆的女孩重新看到了自己彩色的影子，但它一发不可收地就要把小木由"风的女孩"变成"疯的女孩"了！

当单车男孩几天后再一次路过湖边，"他看到一个美丽的身影在树丛中穿梭，她像柳枝一样飘逸、像蝴蝶一样轻盈"。男孩认出那朦胧的身影是小木的影子。

"他看到那影子爬上树梢，像风筝一样升到一朵云彩之上去了"。而"追赶而来的小木望着树林之上的云朵，向那远去的影子着急地招着手"，主人公完全失去了对自己影子的控制。

故事里的影子显然是主人公精神的形象投影，它在小女孩身上有一个演变过程：由彩色变黑色——继而消失——在"风的孩子"干预下又失而复

①选自《树的屋子》，浙江少年儿童出版社，2014年第1版第21页。

回——然后像断线风筝一样不受控制地拉着小主人疯跑……它的形象由鲜艳到暗淡再到轻浮的转换，所暗示和探究的是：小木怎样在当今严酷的学习环境中，既不被压迫成沉寂的石头，又不至放任成没有方向的风筝。

当小木的成绩使她从第一考场被贬到第三考场时，她曾站在房顶向“风的孩子”大声求助：“我快要崩溃了！我永远做不完那些重复的作业！”后来“风的孩子”建议她：去舞蹈学校，做一个为大家跳舞的舞蹈家。这对于小木这样一个个体，似乎是一个可采纳的方案。人才的培养和塑造，并非一个大工厂所能批量生产的，让每一个孩子将自己的特长发挥出来，对社会做出独有的创造和贡献，才是教育的进步和一个族群、一个国家充满生气与活力的保证。

《风中的影子》中“影子”对主人公造成的困惑和冲突，在主人公对自我行为有了掌控、发展方向得到确立的时候，逐渐得到解决。这时候，跳舞女孩小木的影子便伴随着她，重归和谐与生动。影子是主人公精神与灵魂的象征。

> 她已明白一定要小心地、在适当的时候，才能戴上那“风之眼”，去赴那不能太多太任性的约会。她学会了如何控制在学校严格的时间夹缝中，去打开风之眼，“让心中起风”。①

> 小木一边说，一边就偷偷把“风之眼”戴上了。
>
> ——天呵！她看见一只巨大的白鸟从湖边振翅起飞！她从湖水的倒影中，看见一个女孩骑在这白鸟上，闪电一样掠过木桥、树林、草地和湖水，她从来没有看到过这样一幅无比舒展无比迷人的画，她会永远记得，那就是风的孩子带着她在大地上空飞翔的样子。②

《风中的影子》这个有关中国小学生困境求助的故事，用影子的各种表现来象征她人格精神的分裂与修复，“影子”这个魔幻角色发挥了极大的艺

①②选自《树的屋子》，浙江少年儿童出版社，2014年第1版第27页、第25页。

术作用。我以为，这个故事用幻想手法来讲，应该比纯写实故事更有张力和力度吧。

《影子》，是孩子们喜爱的写作题目，这是因为“影子”这个角色本身有着丰富有趣的外在表现形式，还是因为孩子们在探究影子的时候，对人心深处的挖掘和分析，找到了孩子最能胜任的艺术成像手段？总之在她们写作影子的时候，都带着深深的情感和真切的感动。

为了帮助陷于绝境的主人而杀掉自己、变作石头让主人踩上去重获新生、重获崭新影子的故事，在孩子们作品中屡屡出现。这是因为孩子们把影子作为一个值得同情的独立个体来描写，还是她们在潜意识里有刮骨疗毒的自救冲动？

下面是女孩何婧写的为拯救主人而牺牲自己的影子的行为片段：

……黑影转过身，荫才看清他的相貌。他并没有五官，腰很弯，像个生病的老人一般。这么被荫一问，他充满悲伤地答道：“我是你哥哥的影子，是他不愿承认的一部分，我叫影。”①

“哥哥！”荫推开了哥哥家的门，大声喊起来。

“啊？”哥哥不耐烦地从房间走出来，靠着房间的门歪斜地站着。这时的阳光猛烈地照在哥哥身上，荫看清楚了，哥哥的身后光秃秃地，没有影子。②

“我可以让你出去。”在一旁的影平静地说。

“是真的，每个影子都有一次化身成实质的机会，我可以变成一块石头，你踩着我上去，不要让任何阳光照在我身上，不然我就会现出原形。”

“那之后你会怎么样？”

①②选自《生长的女孩》，河北少年儿童出版社，2013年第1版第59页、第60页。

“消失，然后再生。这正是我想为你哥哥做的。”

影站直了身体，慢慢地，脚开始融合，荫一摸，是石头的质感，再接着，是身体，最后是头，荫还没反应过来，影就不知哪里去了，代替他的位置上，立着一块石头。荫明白影变作了石头。荫估计了一下，如果踩在这石头上，就可以走出陷阱。

……

哥哥站起身，快步走到石头前，阳光从树叶的空隙泻下来，正好照到了石头上。荫看见了，哥哥也看见了，石头慢慢变成了人形，哥哥瞪大了眼睛，那不就是他自己的影子吗？一个让他惊奇的影子。

影知道自己被发现了，他慢慢转过头去，对着哥哥举起了大拇指。

荫和哥哥都走出了陷阱，他们走在回家的路上。

阳光照在哥哥身上，一个高大挺拔的影子出现了。

哥哥拥有了一个新的影子。①

**4.盒子和秘密藏所里收藏的是初萌的隐私和秘密**

一个女孩，如果长到十几岁都还没有一个收藏自己秘密的盒子，那她真是个可怜的孩子。

难道她从来就没有一件需要藏起来独自悄悄欣赏的东西？难道她从来都不迷恋什么？她从来都没有个人的秘密和梦想？她从来就没有拥有过自己的选择和隐私？

班里的孩子中真有这样的回答：没有。就是没有。大人给什么我就用什么，我的一切东西都放在大人完全看得见的地方。

“那么孩子们，你们期待一个盒子吗？”看着她们的眼睛，我说：“我可是从小就寻找各种盒子，存放那些比糖果更有吸引力的宝贝。”

在《回望姊妹屋》这篇散文里，我谈到过我和大姐拥有过的一个梳妆盒：

---

①选自《生长的女孩》，河北少年儿童出版社，2013年第1版第61—62页。

> 早晨，太阳射进窗口的时候，大姐就招呼我到屋外院坝上梳头。院子里的小圆桌盒子里堆满了发卡、夹子、缎带和透明头绳，阳光下它们闪烁红红绿绿的光晕。大姐口衔头绳给我编辫子，在我小辫上结满了蝴蝶和花儿。我举着镜子左顾右盼，看大姐怎样将我的头发编了又拆、拆了又编，弄出许多的花样来。[①]

这些头饰都装在一个纸盒子里，是一个典型的女孩自己找来的盒子，一个自制的梳妆盒。在那个时代，母亲丢弃的另一个纸质包装盒，成了伴我近十年的藏宝盒，里面的宝贝虽然杂乱无章却样样重要：一个秘密写成的笔记本、一个纪念徽章、一条第一次戴上的红领巾、一只拇指大的小瓷壶、三只精致无比的假宝石戒指……

我很想统计一下，有多少中国孩子有过自己的藏宝盒？她们是几岁才拥有了藏宝盒的？

我曾让孩子们将她们的藏宝盒带到班里，我看到盒子里的东西是：几粒乳牙、各式袖珍小动物玩具、一个会唱歌跳舞的小人、一张小心折叠起来的旧纸片……

我问收藏旧纸片的女孩那纸上有什么？她说："一道数学题！""这道数学题是我的骄傲！它让我难倒了我们班的数学大王！"

不管盒子里装了什么，从小拥有藏宝盒的孩子是富有的。她的内心没有空着，她知道自己要什么，她懂得欣赏和追求，她会为储藏自己的财富而喜悦。

也就是说，从小有过藏宝盒的孩子更可能成为有追求的孩子。

并且，从小拥有藏宝盒的孩子，稍大一些的时候，她会为自己寻找一方秘密的空间，一个秘密场所。里面的收藏，那就更大更丰富了。

初一女孩温欣，在作品中为自己找到了一个被母亲丢弃的巨大的洗衣机包装箱子，这既是她的藏宝箱，又成为她身体和精神的秘密藏所。

---

①选自《月亮花园》，人民文学出版社，2011年第1版第70页。

我很得意地瞟了她一眼，抱起箱子如一个胜利者般地走进卧室。

“呼！”我重重地放下箱子。

我小心翼翼地从工具箱里拿出一把美工刀，推出刀片，在箱子的一侧划开几道口子，箱子上方出现了一道“工”字形的门，又在偏上方的地方开了一口窗。我推开门，如释重负地坐在纸板上。阳光斜斜地从窗口射进来，纸板上映出了我并不颀长的身影。①

拥有了藏宝箱的女孩，将箱子内部用彩铅涂成了大海的蓝色，然后将自己关在箱子里面看一本关于大海的书。在这蓝色纸箱的世界里，她感受着想象中的海。

我合上书，望着箱子碧蓝的四壁。这碧蓝色让我感到分外舒坦。

阳光照在沙滩上，脚底传来阵阵温暖，几只小螃蟹在沙滩上慢吞吞地挪动着。波涛荡漾，一些贝壳和螺壳被冲上海岸。水天相接的地方，海面泛起几圈胭脂般的淡红。我情不自禁地伸出手，想感触到海水的质感。

但是，没有螃蟹，没有海水，也没有沙滩。我触碰到的，仅是一块冰冷的纸板，看到的，仅是渐渐昏暗的光线。②

这样在秘密藏所的舞台里类似“入戏”的行为，给生活单调的孩子带来了极大的精神诱惑和想象的快乐。她们甚至冒着偷偷摸摸被大人当场抓住的危险，去犯规走入大人不允许的“禁区”。

我摸黑爬下床，摸索着打开纸箱，进去前还不忘拿一把迷你手电。

我很紧张地坐下，紧紧地抱着书，心贴着书怦怦地跳。我抬头看了一眼——门还开着！我的心一下子紧了，生怕会有一只恐怖的手从

①②选自少女作家温欣习作。

门缝伸进来。但我所担心的事并没有发生。我在心里喊了几遍：不要去门口。终究还是不由自主地打开手电，一步一步心惊胆战地走着，走到门口时，用手粗暴地关上门，扭头便跑到纸屋的角落坐下。我把手电放在角落，关好窗子。手电的光把纸屋的另一角照得很亮很亮。壁上印着一大片亮得发白的光影。借着这点光亮，我把手中的书打开。

不时抬头，我竟错以为我正处在一片被阳光直射的海滩上。而那深蓝的墙壁，仿佛就是那波涛汹涌的大海……①

躲在洗衣机包装纸箱里幻想大海的孩子，在秘密藏所的盒子里睡去，她的书本和涂成蓝色的纸盒以及她自己的睡相全部被妈妈发现，纸盒送进了废品站，秘密藏所和大海的梦也随之消失了。

我曾经问温欣，真的有过这样的秘密藏所吗？她说没有。我很为她遗憾。好在她在虚拟的作品里，补回了秘密藏所带给一个文静听话女孩“犯规搞怪”的探索快感。

孩子的秘密领地是不容大人窥探的。因为他们对大人持一种不信任的态度。许多大人总会采取批评甚至毁灭的态度来对待孩子的“办家家”游戏，以为孩子的“办家家”游戏和读书比起来毫无价值，完全是浪费时间。他们不懂得孩子在游戏里的探索和模仿是多么重要。

所以，孩子一旦找到了自己的“秘密基地”，他们就会像守财奴一样对它严加保护和看守。

少女作家班的孩子都写过《秘密藏所》。一个9岁女孩李奕歆，就写过女孩怎样在童年避开妈妈的干扰，为自己找到床下的秘密地盘的。

我一个人偷偷摸摸找到了家里的床下放衣服的地方。

“喂！你干什么呢磨磨蹭蹭的？时间都过去30分钟了，一小时之内把作业全部给我弄定！”妈妈命令道。

---

①选自少女作家温欣习作。

我不敢顶嘴，只好装乖乖女：“好，我马上写啦！不玩了不玩了！”我装作讨好的样子笑着说。其实我心里早已紧张得要命。我立即马不停蹄地迅速去做作业，我心里还在想着我今天找到的这个地方，我真想三秒内把作业OK了，然后，躲进我的秘密基地里去。很快，我就完成了作业，我以百米冲刺的速度冲进厨房，对正在忙碌的妈妈说：“妈，作业做完了。我能先玩会吗？”妈妈点头答应了。

我回到房间，迫不及待地钻进了我的秘密基地里，哈！布娃娃必不可少，哈，小熊玩具怎么可以丢掉？？乐高拿好，准备好台灯，哈哈哈哈……我把台灯放在基地的一角，基地里顿时一片光明。

那里比我想象中的好玩多了。我迫不及待地拿出我的乐高拼了起来，我也不清楚，都是玩乐高，为什么在秘密基地里玩，总有一种特殊的感觉，总觉得比在外面玩爽多了呢？我在我的小世界里想做一切胆大包天的事。突然我“诗意大发”写下了一首打油诗，当然，这千万不能被妈妈发现，不然老妈定会把我骂一顿那就糟糕极了，打油诗是这样的：

秘密基地，秘密基地，
只属于小孩子的天地。
老妈勿进，老妈勿进，
此地只属于李奕歆。

我写完“李”“奕”“歆”故意加重了许多，我大声唱了几遍，觉得特爽特开心。

哦！突然我想起在秘密基地吃饭会不会也特别香呢。于是我神不知鬼不觉地跑到厨房拿了昨天剩下的一盒饭。

我在里头打开了盒饭，啊……我贪婪地吸吮着盒饭的香味，我不禁用勺子挖了一小团拌饭吃进了嘴里。

好好吃哇！太棒了！

我妈却又如一个大炸弹一样对着我的书房大吼：“出来检查你的作业！”我面对吼叫，只好用出杀手锏——不理不说话！嗞嗞，这很有难度！我“练”了四年倔功才到了如此境界。

终于把我的老妈赶走了，我在里头做了一个纸老妈，不会对我吼，还会陪我玩呢。我心想，哎，要是我妈真是这样就好了。①

孩子在床下的狭小空间里找到了自己的地盘，虽然黑暗却感觉到无限的快乐的光芒。这与当今的家长过分限制孩子的自由，分配大量学习任务不无关系。孩子的学习、娱乐时间都掌控在大人手里，他们成了完成任务的机器，失去了对这个世界遐想、设计的时间和空间。可怜的孩子，只能在床下做了一个“纸老妈”陪着自己玩。

但是年轻生命的好奇心和探求欲像野草一样，一茬茬地在石头缝里也会生长。

多年前，我也拥有过这样一处秘密领地：

小三从窗户里往外看：马路、车、商店、住房。楼房简直太多了，新的、旧的、高的、矮的，你挨我挤地堆在一起。像些灰色的盒子，找不出多少有趣的地方。爸爸的学校没有什么意思。闹嚷嚷的大街也没有什么意思。

偶然间，她看到了那棵叶上花树。是一棵曾经被修剪过的叶上花树。它的树枝一律从中间向四周分开，弯弯地从顶上垂下来，一直垂到人的脚背上面一点儿。绿的枝叶上小蝴蝶一样满是一朵朵紫红色的小花，这些花又好像是挂在绿叶上的小灯笼，花瓣儿那样薄那样透明。花、枝和叶子穿过来插过去把这棵树的四周织成了密密的网，又把这棵树变成了一把绿底红花的大伞，这把大花伞可以把人一直罩到脚背那儿。

这棵树里不是一间很漂亮的屋子吗？草原上放牧人住的那种圆顶的屋子！小三想，真好，我一下就发现了这棵树！她弯下腰，试着像山耗子那样翘起屁股往树里钻去。②

---

①选自少女作家班李奕歆习作。

②选自《那个夜，迷失在深夏古镇中》，重庆出版社，1990年第1版第89页。

寻常的城市外貌对于一个山村长大的孩子没有什么吸引力。除了房子多、商店多、人多，很少有野地、自由出入的山水给一个孩子去侦察、探索，而城市里的人们又大多是冷冰冰不会露形于色的。所以，郊区来城里的女孩小三只能在城里校园的一棵树里，找到一个孩子的自由乐园。

树里比外面暗一点儿，树顶上稀稀落落漏下的阳光，把树下的草坪画成了有明有暗两种颜色的小碎花地毯。一双猫的眼睛在树的阴影下闪了一闪。

小三心里一跳，仔细看看：原来不是猫，是一个有大眼睛的小姑娘，坐在树干下面一声不响地瞪着她。想不到这树里还有人！可她刚才多像一只猫呀，你看她脸上的汗毛简直就跟奶猫身上的毛一样，在光线射着的地方，你能清楚地看见它们有多么密多么长呵！

小三感觉到自己一直被盯着。她有点儿不自在，可心里却想在这棵树里多呆一会儿。那个有猫一样眼睛的小姑娘其实很可爱，她的胖身子在粉红色连衣裙里被裹得胀鼓鼓的，坐在这伞一样的树下，就像草地上开出的一朵花儿，是有人脸的童话书里那种花儿。小三不知自己为什么要这样想，反正一钻进这棵树里她就有了好些奇怪的念头，她觉得就连自己都变了，变成了童话书里那种做梦时到了另一个世界的幸运娃娃，她不知道自己的眼睛是不是也像猫一样了。①

这便是我和童年小伙伴陪陪的秘密藏所，我把它写进了小说《叶子花树》里。

两个小女孩在一棵树里相遇是很正常的。在少女作家班女孩的作品里，她们甚至写到，在孩子们的秘密场所里，她们进出还有自己的“接头暗号”。

这棵树真特别，它的密密的枝叶像魔术师的手杖一样把树里面和

①选自《那个夜，迷失在深夏古镇中》，重庆出版社，1990年第1版第91—92页。

外面的一切给隔开了，你就是从没有完全垂到地面上的枝叶下面往外望，你看到的东西也和刚才站在外面时看到的完全不同，你就像从很矮的猫或者兔子的家的门缝里看人的世界一样，想想看吧，外面的一切将会变得多么新奇！①

“啪”的一下，一个什么小东西从草丛里弹出来，一眨眼就不见了。

“那是蚂蚱，”陪陪叫起来，“它一跳就是好远。它被你吓跑了。”

小三瞪大眼睛搜寻着刚才的地方。有一处草又动了一动。小三趴到地上很快分开那里的草丛——什么也没有。她支起耳朵，仿佛听见草丛里啪啪啪有轻微的敲击声。草叶尖刺着她的脸，痒痒的，小三偏着头压低嗓门对陪陪说：“你说，它们的家住在草里面呢还是地底下？”

“是在地底下！它们的家像蚂蚁国那样，什么都有。”陪陪很有把握地说。

“那么这棵树下，就是它们住的地方了？”小三说。她仿佛听见树下的草丛里头，有许多细小的声音神秘地响着，甚至有金属和瓷器碰响的声音，那将是多么小的汤勺和碗撞在一起呀！②

小女孩躲在一棵树里玩，是因为“这棵树很特别”，它的枝叶把树里树外隔开，树外是一个乏味无奇的世界，树内却是一个住着蚂蚱、蟋蟀、蝴蝶这些小昆虫的神奇世界，小女孩在这里“仿佛听见树下的草丛里头，有许多细小的声音神秘地响着，甚至有金属和瓷器碰响的声音”，“那将是多么小的汤勺和碗撞在一起呀”。

在一个自在的大自然环境里，去探索和遐想，是童年的一大乐趣。

不管是盒子还是秘密基地，都是给女孩“我拥有、我发现、我探索、我设计”提供的道具和场所。

当孩子们赤裸裸地生下来时，他们一切靠父母和社会供养，行为和意

①②选自《那个夜，迷失在深夏古镇中》，重庆出版社，1990年第1版第92—93页。

识是不能独立的，价值观也只能是接受和仿效成人社会既有的定义。是否迅速地学会和听从人类已有文化的标准和守则，成了判定孩子是否长大的一个标准。这本来是有其道理的。人类有千百年来积累的智慧，他们没必要让下一代重返野蛮，文化的传承非常重要。

但是当今的中国社会尤其是中国教育中，一个重仿效轻创造的大工厂制造状况，使我们的孩子越来越不知道也不追究自己是谁、应该做什么，而只是忙于赶上群体，赶上知识，赶上一个机器零件在信息时代整体运行中的速度和规定动作。

如此下来，他们进入学校后，一年年迅速地在丧失孩子的好奇、探求和自我规划之心，等他们终于拿到一张文凭，成为一个社会的标准零件的时候，也是他们找到自己位置和失去自我方向的时候。他们在终于成为一个合格零件的时候，突然之间不明白自己还需要什么，为什么要成为这个零件。他们失去了方向。

这个时代因此被一些人称为“小时代”。而不再是理想主义和英雄主义时代了。

设想一个连自己是谁、自己的方向都不清楚的孩子，他能关注和设计一个团体、一个族群、一个国家长远的方向和归属吗？他是否在真正意义上长大了？真正的长大，应该是成为自知、自主、自信、自立、自创、自强的人。他肯定不是一个野蛮儿童，但他是一个能够爬到山巅，既看到天地之大又看到自己影子的人。他应该是一个永远好奇这个世界、热爱这个世界的探索者。

因此给孩子们提供机会，让他们从对“镜子、影子、盒子”的关注开始，成为一个个“秘密藏所”的主人，成为自己的审视者和社会的策划者，是有助于一个孩子长成大人，完成他精神世界的生长过程的。

# 花园与家园相连接
## ——从女孩的花园建构出女性的家园

少女作家班的《我的花园》写作课程，是《影子》《镜子》《盒子》与《秘密藏所》的延伸。

有多少女孩，拥有过自己的一座花园？

当我在那一天的课室里，对少女作家班的孩子们说："假如我答应，送给你们每人一座花园，想一想，你的花园会是个什么样的？里面又将发生些什么故事呢？"

孩子们望着我。她们的眼睛兴奋地张大着："花园？自己的？我们可以有吗？"

"只要你去发现和寻找，每个女孩子都可以拥有自己的花园。花园可以造在家中，也可以造在人的心里。"我对孩子们说。

是的，我不敢肯定究竟有多少女孩真正设想过关于"我的一座花园"这件事。

女孩的性格，常被规定为被动，女孩的品格，也不断被教导为顺从。世界会是怎样，未来又将如何，好像都不是女孩的课题。女孩的命运似乎总是"等待接受"。难道在假设里，我们都不能自己去布局一座梦的园子？

在那届少女作家班孩子到小学五六年级时的某一天，我对她们说："好吧，今天，让我们大胆地先在设计图上做一次开垦和创造！让我们拿出自己的本子，先画出一座花园的样子。”

对着女孩们展开的白纸和茫然的眼神，老师是不能露出自己的忐忑的。我说：“我们首先确定它的大方向和位置吧！它是在山里，还是在水边？在郊野，还是在闹市？

“然后，不管它在哪里，它的主题和特色是什么呢？

“它里面居住着怎样的动物、植物、人物和建筑？在哪些角落和道路上，发生过和将要发生怎样的故事？

“另外，能将你花园中的某个局部放大，用一个画面和一句提示，让我们进入它的特定氛围吗？”

这是一个迷人的游戏。孩子们在这个游戏里，可以同时担当编剧、导演、演员、美工、场记、道具——可以担当几乎一个剧团的所有角色。

一张张故事的图画慢慢浮现出来。

斯路笔下出现了一个充满声音和音乐的花园。

林曦讲的是一个囚禁着天上晚霞姑娘的花园。

玮瑜描绘了一个古老的留有迷人女孩雕塑和优雅诗文的花园。

楚乔呈现的却是一个流淌着母亲泪泉的花园。

而小淇用幽深的紫色，描述了居住在花园中不同的几个“我”相遇的故事。

每一个花园都不同，它呈现出孩子们开启的内心，那一个个隐秘的女孩的园子。

我在这一座座女孩的花园前停留、沉默。它们的隐秘、深邃，它们藏匿的渴望、梦想以及忧虑和恐惧，使我们看到女孩们在生命中将面临的许多命题面前所选择的各自不同的姿态。

## 1.作为乐园的花园——女孩与自然中的“它们”相遇

我们先来看看杨紫茵笔下那个交织着繁花、野草、柔软神秘的湿地和“叶子的梦床”的后花园。

> 我缓缓下床，洗刷好，穿好衣服，走向窗边。咦！窗外是寂静的后花园，以往到处笼罩着瘴气，灰蒙蒙一片，没有一点生机。可现在，花园被晨光笼罩着，春意盎然，长长的藤叶缠绕在暗灰的栅栏。微微弯卷的翠叶翘着尖，像一只只绿蝶停靠在藤上，轻轻扇动色彩斑斓的双翅。淡米色的君子兰在簇簇草叶中挺着身板，就似一位位亭亭玉立的少女。花园中的圆形水泉源源不断地涌着冰凉的水，荷纹的水槽中碧波荡漾。①

> 我忙乱套上鞋子，随着Kingsly走过厨房，走出家门，Kingsly四肢快速地跃动着，可没有一点儿声音，轻巧极了，它领着我走去那片密林。那片危险的，湿湿的林子。
>
> 可我这次并不害怕，不知道是不是这次因为有Kingsly在我身边，令我感到安心。②

> 我一次又一次随着Kingsly踩着偶尔冒出的一块块坚硬的、突出地面的石块，跳过湿湿的、有飘零在最上面的叶子的泥地。我不是害怕那一个个或大或小的湿湿的软地可能是沼泽，我只是不忍破坏那宁静的叶子的梦床，那独有风情的叶床。③

---

①②③选自《女孩的花园》，河北少年儿童出版社，2013年第1版第101页、第106—107页、第111页。

这是一个孤寂的女孩在家猫的陪同下到从未涉足的后花园探访的故事。

中国这一代的父母是世界公认的最勤劳肯干的公民，他们的独生子女却都是孤单的孩子。连续几十年的计划生育政策使得中国的家庭都只有一个孩子，家中的这一个孩子一方面被“文革”后的应试教育囚禁，一方面被在改革开放浪潮里发奋工作的父母疏远，城市里出现了许多看似富有却内心寂寞的孩子。“作业全部做完了怎样呢？又没有朋友和我一起分享欢乐，周末没有什么好朋友的家可去。看着窗外的抹抹绿影，摇曳在风中。明明暗暗，却显得那么孤独，就似我……”杨紫茵在这个《碧色花园》故事里写道：“我搂住它，忍不住开始诉苦：‘Kingsly，我好孤单，爸爸妈妈都只顾工作，都不管我。每次我不开心他们只会给我买这样买那样，只有我自己玩。’”

孩子们没有伙伴，没有“郊区”，只能在鳞次栉比的高楼大厦和商店的过道中穿行，用零花钱去购买童年时期对这个世界的好奇。他们拥有各种制作精致的现成的玩具和零食，但却没有山坡可以奔跑，没有知了蟋蟀可以捕捉，也没有小溪可以捞到野鱼和蝌蚪。他们远离了一个生机勃勃的大自然。

这些年中国城市里的独生子女是缺少许多伴同的孩子。他们缺少郊区的伴同，缺少野外的伴同，缺少兄弟姊妹的伴同，还缺少父母的伴同。

然而杨紫茵笔下Kingsly这只家猫，却带着主人公找到了屋后的一片被遗忘了的蓬蓬勃勃的神秘园，它唤醒了女孩对大自然的感应，让女孩的嗅觉触觉在草叶中蘑菇一样生长，让女孩的听觉视觉在林子里花一样地盛开，Kingsly是女孩童年寻觅与发现大自然的唯一伙伴和见证者，是一个引领孩子回到树丛草地里去的精灵。

现代城市人能有几个还记得起树丛和草地的气味？眼睛里还留有蟋蟀、云朵和野生牵牛花的影子？他们在高耸入云的城市蜂巢里工作，在没有一星泥土的瓷砖地毯上行走，在手机里购物，在电脑里模拟打仗、游泳和谈情说爱。然而在我们集体无意识的深处，在我们原始记忆里，大地仍然是我们魂牵梦绕的老家。虽然大动物早已在我们的城市里消失，但城市夹缝里留有植物和昆虫的野地，仍然会勾起人类童年的美好记忆。那些小小的和还同我们一起活在这个地球上的动物植物们，留给我们远亲近邻那样的亲切感，有它们存在的地方，就有清新的空气和流畅的呼吸，是它们带给了我们生命所需的呼吸和喜悦。而这些都是孩子的生命中需要的。

但是山野在消失，郊区也在消失。孩子们在作品里寻找家和小区里那一块巴掌大的“后花园”，期待留下一些父辈拥有过的童年大地记忆。

杨斯路是少女作家班多产的小作家。她的花园故事里就细致抒情地描写了有关蟋蟀、云朵和野生牵牛花的生命故事，它们的生生死死、快乐、追求、恐惧和爱，每一段都像大地上升起的小诗。

> 有一朵花儿，一朵喇叭花，她还开着，向花园里的一切展示着自己的美。多漂亮的喇叭花，真的像是一个小喇叭似的张开来，好像有话要对你说一般。
>
> 我慢慢走近那朵花，那花儿仿佛在轻轻地颤动着，好像正在召唤你到她那儿去。
>
> 我在这朵花儿前蹲下来，双手托起轻轻颤动的花，忽然觉得自己拿到了一个电话的话筒。
>
> 我将花儿移到嘴边。
>
> “喂？”我的声音很轻。是的，我忽然感觉到在这花儿的另一头有个人在等我说话。
>
> “嘿！”一个很轻的声音从话筒中传来，我立刻把花儿移到了耳边，“你好。”
>
> 传来的声音柔柔的，声音中充满了快乐。[①]

这也许是一朵等待了“我”多时的牵牛花，当我托起“轻轻颤动的花儿”，对它叫到“你好”时，从花的喇叭里竟轻轻传来“嘿”“你好”的细小回应。

①选自《女孩的花园》，河北少年儿童出版社，2013年第1版第127—128页。

这可以说是一个女孩心中的大自然对她的回应。在杨斯路的花园里，这样的回应在各个地方出现：

> “瞧天上那朵云儿！”小珊叫道。
>
> “它是一朵喜欢听琴声的云朵。”小珊说。
>
> “我认得它。给它弹首钢琴曲吧。”
>
> “咚。”很清脆好听的钢琴声，好像是刚被人调过音一般。
>
> 余光望着窗外那朵云，不知是真的还是幻想的，那云竟然颤抖了一下！
>
> 我想了想，弹起了一首与云有关的曲子——《彩云追月》。
>
> 那朵云，它竟然就在天空中停着，一动不动，我感觉得到那朵云在听，很认真地听。
>
> 我就那样一遍又一遍地弹，小珊靠在窗台上，微风轻轻玩弄她的头发，她的微笑在脸上轻轻荡漾，天上的云也一直停在那儿。
>
> 我笑着拉起小珊的手说：“小珊，那真的是一朵爱听音乐的云呢。”①

一朵停在窗口听女孩弹琴的云。当我“坐在钢琴前，弹了一首《彩云追月》，偶然地往窗外一瞟，看到窗外有一朵胖胖的白云——它就一直停在那儿，一动不动，我感觉得到，它听得很认真”。我们重复这样的话语细节，可以感到作者内心的幸福和喜悦。杨斯路塑造了一个和谐温暖的花园，在那里人和自然相亲相爱，愉快自在地生活。

但是作者对于花园的理解并没有仅止于描绘一个天堂似的伊甸园，她在花园里安排了生死的更替，并力图去思考和解答对于死亡和存在的命题：

> 今天早上在窗台上，我看见了熟睡的蟋蟀先生，轻轻地推了推他

①选自《女孩的花园》，河北少年儿童出版社，2013年第1版第120页。

的背，他却没有再动一下。

我哭了，这是我来到这个花园后第一次哭。

这花园不是给人快乐的吗？为什么花开了不会谢，草长了不会枯，而蟋蟀先生睡着了却再也醒不来了呢？

螳螂先生尽自己的能力用自己的小刀磨平了一块手掌大的石头，并帮我刻上了“永远沉睡的音乐家——蟋蟀先生”。

我在榕树下挖了一个小墓，把蟋蟀先生放了进去，又用土轻轻盖住他的身体。

花园里的鸟儿们和昆虫们都参加了这个令人悲伤的葬礼。①

歌唱家蟋蟀先生突然间就去世了。与此同时，快乐的喜鹊女士却有了新的孩子：

喜鹊女士用她那好听的歌声叫醒了我，喜鹊女士高兴地告诉我，她有孩子了！

我惊喜地跑去看。

刚走到榕树底下，便听到了稚嫩的叫声。真是不错呢！

喜鹊女士飞到了鸟巢，亲切地唤了两声，三个还带着点儿水的毛茸茸的小脑袋便从小巢里露了出来——噢，真是可爱的小生命。②

有死才有生。这就是我们这颗活着的星球的节奏和呼吸。对于生与死这样的大命题，十来岁的作者在她安排的花园里做了这样的思考：

今天，我又和牵牛花聊了天。

我询问了她关于为什么花可以长开不谢，蟋蟀先生却会离开我们的事。

①②选自《女孩的花园》，河北少年儿童出版社，2013年第1版第134页、第135页。

牵牛花告诉我，只有从生命的开始就生活在这个花园里的动植物才可以在长到自己生命最旺盛的时候停止成长，而蟋蟀先生却不是。

“那今天破壳的小喜鹊儿们呢？”我问。

“不能，他们的母亲不是。”牵牛花说。

沉默了很久，她又发话了。

“小珊，当你知道自己的生命会停止在那一个时间里，不再有变化，你觉得真的会是一件快乐的事情吗？其实，平平淡淡地走过一生是很快乐的。蟋蟀先生也不例外，在他离开我们的前一天夜里，我听见他在唱歌，他那时候很快乐呢。他是笑着走过他的最后的生命。我一直生活在这里，拥有最美丽的样子与姿态，我感到好累。看到蟋蟀先生离开前快乐的样子，我真的很羡慕他。”①

一个小学六年级的女孩对生命意义的解读，是放弃为“最美的样子与姿态”而累，而选择“快乐地唱着歌走过最后的生命”，这是她从植物和昆虫身上学到的智慧，也是她在这个故事里对花园里自然生命的留恋和讴歌。这个故事里的小主人有个夙愿，就是为花园里的各个昆虫、动物、植物邻居——蟋蟀、牵牛花、萤火虫、狗尾巴草、一闪而过留下金色身影的狐狸开一场演唱会，以此来表达他对花园里自然生命的热爱和情感。这也是主人公为完成另一位先于她离开花园、只留下花园日记的孩子未了心愿的一个行为。

今天，我发现了一件很奇怪的事——这个花园包括了春夏秋冬。它拥有了每个季节中最美的部分，所以它变得那么美丽。

因为花园结合了春夏秋冬，所以，我在狗尾巴草泛黄的时候还能看到牵牛花开。牵牛花在清晨开，是这样的，就连这花园里的也是一样。只是，在这么多牵牛花中，唯有一朵，一直那么努力地开着。看

①选自《女孩的花园》，河北少年儿童出版社，2013年第1版第135—136页。

着它张开的小喇叭似的花瓣，当我说完“喂”，又把花儿移到耳边时，我听到了里面的声音，好像是一个熟睡的人在梦中呢喃着。

这花园真好，它给了我以前从来没有拥有过的快乐。有我最喜欢的牵牛花、榕树，还有可爱的小阁楼，以及后花园的狗尾巴草。①

我走上小阁楼，借着清幽的月光，开始弹琴，萤火虫在我的身边飞舞，停在窗台上的鸽子先生轻声为我的琴声伴奏，云在窗外注视着我，牵牛花靠在窗台边，闭上眼睛侧耳倾听。

宁静的夜，轻轻的琴声，这个音乐会很短，但大家都听得很认真。

……音乐会结束后，狐狸先生说他打算在这里长住下来，因为他已经找到了世界上最美的声音。②

音乐会结束了，主人公将要离开。这个象征童年与自然的花园即将在长大的孩子离去的背影后面关闭。故事中的主人公后来再也没有找到过它。

当孩子们长大，难道他们只能离开那个身体的与精神的大地花园吗？当他们一旦离开那个离造物主很近的花园时，关于生与死的问题也似乎存放在那里了，他们考虑更多的问题是生存、生活、生计，而非生命的大命题。据我了解，现在的杨斯路即将成为一位名牌大学毕业的建筑师，我仍然希望在将来的一天，这个孩子不忘初心，真能建成那座她儿时描绘过的有着各种动植物声音和身影的花园。所以我会期待着，在未来的哪天，收到一封从并不遥远的地方寄来的神秘音乐会的邀请函。

### 2.作为墓地的花园——女孩与悲哀的“她们”相遇

当女孩们审视母亲或婆婆辈的女人时，她们总爱将女人们以往的故事写成一个凄美的悲剧，并为女人们赋予各种象征性的形象，将她们的行为

①②选自《女孩的花园》，河北少年儿童出版社，2013年第1版第132页、第142页。

和身体夸张成与大地相连的惊天动地的图画。

少女作家班小学五年级女生钟楚乔在《泪的花园》里，就将一个思念逝去女儿的母亲写成了一个水花园里的流水泉源：

我跑到花园，见到一个女人正在大声地哭，估计都快要哭到地震了。我注意到，旁边还有一个熟悉的身影，闪进了那个古怪的黑屋子。

我有点好奇，跟着那个身影走进了小屋。

“天箐！”是小衣的声音，“你怎么来了？”

我有点气愤：“还不是来找答案！”

“那个女人……是贝宫诗的母亲！”

我想起今天是清明节，也许，她给自己的女儿来扫墓吧。

“她的声音……怎么那么像水滴的声音？”莫非……突然间，我想到了水源之谜的答案。

“是的，这位母亲每年都来扫墓，思念她早逝的女儿。她的眼泪汇成一条小溪，不停地在贝宫诗住过的屋子里滴。花园里滴的水原来是眼泪。而水源是一位母亲！母亲的眼泪滴在草地上，由草地通进屋子里。”小衣说。①

另一位女孩林曦在《晚霞花园》里，写的是被囚禁在花园里失去自由的三个晚霞姑娘。这是一个类似民间传说式的幻想故事。

故事里讲到三个晚霞姑娘受着人世的诱惑化为女孩和蝴蝶降到人间，却被蓝色粉末囚禁在地面，无法再回到自由的天空。故事中的主人公春桃发现奶奶最喜欢橙红色蝴蝶。“无论是衣服上，鞋子的底板上，都有蝴蝶的图案、花纹，连她走过的鞋印上，都有蝴蝶的图案”，她跟随着刚刚去世的奶奶的足迹和神秘的歌谣，来到了林子里。她有了一个惊奇的发现：

①选自《女孩的花园》，河北少年儿童出版社，2013年第1版第57页。

走进花园，阳光照着我的眼睛，十分舒服。昨天的那两只蝴蝶还在。那只紫红色的蝴蝶向我飞来，又飞向那蓝色的粉末。

我好像有一点明白它的意思，把那粉末全都扫进小溪里。

我回过头，发现又多了一只蝴蝶，一只橘红色的蝴蝶。它向我飞过来，说："桃，谢谢你昨天种下希望的树种，把我们的灵魂释放了出来。"

这，这个声音是，是奶奶的声音！虽然这个声音变得年轻了，但我还是认了出来。

我惊讶得说不出话来。突然，在我昨天种泪水的那个地方，有一个东西在膨胀。是梦，是沉睡了许多年的梦！我看到了，看到了那沉积已久的梦，自由的向往。

那三个小女孩，穿着红色的衣服，虽然红得不一样，但都是晚霞红。她们手上戴着一样的手环，坐在草地上，眼睛边挂着泪水，仰望天空。那个最小的女孩，就是奶奶！

毫无疑问，这三只蝴蝶就是那三个女孩。

忽然，我的耳边响起了一首歌。是那乐谱里的歌：

> 我们是天边的晚霞，化作一片光来这里，这里使我陶醉，陶醉……
>
> 蓝天把我们困在这里，那宝蓝粉令我们惧怕，我们失去了自由，自由……
>
> 我们像一只只被关在笼中的小鸟，
>
> 自由，我仿佛不曾拥有过，但在记忆里，自由，又不曾被抹去……
>
> 三百年，孤独、冷寂围绕着我们，三个人，三百年，就这么过去……
>
> 我和姐姐像一朵矢车菊，慢慢枯死……

这首歌唱完了，画面也消失了。那三只蝴蝶围着我转了一圈，然后飞出了花园。

"不！"我大叫一声，跟着它们飞的方向跑了起来。风，轻轻地撩过我的耳朵。虽然我累得大口大口地喘气，但我还在不停地跑。我不想失去她，不想失去她们。

我毕竟不比她们飞得快，那三只蝴蝶越飞越远，最后变成三个红色的圆点……

她们飞进天空的那一刻，天空慢慢变成了红色。是晚霞。[①]

晚霞姑娘在人间的形象是彩色蝴蝶，这是一个不错的设计。小姑娘春桃的奶奶是由晚霞蝴蝶变化而来的，也暗示着春桃的内心对天空和翅膀的向往。林曦的作品里，处处埋藏着女孩对这个世界的诗意图解。比如“种下蝴蝶的眼泪，让它成为希望的树种”这样带有巫气的浪漫句子，是林曦这样灵秀的女孩子在花园故事里擅长表达的方式。

另外，小姑娘们对旧时代女人们身世和形象的审视评判，不约而同都充满同情与悲悯，一律把她们视为“受困的女人”，这可以看出姑娘们对旧时代女人的遭遇和精神困境所具有的洞察和感同身受的焦虑。

### 3.作为镜子的花园——女孩与各种可能的“自己”相遇

我曾要求孩子们“用一种颜色，来代表你的花园故事留给人的感觉”。孩子们就用了绿色、白色、金色、紫色和银色等色调，来注释自己的花园想表达的主题。

少女作家班吴小淇就写了一座《紫色花园》。在这个花园里，小学五年级的小淇写到了几个“自己”在花园中的相遇。

银雪心灵深处的某个大门，很多年以前就被封锁起来了。

现在，银雪就站在这扇大门前，她要重新开启这扇门了。

……

“那件往事，说出来吧！”

当听到千岛、实悦还有华梦几乎是异口同声地说出这句话时，银雪顿时有了受骗的感觉。

①选自《女孩的花园》，河北少年儿童出版社，2013年第1版第26—27页。

“你们是不是暗中计划和安排好的？那么，现在我告诉你们，我不需要帮助和理解，我不需要同情和怜悯，我不需要友情和亲情，你们根本不知道我需要什么吧？所以，我的事情你们最好少管！”

银雪站定，既没有哭泣也没有生气，极其平静和坚定地说，一字一句吐得清清楚楚。

“你就是我们，你的事就是我们的事，我们不管你的事，但我们得管我们自己的事。”

华梦微微一笑，接着说。

“我们都是因你而生。嗯，你有一个华丽的梦想，所以我叫华梦。”

“你在十月出生，我就叫实悦啦！”

实悦继续说下去。

“我嘛，有些难理解。你的心灵不是封住了吗？就像千年封锁的岛屿，所以我是千岛啦！”

千岛最后做了一个小结：

“银雪，可以说我们就是你，但不可以说你就是我们。我们只是你生命的一部分，而你就是我们生命的全部。但是，我们不能没有你，你也不能没有我们，所以，你对我们来说，有什么秘密可言的呢？说出来释放一下，想哭就哭，想说就说，说了总比没说好，不是吗？”

这种既是友情又是亲情的爱的力量，终于把银雪那坚硬的外壳敲开了。①

自闭的小姑娘银雪在紫色花园里遇见了三个女孩：千岛、实悦还有华梦，她们以不同的姿态出现在银雪面前，让银雪看到，她的心里曾经有一个华丽的梦(华梦)，现在却像千年封锁的岛屿(千岛)，她们不断与银雪交谈，让银雪把堵塞在心中的障碍释放出来，走出自闭。银雪终于明白，这三个

①选自《女孩的花园》，河北少年儿童出版社，2013年第1版第91—92页。

女孩的结合就是她自己。

这个与三个“自己”相遇，并与三个自己不断交谈、争论，最后达成和谐的故事，实际就是出现心理障碍的女孩银雪在心灵花园里自我对话、自我疏导、治疗与康复的过程记录。

“这个花园的名字叫什么呢？”

银雪首先打破沉静。

“雪翼花园。”

千岛不假思索地说道。

“雪翼花园？”

银雪挑挑眉，把陈述句改成了疑问句。

“银雪的翅膀。”

千岛轻轻松松地丢出一句。

“喔！”

实悦和华梦都恍然大悟，并急着为银雪解释。在她们七嘴八舌的争论中，银雪突然明白了很多。

每个人都有一双双隐形的翅膀，都需要这一双双翅膀去展翅高飞。最常见的是友情和亲情，等人慢慢长大，又可能会有爱情。

而最重要的呢，就是爱。父爱、母爱、朋友的关爱、一对男女之间的爱，还有你对世界上每一个人、每一种植物和小动物、每一件东西的爱。

然后，就是大家在成长中渐渐“长”出的“翅膀”。①

当银雪的心结得以打开，她的内心“长出了轻盈的翅膀”，让整个紫色花园变成了“雪翼花园”。

①选自《女孩的花园》，河北少年儿童出版社，2013年第1版第94—95页。

"银雪，我不仅是你心中的那个小纸片人，我还是你其中的一对翅膀——dream，也就是梦想之翼。"

华梦最先开口说道：

"你有一个华丽的梦想哟！别忘记哟！"

实悦笑眯眯地接过"接力棒"：

"我不仅是镜子里的你，还是你的心情之翼，每个人都必须有喜怒哀乐呀！"

千岛最后说道：

"我是你的影子，我也是爱，其中包括了亲情、友情。你的父母永远永远都会爱你，你也要永远地爱父母，爱朋友，爱老师，爱弟弟妹妹，爱哥哥姐姐，爱世界上每一个人、每一种植物和小动物、每一件东西……"

说着说着，千岛发出了火热的红光，实悦发出了耀眼的白光，华梦发出了美丽的紫光。三色光越来越强烈，越来越强烈，最后融为了一体，变成了银雪的彩色光芒。

千岛、实悦与华梦和起来，就是一个完完整整、真真实实的银雪。

彩色的光刺得银雪睁不开眼睛，而千岛悄悄贴近银雪，做回了不会说话的影子；实悦悄悄回到镜子里；华梦又回到了银雪的心中……①

这是一个"心灵花园"的故事。在这个由小学五年级的孩子写出的花园故事里，有着对人物内心的审视和挖掘，能够将分裂的主人公作一个剖析，给予她解放与拯救之路。小小年纪也留意到人心的复杂、多面与厚重，并以现代派的象征与荒诞手法来表现主题，让读者想到类似《一个分成两半的子爵》(以下简称《子爵》)那样名篇的表现风格，而她全然是一种原生态的写作，并不了解《子爵》。我们在阅读时会报以会心的笑，小作者也许受到一些动漫作品的影响，但她对文章主题和技巧的独到探索是难能可贵的。

①选自《女孩的花园》，河北少年儿童出版社，2013年第1版第95—97页。

另一位女生陈玮瑜却从一座布满中西合璧式雕塑的园林里，写出了古典文化中女人和少女所具备的优雅和浪漫。

……那是一座雕像，看起来，站在这里很久了。雕像上脏兮兮的，还落满了秋叶和灰尘。

菟葵又向那水井走去，发现水井里还存有一点儿干净的水，便用旁边破旧的小木桶提了水上来。

她把装了水的木桶提到雕像旁，轻轻地小心地把水淋上去，落叶被洗下来，纤尘也被洗净。

塑像也随即一点点浮现出来，先是头，接着是半身，最后全部露出来了。

是一个衣袂飞舞飘动的少女，身着被风带起的飘扬空灵的纱裙，似乎正踏风翩翩然归去，长发舞动，似乎闻得见淡淡风味和一丝清香。她那股灵性是与生俱来的。

再细看，原来下面还有几行小小的、快要看不出来的字：

“风之女兮，夜空独舞。逝之为梦，生之为梦。追梦者也，彼生今世，风来神往。若风百变，风香不变。若有梦，追之兮。三界间，无不行。”

绿菟葵认真仔细地看了很久，才认清那小小的字体。

风之女，真有诗意的名字。①

这里描写了一座古代《风之女》的雕塑。之后介绍的是另一座《花之女》的雕塑。

这时起了一阵轻轻扬扬的风，绿菟葵抬头一看，眼前的枯树丛中，似乎又有着若隐若现的一座雕塑。

绿菟葵提着水桶走过去，把剩下的半桶水慢慢地浇到那塑像身上，

---

①选自《女孩的花园》，河北少年儿童出版社，2013年第1版第66—68页。

然后细细地擦拭。这是一个貌美如花的少女，即使着布衣，她浑然天成的美丽也挡不住。那神态就像娇艳的樱花。青春粉嫩，温柔迷人。

再看下面的碑文："花之女兮，舞春舞平，譬如春樱，九界巨变，尘世污浊，花不变兮。"

绿菟葵深吸一口气，仿佛明白了什么，再往前走。看到不远处有一排石椅，她走过去，也不管脏不脏就坐上去，她累了。

这椅子很奇怪，摆放在荆棘丛旁，只不过，荆棘丛里隐隐显露出粉粉嫩嫩的颜色。

是百合。

绿菟葵轻轻地拨开荆棘，小心翼翼地捧起那朵花儿。

长在荆棘丛中的百合啊。受尽了疼痛折磨，却依然美丽而骄傲地盛开着；不为人知，却坚持盛开着。①

这座女孩所写的古老花园，是给自己寻找的精神引领。"一想到自己，绿菟葵又不禁黯然地低下头。她是很了解自己的。自己并没有美丽的脸庞，更没有温柔淑女的气质。因为是乡下来的，同学们冷冰冰的态度更是让她不敢接近。"但从她见到古老花园里的"风之女"和"花之女"后，心里却有了一个小小的声音："若有梦，追之兮……尘世污浊，花不变兮。"这个初中一年级的作者，以花园里各具风采的精灵造像来布局一座花园，我们可以从中看出她从古典文化中汲取精华，对自己一个中国女孩的未来设计。

### 4.守与出的花园——女孩在家园与远方中的徘徊和寻求

我在长篇小说《幽秘花园》里，曾经描写过一个女孩与几十年后成为婆婆的自己相遇的故事。这个女孩儿时的梦想是去远方寻找"蓝石头"，但在成为母亲后却被果树、孩子、园子包围，遗忘了蓝石头和远方之梦。在

①选自《女孩的花园》，河北少年儿童出版社，2013年第1版第68—69页。

写作前，其实我并没有想清自己对一直想写的那座“幽秘花园”到底持一种留恋还是否定的态度。在我的潜意识里，做一棵开花结果的树、一个树神，本是女人美丽的天命和宿命，所以我对白婆婆在园子里对自然生命的精细感觉和乐在其中的花园守护神的行为，笔下会情不自禁流露出歌咏的成分：

> 自从我跟白婆婆学会做彩蛋后，对面山上那幢石头房子就有了另一种意义。我期待在那座月亮婆婆的作坊里，发现和学到更多的本事。
>
> 我总是选择在寂静的午后，当大地上的一切都沉入午睡时，沿着那条鸡走的苔藓路，像只轻盈的小猫那样，蹿到对面山坡上去。
>
> “婆婆、婆婆，快开门。”我这样轻声呼唤的时候，就像念着那咒语似的儿歌“金螺蛳，快出来，有人偷你的金棺材”一样，一念完白婆婆必定就探出头来打开门了。
>
> 我跟着她穿过满屋是鱼的大厅和金色沙漠之门，走到绿色花园中去。白婆婆沿着石板小径带我走到石桌边，笑盈盈地拍一拍放在桌边的竹椅子，意思是给我准备的，然后她自己在那石凳子上坐下了。
>
> “三妹，今天又想画什么玩？”
>
> 我想了想说：“教我画扇子吧。”我知道白婆婆会画扇子，她有一把椭圆形的扇子，竹竿儿，白绢面子上有些扁竹根花，就是她自己做自己画的。我以前不知道白婆婆也画得一手好画，后来才明白了，其实过去许多不识字的老婆婆，却是很会绘画绣花什么的。①

不会识字，却会绘画绣花，这是旧时代内秀的姑娘常常有的现象。旧时代的文化和教养，教给她们宁静地在园子里安于闺中角色。

> 白婆婆这会儿，她在我眼里简直就是个巧手的仙女了。她穿着白衣服，坐在花园的石桌边，给我示范怎样弄出蛋壳里的蛋黄和蛋清，

①选自《幽秘花园》，江苏少年儿童出版社，2011年第1版第53—54页。

怎样在蛋壳上描形和上色。她嘱咐我掏空蛋壳时手要像绣花那样轻细，画蛋时眼睛要留意四周，让每一面都看着顺眼儿。

绿色的园子安睡在午后的寂静中，风传送着叶子的微动和白婆婆的低语。我觉得白婆婆像一只大白鸟儿，正在园子的树影下孵化那些神奇的本来不存在的彩蛋。这世界上有许多东西都是由白婆婆这样的女人用巧手和温柔之心孵化出来的。在她们的翅膀下，奇异的小东西一个个探出可爱的脑袋来。①

在这样的章节中，白婆婆的园子是一座女人梦中的自在乐园，白婆婆在这里"画蛋"和"孵蛋"，象征女人自觉的生育、哺育和装饰生命的角色，她们使一座家园生机勃勃、不再荒芜。"绿色的园子安睡在午后的寂静中，风传送着叶子的微动和白婆婆的低语。我觉得白婆婆像一只大白鸟儿，正在园子的树影下孵化那些神奇的本来不存在的彩蛋。"

在另外的章节里，小姑娘韦三妹带着无限的敬仰和艳羡观察着"树王白婆婆"和她的果园。

除了白婆婆的脚印外，软绵有苔的泥地上只有蚯蚓、四脚蛇和一些小昆虫走过的印子。它基本上就是一个静悄悄的被白婆婆独占的世界了。白婆婆是这园子里的树王，当她站在那里，你感到她就像园中一棵年长日久结着白果子的老树那样。

她专门在园子里种了一些能结出果实的树。比如栗子树、核桃树、梨树、桃树和橙树，还有几株小小的专为蚕儿种的桑树。她的花园的天空几乎都被这些树枝给网住了。我走在中间，就像走在绿洞里面。②

白婆婆像个爱炫耀的小姑娘一样，忙着领我在她的果树下面转来

①②选自《幽秘花园》，江苏少年儿童出版社，2011年第1版第46、第35页。

转去，指给我看哪棵树最能结果，哪棵树至今一个果也不结。她悄悄地拉下一些树枝，指着叶子后面茸茸的或青青的小果子，哑着嗓子说："你看，它们还小，但是快长大了！快了！"她那样子就像是带着我去看一群熟睡的婴孩一样。她就像那园子里许许多多小果子共同的老祖母。①

当我这样来写白婆婆的时候，她几乎就是一个大地老祖母的形象。白婆婆就是大地，就是自然，就是自然之一。这是一种深刻而甜蜜的感觉，它来自一个女性作家的内心。女人代表着的原生态。所以有时写到她，就像写一阵微风、一股气流、一棵树的摇动、一朵花的盛开和飘落一样。

白婆婆在那块圆地上晒了些老玉米、绿豆和花生。她坐在石桌边，端着那个竹簸箕，一边挑选绿豆中的石子儿，一边和我东拉西扯地聊天。她有无穷无尽的话，断断续续、慢慢悠悠地讲着，时而像是给我讲，时而又像是自言自语。我想：在我不来做客的时候，她可能也这样独自坐在石桌边，对着她的园子和花果无边无际地唠叨着，就像那些树儿在风中窸窸窣窣地叹息一样。②

但是，当我们遥望远方，另外一种忧郁和惆怅会慢慢袭来，那个关于远方的梦，会穿过花园，将童年时听见过的更为高远的声音带来。那就是对于远方未知的梦想，那个摆脱日常琐碎和惯性，从逼仄时间和视界里解放出来云游四海的冲动，以及冲动长期压抑后形成的焦虑会以决堤的方式喷发出来：

我站在阳光灿烂的大门外，想到在黑暗的屋里竖起耳朵倾听着的白婆婆，突然有些想哭。

---

①②选自《幽秘花园》，江苏少年儿童出版社，2011年第1版第37页、第42—43页。

我沿着坡下的阶梯，经过那条鸡和猫走的路，回到了家中。

当我站在家门口，再次望着对面山坡的时候，我的眼光便穿透了那座石头房子，一层层望到那些门窗上的沙漠和海洋、那座有着石像和果树的花园，并听到了石墙外一阵阵的江浪声。最后，我朦胧地看见白婆婆一个人坐在黑暗的被水浸满的大屋里，好久好久倾着身子听着门外的动静。我的一颗眼泪就流了下来。我不清楚为什么会这样。①

这时候的白婆婆，是一个孤独受困的将自己藏在园子里抵制外界侵扰的软弱无助的女人，园子是她的碉堡，她将自己幽禁在这个狭小的堡垒中。

当白婆婆相遇了童年时的自己，她从失忆中复苏，发现那个远方的梦已被自己丢失了几乎一辈子，她由单纯的平静快乐变为失神继而痛哭。

她慢慢地在花园里梦游一样地走着，眼睛穿透那些果树和爬藤，望着一个遥远的地方。

她沿着花园中的小径游魂一样地绕圈儿，用陌生的眼光望着她挂满硕果的树丛、缤纷的花草和长苔的石墙、石桌、石像，嘴巴一动一动的，却听不见任何声音。

后来，她又回到了卧室，并且把我关在门外。

然后，我听到了白婆婆由小变大的哭声。

这哭声像骤雨降临那样，冲涌出来一条河，它滔滔地绕着石头房子和花园流淌，使整座山坡，都被那泪河久久地冲刷着。

直到我回到对面山上自己的家，还隐隐听到那边的石头房子里，传出来仿佛一个女孩子那样委屈的哭声。②

---

①②选自《幽秘花园》，江苏少年儿童出版社，2011年第1版第39—40页、第133—134页。

白婆婆的形象在小女孩三妹的心中所发生的变化，让女孩子的心里受到巨大冲击，她惊觉了她心目中的树神怎样受困于自己的园子。这使小姑娘开始思索起了女人命运的命题。

这是否就是一棵树能否成为一只鸟的命题？小姑娘得到的答案显然让她困惑。

那天晚上我被许多的梦所缠绕。梦中，我看见白婆婆的花园浸泡在绿色的水一样的月光里。那个被幽禁的穿着古装戏服的女人，变作一只白色的蝴蝶，在花园的围墙里飞来撞去。最后，她的翅膀被夜雾湿透，贴在一朵紫色的大花上。

这只蝴蝶抬起一张人的脸，泪流满面地向空中喊道："好多年了，你把我一个人关在这里！好多年了呀！"

当我在黑暗中惊醒，发现自己睡在泪水浸湿的枕头上。我不知道自己为什么那样伤心，就像自己是那个被幽禁着的女人似的。

另一个梦里，我看见白婆婆领着大厅里的鱼群，无声地游向花园。花园的花草和果树，全部像水草、海树、珊瑚那样柔软地在水中漂荡。鱼们纷纷游过去，争着抢食那些柔嫩的果子。它们的嘴巴一点一点无声地嚼动着，肚皮吃得圆溜溜的。它们在那些桃树、梨树和橙树之间慢悠悠地蹿过来游过去。

有几只鱼儿企图游出花园的围墙。但是旋转的水流把它们一次次旋回花园里。白婆婆朝它们轻轻拍一拍手，鱼们全部排着队，跟她游回厅中，钻进墙上的水草间睡觉去了……①

第二天，我大病一场。头晕、喉咙痛，全身烧得恍恍惚惚的。我的扁桃体炎症又发了，十来岁时我经常发作这种病。

我没有去上学。整日站在我家门口，看见对面白婆婆的石头房子

①选自《幽秘花园》，江苏少年儿童出版社，2011年第1版第134—135页。

被淅淅沥沥的雨水冲洗着，就像在泪水中哭着一样。

我不明白，那一座充满诱惑的浸在月光和花果香味中的石头房子，怎么一下子涌出了那么多那么持久的泪水。①

白婆婆的花园又为何被她的泪水淹没？因为她看到了白老头画在门窗上方的图画。当那些勾魂的远方之景真正出现在白婆婆的视野中，这时候她的花园，就由幽闭的世外桃源变为被远方的沙漠海洋巨画冲击和淹没的孤岛了。

这便是一棵树不能成为一只展翅而去的鸟的宿命？

老伴看到白婆婆的复苏，说她是“还了魂了”。白婆婆也说自己是“还了魂了”。

来到“沙漠之门”前，白老头发愣地看着花园里满地的画儿。

他用一双猩猩那样的大手，去抚摸地上那一对手拉手正在飞着的男孩和女孩。我看见他的手抖动了起来。

好一会儿，他转回头来问：“瑰瑰，你记起来了吗？”

他的脸上竟泪流满面。

白婆婆嗫嚅着说：“我看见她了……我看见我了。我穿着那件绣凤的袍子，站在花园里……我看见我了。”她用手指点着那江边女孩曾出现过的地方。②

“我们的船呢？”

“早没有船了。我步行。”白老头说。他放下背上的大包，把白婆婆拉到身边坐下。他搂抱着她坐在花园的地上，打量着她的一身，就像打量一个失踪多年后突然出现的亲人那样。

“我们的船在哪里？”

白老头眼睛深深地注视着妻子：“那船，是你烧掉的呀！”

①②选自《幽秘花园》，江苏少年儿童出版社，2011年第1版第135页、第139页。

他说："你不让我出门，把船也烧掉了。知道吗，自从你生了第一个孩子后，你完全变了一个人。你不再像小时候那样了。瑰瑰。"

他叹一口气，抚摸着白婆婆的肩头说："你整天呆在家里，不出门，也不让我出门。你说你要种树、养孩子，你完全被果子和孩子缠住了魂了！我把远方的样儿画在门窗上，你连看都不看。你生第一个孩子大病一场后，就把以前的事情忘得干干净净。"

他注视着她的眼睛问："你还记得我们从前说过，要划船去哪儿吗？"

"去那些远山上，拾些蓝石头来，搭一座房子。"白婆婆望着远处的天空，小姑娘那样笑着。

"对呀！我们说过的，"白老头儿搂抱着妻子，快活地大笑，"我们要去找蓝石头，我们肯定要去！我们找得到的！"①

白婆婆终于记起了画在门窗上的远方之景，记起了儿时准备和小伙伴去远方的船，记起了要去寻找的蓝石头。对于白婆婆的"还魂"以及"还魂"后的失落、不甘，都落在无法解决"花园"与"远方"这对矛盾的处理上。故事结尾，主人公在晚年去兑现了儿时的梦想。这看似一个乐观的结局，实则是一种无奈的认命：女人只有在孩子长大离去后，才能从花园里出走，走向藏着蓝石头的远方。

"婆婆，我来了！"我叫了一声。我听见声音在屋子里碰撞，冒着气泡一圈圈上升。我有一种空空洞洞的感觉，急忙往花园里跑去。

花园里仍然不见人影儿，夕阳照着那些果树、花木、石桌和石凳，看上去非常的美丽，美得像寂寞的仙境。花木的气息像浪潮一样涌流在傍晚的花园上空，一园子都是旺旺的植物气息，却没有一点儿人的气息。

我心中有些慌了，四下里张望。我看见在那石墙上，出现了一幅新的油彩画儿：

---

①选自《幽秘花园》，江苏少年儿童出版社，2011年第1版第140—143页。

那是一片淡蓝色的远山，它们一丛丛排着队，仿佛要走到无边的天的尽头里去了。

在那些淡蓝的远山下面，有一个红色的箭头指着山下的两个白色的小人儿。他们正弯着腰，专心地捡着一种宝蓝色的发出光泽的石头。他们一个脸上长着白胡子，一个头发上插着白花儿。

我望着那个孩子气的红色箭头，又环顾一遍空无一人的花园，眼泪涌上了我的眼眶。

我当然明白了这幅画的意思。这孩子气的箭头、这画儿上出现的小人儿，我都不是第一回见到，我完全明白这幅画儿是在告诉我：那画上的两个小人，已经出远门了。①

故事中那个迷恋花园、同时又目睹蝴蝶一样被囚禁在花园里的女人的孩子，她站在白婆婆留下的花园中时，真是处于两难的选择中：一方面是天性和本能里对土地花园的亲近，另一方面是对被囚于花园失去飞翔能力的担忧。最后，被囚禁的恐惧使她放弃了花园，选择逃离。

临走，他们把花园收拾得干干净净，像一尘不染的一片净土。

地上坠落的那些果子，全被他们拾起来，大概是放到门外水池里喂鱼去了。

接下来，那些鱼、那些果子，由谁来管理它们呢？

我坐在石桌边，坐在白婆婆常爱坐着的那只石凳上，淌着眼泪，心乱如麻。

……

我站起身，在这座无人的花园中漫步，心中胀满无法言喻的滋味。

那些树上熟透的果子，那些用惯了的石头桌凳，那块大理石圆形舞台，都无言地望着我。我想我是否得留下来，像白婆婆一样，继续

①选自《幽秘花园》，江苏少年儿童出版社，2011年第1版第145—146页。

做这花园的守护神？

我已离不开这座花园了。

我站到那块白色大理石圆地上，舒展开身体，很想在这无人的园中跳一个舞。但是，我一下子看见在那口水缸边的桃树下面，出现了那个穿古装戏服的女人，她的脸藏在树影下面，正悲伤地意味深长地看着我。

我害怕了，我再也没有白婆婆可以呼唤，于是我急急忙忙走向那扇沙漠之门，穿过满是鱼群的大厅，冲出了这座空空荡荡、没有人味儿的石头房子。

跑到坡下的时候，我想起刚才忘了带走那匹白布了，我犹豫着是否回去再取来。我对自己说：下一回吧！

因为，我心里产生了一种恐惧：万一我再进去，那门突然关上，而且永远把我一个人关在里面，怎么办呢？①

“白婆婆和白老头，循着童年的约定，走向从未去过的远方了，白婆婆直到老年，才去兑现了童年的梦想。”这个故事里写的是两个梦：花园守护神的梦和走出花园寻找蓝石头的梦。在故事里这似乎是两个不可协调的梦。

但是，吴其南先生在谈到《幽秘花园》时说：“其实蓝石头也可以在白婆婆的花园里找到。蓝石头就是她的孩子，就是她的果树。”

这是一个重要的问题：人类分工和文化现象中，女孩和女人的天职应该是花园的守护者而非出逃者。走出花园和寻找新的花园的角色大多为男人。

所以女人想要从花园中出逃，应该是一个叛逆的不本分的行为。

但是从人类一个更广的视野来看，家园是一个花园，世界也是一个花园。站在小花园中遥望大花园，是一个开放的内心必然有的动向，它具有积极的创造力和扩展性，是人心生动有力的表现。

其实《幽秘花园》表现的故事，一直是围绕“驻守与探险”“家园与远方”“牵手与飞翔”三条线展开的。

---

①选自《幽秘花园》，江苏少年儿童出版社，2011年第1版第147—148页。

在韦三妹的心里，走向未知的远方，也一直是一个怂恿她的冲动。小说中就这样写道：

在这个故事的开头，我已经对你讲过，我从小就爱站在家门口，像山里一只踮起脚的小兔子一样，望着远处的群山作无尽的遐想。我相信在天边那些淡蓝色的远山脊背下面，隐藏着我全然不知的秘密，那些秘密就像深不可测的池塘一样，在天边吐着彩色的气泡。我对它们只有向往，而永不可能去接近。①

而故事一开头，本就是描写韦三妹去对面山坡探险的一段经历：

我拿着这封信，靠在门框上想：我为什么不敢到对面邻人的家中去呢？我已经十二岁了，怎么还被一句话给吓唬住？一个十二岁的女孩不敢独自走向对面坡上的邻人家，这听来简直是个笑话！

难道我永远只能把对面的山坡当作不可能走进去的图画，而安心于遥遥相望？

这时候，一阵风吹来，它正好把对面坡上的一种特殊的气味送到我跟前。那是一种很好闻的野菊花香，那种野菊花像小扣子那般大，有深红的和柠檬黄的两种，常常一串串开在我家附近险峻的山岩上，闻得见却摘不着。我知道在对面坡上是可以得到这种野菊花的，我早就留意到，他们把这种野花移植到了屋前的墙根处，每到风吹时就有一阵阵带草药味的菊花香吹到我家这儿来。这菊花香带给我一种亲切和安全感，就像一位和颜悦色的亲属向我走来似的。

于是，我着手寻找通往对面山上的路。②

韦三妹对白婆婆“对面那座山”的探访，就是走出家门，探访未知人

①②选自《幽秘花园》，江苏少年儿童出版社，2011年第1版第118—119页、第12—13页。

家的行为。而在她发现白婆婆家的围墙外通往另一个神秘世界的时候，她竟然不顾一切地做了一次探险：

从洞口外面，呼地蹿进一股风，带来一阵令人眩晕的玫瑰花那样的香味。

洞外到底有什么？

秘密就在眼前，谜底正在洞口那边摇晃着它的旗帜，难道我有不为所动的道理？

于是，你们知道，虽然我那时只是个十岁出头的女孩，但我和许多孩子一样，自小就怀有探险家的好奇和冲动。结果在那天中午，我把自己的身体变成一只大猫的样子，小心翼翼地向那洞口探去。

那时候的我，已完全忘记白婆婆警告的，外面是悬崖峭壁的话了。[①]

当三妹从白婆婆的花园围墙里出来，她发现自己来到了一个布满沙漠和礁石的地方。那本来是一个江滩，但她感觉自己仿佛来到了一个时间停止了的月球一样的地方。在这里，她见到了童年的白婆婆和白老头，他们正在画着两个手拉手飞在空中的孩子。

这是两枚奇怪的石头。其中的一枚很吸引我，因为那上面刻有两个孩子的形象：一个男孩一个女孩，他们各在这只扁圆的石头的两面上，但却手拉着手。他们的动作是像鸟儿一样平飞着，他们是在飞翔。

他们的动作不是站着，而是飞着的。这是两个手拉手正在飞翔的孩子。一男一女，各在石头的一面。

……他们的动作和神态，是那样地打动我呵。他们很像我以前做过的一个梦：一个男孩用力拉着我的手，在天上飞，我们一边飞一边在天上发出鸟儿一样欢快的叫声。[②]

①②选自《幽秘花园》，江苏少年儿童出版社，2011年第1版第78、第68—69页。

两个手拉手飞在天空的孩子，这是多么击中人心的画面！它深藏在童年的梦中，在心灵最自由的时候才能显现。这是接近星空和阳光的意识。

而关于对“月球”和“星球”的下意识感觉，还在故事里三妹“画蛋”的行为中出现。她捡到一只化石一样的蛋，在鬼差神使中，她把这只“蛋”画成了一个星球。对星球的意识，也许来自人类的集体无意识。人类生命应该来自星空，所以花园与星空会同时交替出现在女孩三妹深深的意识中。

> 我向白婆婆要了颜料，很快地在这只蛋形石头上画上了沙漠之景。画完以后我自己也暗自吃惊：这枚蛋形的石头一下子变成了布满沙漠的一颗小小星球。它苍黄、古老、神秘，布满重重叠叠波浪一样的黄沙丘，完全就是一颗表面覆盖着无穷沙漠的小星球。
>
> 这是我从来没有画过的景色，这比白婆婆教我画的那些美丽诡秘的叶子和花，更有一种摄魂的力量。它就像一首最为遥远的歌，在高空中打着旋涡旋转，要把我吸到一个看不见底的深洞里去。①

一颗星球和一座园子，它们怎能相提并论？作为一个女孩或女人，园子带给她的亲切、生动与安全感使她愿意植根其中，但女孩与女人的基本属性也是人，尤其当她还是孩子的时候，好奇与探险的冲动同样使她的心向往着神秘与远方。

> 现在长大了的人们已经忘记了，当一个十来岁的小孩独自去一处从来没有去过的陌生所在，他是怀着怎样一种探索新大陆的探险家的心情。在我十二岁那年的一天中午，当我捏着一封牛皮纸信封走向我家对面画儿一样的山坡时，我真有点儿宇航员迈向月球的感觉。②

①②选自《幽秘花园》，江苏少年儿童出版社，2011年第1版第71—72页、第14页。

“探险”原本是孩子长大的必然过程，我们都是在不断探险的过程中长大的。只是“探险”更多是男性开拓扩张的表现，而女性的作用似乎在于对原生态的守护，以此平衡和避免人类无限发展的贪婪和自我毁灭。

对于韦三妹这样的小女孩，关于女性困境的命题以及男女文化角色的分工还是刚刚触及。她们的意识还在本能与直觉中长大，她们能否朦胧地感到，虽然生活不一定在别处，梦想也不一定都在远方呢？我们可以在小花园里看到一个丰富精细的大世界，也可以时常抬头望望天，知道在我们的家园以外，还有着沙漠和海洋，有着银河系和外太空。家园和星球，都在造物主的大花园之中。

女孩们也将明白，一只深深敏感和陶醉在微观世界的小蚂蚁，当它爬上围墙眺望花园外的世界时，它会更加了解世界的定义和它的家园的意义。

回忆那时写作《幽秘花园》这个故事的我，一切都是听从韦三妹自然而然的感觉，发展并完成着故事。现在看来，这个故事的走向，应该等待将来的女孩们更好地续写了。

有关《女孩的花园》这个写作题目，就如同巫师的谜语和上帝的试卷那样，使女孩思索、沉潜，不知不觉地，她们已进入到对自己和姐妹命运的关注与设计中。

这是一座可以精细地建筑在本本里的花园。它教给孩子们一种做法：怎样在一张纸上画出草图，为自己的文章和未来布局。

女孩们在花园的写作中，做了一个大胆又细致的设计师，尝试着将自己对世界的解读，建筑演绎在一个可大可小的园子和王国里了。

这又是一个可以包罗百科的写作题目。一座花园就是一个世界。

当然，我们还不可能把《我的花园》写成一座像《红楼梦》那样的大观园。孩子们写成的，只是一个正在酝酿中的小天地，一片试探着把自己的视野放牧出去的小原野。但每个十来岁的孩子也都写了上万字。在这上万字中，包含有细致入微的景色、神秘奇幻的处所、潜藏谜团的故事、生动可爱的人物，还有充满光线、颜色和气味的氛围。最让人回味的，是每一座花园所呈现的色调和倾向。

解读女孩们的花园故事，就是解读每一个女孩子——她们的注意、她们的梦想与情感、她们对世界的探问和假设、她们正在经历和将要经历的生命故事。

在女孩们的花园里，不仅有憧憬和温暖，还纠缠着秘密、梦想以及迷惑、受困等萦绕在少女潜意识中的画面和镜头。每座花园里都布满了诱人的谜。每个场景里都可能埋着一个谜，随着你对花园的层层深入，环环相扣的谜底一个个揭开，当我们抵达最终的谜底，也许就是这个花园所隐藏的主题了。

然而我们的阅读目的，可能不只是在窥探着花园的谜底，更是在窥探着一步步穿越花园的女孩身影以及花园各个角落呈现的气息。

这是一种充满芳香的诱惑。当我徘徊在那些慢慢丰满起来的野草青青的花园，常在一条条花香小径中迷失。我愿意就这样跟随着花香，走进女孩们正在专心搭建的、不再荒芜的花园小屋，走进孩子们所设计的故事中。

造一座花园、开垦一片荒地原来并不是那么可怕。

在一个看似庞大的《花园》故事结构里，孩子们能找到方向，将可能写得散乱的内容串联起来，靠的就是对一张故事地图的设计、一种故事色调的把握、一件贯穿始终的道具的寻找、一个花园谜底的探究以及自己对世界的认识和布局。

我们的心灵是一座花园，我们的地球也是一座花园。一座花园就是一个世界。

希望有更多的女孩子，通过文字找到属于自己的那座园子，并在某一天，从容不迫地真正走进自己的设计和选择中。

# 童话后的少女迷失
## ——童话后与成年前的少女精神迷雾

1990年，班马出版了《中国儿童文学理论批评与构想》一书，他在其中“女孩与少女的文学审美走向”章节中，将女孩审美发展的几个阶段分为：装饰性审美阶段、“童话后”阶段和自恋性少女阶段。

当时我和班马曾经就这些问题展开过讨论，为此班马很客气地在其后的《前艺术思想》中，将其收入的关于少女与审美的章节注明为与我“共同商讨”的内容。对于班马在九十年代初就这样准确地拎出“装饰性心理”的概念以及将女孩的审美阶段与“童话”影响力的关系加以联系和区别分析，敏锐地提炼、提升出我们所探讨的话题内容，我一直有受到点化之感。

班马文中所提到的装饰性审美阶段，大意是指女孩受童话、传说人物引导与启蒙，将自己从外部形象的打扮、修饰开始，效仿文学艺术作品中的童话人物形象，从外至内完成自己的女性精神投射和角色定位。

男孩的身体能力使他们作向外行动的发散，女孩在行动活力的欠缺下走向了对自己“身体”的打扮，并从这一游戏乐趣中获得了角色扮演的精神投射。她们把指甲和嘴唇涂得血红，搜寻一切可作宝石珠链之物，她们需要花枝与彩带的围绕，玩着无尽的涉及脸、手指、脖颈、步态和身姿的动作，是装饰性的身体操作扮演。从中，始分出女孩的两种倾向：一种是正统形态的纯美，扮演着仙女、公主、古装仕女等等；另一种是野性形态的妖艳，扮演着魔女、狐精、女间谍等等。凡此种种，应该说这种装饰性的身体扮演是女孩游戏中渐成内在需要的突出表现了——这正是她们追求补偿的审美投射。

女孩的装饰性审美，在充满臆想的性质中，追求着非现实的特殊之美，远远地高于自己，甚至是女人一生中都永远达不到的美丽状态，而这便是装饰性审美的心理冲动愿望，即超越女孩的欠缺状态，在身体的美化扮演中实现着女性身份的至高梦境，那些公主和狐精对女孩的吸引，首先是一种装饰美的优越感。

……

装饰性所含有的形式美，在童话中充分地表现出来。那里有着仙女、公主和狐精、魔女的女性梦境，有着美丽的眼睫和拖地的长发，有着艳丽的花草枝叶和如镜的蓝湖柔波，一切的故事都是为了女主人公的美丽而发生，所有的王子和勇士都在公主、美女跟前温顺（应该指出，此时尚无“性角色”的女孩从童话中获得的不是两性意识，而正是针对男孩活力而发的欠缺感的精神补偿）——这一切的魅力，美的极度装饰，正是女孩心理的对应物。

童话的审美功能，对女孩的走向成熟具有重要的意义，这在于女孩比男孩更多了一层关于女性身份的意识内化，在她以后的“自我”发现中，在她的社会位置感和心理建构中，都将开始伴随有这一男孩所没有的内在复杂情绪。①

审视今天我们少女作家班女生的行为，感到班马当年的论著仍然精辟。

在我还是幼年和童年时期，就有着多次和女伴一起相互化妆扮演的行为。对于女孩“装饰美”心理及行为的表现，至今仍然是吸引我去关

①班马：《中国儿童文学理论批评与构想》，湖北少年儿童出版社，1990年第1版第144—146页。

注与挖掘的课题，尤其是近年由日本传来的动漫人物的真人扮演行为（COSPLAY），更是在验证和丰富着这一少女的审美表现。

近年来我在广州观看过动漫真人秀的扮演聚会，它的巨大规模和参与者对动漫人物服饰的倾力模仿、精心准备令人震惊，毫无夸张地说，那正是走向超现实的“二次元”世界的少男少女的盛大扮演嘉年华。

但在这里，我更想要谈一谈少女“童话后”的精神迷失现象以及由这个阶段产生的少女文学。本章除借用班马的理论论述外，还将借助我自己少女阶段的创作与少女作家班孩子们的作品，再次触及和思考这个论题。

### 1.少女“童话后”的精神缺失

班马指出：“中高年级阶段，女孩一般总在脱离童话的纯美世界，开始明白装饰性的极度的美是不现实的，就像她们已经不再玩那种装扮美女的游戏一样，懂得了它的幼稚虚幻。”“但女孩却未能如期相遇属于她自身的文学人物投射对象，装饰性的审美心理不能获得延伸，它不但在日益现实的感觉世界中突然中断，并在所有的成人读物中也消失了，如童话中那种纯美绝伦的女性身份竟在女孩的文学视野中不再出现——对女孩来说，这种‘童话后’的一段情感投射的无对象空白，是一种经装饰美强化之后而找不到更理想也更现实的女性文学人物寄托的失落……”①

当女孩进入少女时期，随着身体的发育和与之带来的一系列身心变化，长大的姑娘们“发生了一次激烈的身心震荡”，即使是过去性别意识淡化的小丫头现在也明显感到男生女生的巨大不同以及女孩由生理变化引起的情绪、能力的变化波动。“少女在审美心理和女性身份意识对外界的态度上产生了一场极不安定的惶惑。这惶惑带来了一阵去向不定和意义不明的时期。”

①班马：《中国儿童文学理论批评与构想》，湖北少年儿童出版社，1990年第1版第146—147页。

“伴随着少女生理惶惑期的又一个震荡，是男孩开始进入获得男性身份意识的初发阶段，那些男孩虽然其貌不扬和呆头呆脑地仍不开窍，但却智力大开，社会角色感浓重，特别积极进取地评判着世界，在家庭、学校和社会的地位再不如前，并转而超越。这都对少女的女性身份思考再次产生了挑战，少女在生理惶惑期的同时，又同步陷入了对社会的惶惑，这惶惑是自小的女性角色、规则、承担内容和含义的临近感。她们在进入社会的态度上，比之男孩存在着更大的不安、猜度和惶惑。”①

少女时期所出现的身体震荡和精神空缺，以及对未来社会角色的惶惑不安感，都成为少女期的烦恼特征。

我在小说《寻找的女孩》中，就写到了两个原本长于唱歌跳舞处于青春期的女孩面对未来角色的假设，忽然对自己与未来角色的自然对接产生了怀疑和担忧，对怎样由一个“好女孩”变为“好女人”的角色转换，产生了极为不自信、陷入“深洞”的惶恐心理：

> 这时候总有一些奇怪的念头，时隐时现地冒出江面，来到我的脑海中。有时我觉得自己像一条海里来的大鲸鱼，好奇地蹲在江边。江对岸的桑场里，模糊如豆的人影三个两个从排列整齐的桑树丛中浮出，聚在一起。听不见他们的声音，慢慢地我猜出他们碰到一起后一定相互问一些：“下班了？”“你买的梨多少钱一斤？”之类的话……他们天天如此，在沙滩上你总能看见江对岸每天都有这样的图画。我有时想起他们可能是我父母的同事或朋友，也许就是我的父母。②

两个女孩把自己置于外星人的位置，遥望人间图画，她们不甘心自己也变为每天津津乐道于油盐酱醋的庸俗成人。于是她们把眼光投向了另一种寻找：

---

①班马：《中国儿童文学理论批评与构想》，湖北少年儿童出版社，1990年第1版第150页。

②选自《寻找的女孩》，浙江文艺出版社，2011年第1版第13页。

这时候我回过头来，我看见小咩正望着她前面什么地方。我跟着望去，前面很远处，山脚下的泥沙路上，一个颀长的男人正朝我们学校方向走。我觉得小咩盯着那人痴痴的。我似乎想起了什么，我说："那个人好像是夏老师的爱人。"小咩说："嗯？"我觉得她有点儿装模作样。"长得很帅的哩。"我说，"上个月的《美术》杂志上有他的获奖作品。"

"他专画年青女人，"小咩说，声音有些飘浮，"不知道他脑子里怎么有那么多女人的样子。好些女人谁看了都不能忘记。"

我虚起眼睛看着斜阳下的江水。在闪闪烁烁的水波上似乎听见小咩在自言自语："不知道以后我们会变成怎么样的女人。"

我把头转向一边，不理会她。一个空洞在我的胸中膨胀开。一些期待一些恐怖把我拖进这深洞中，我有些烦。我尽力不去窥探这洞底。

可是小咩又试探地叫了我一声："溜？"

"我不知道。"我说。又补充一句："现在我只想好好做一个女孩。"

我拾起一块鹅卵石，扔进江里。江水溅起来，又平静了，石子永远地沉入了水中。好好做一个女孩。可女孩该是怎样的呢？我是说，一个好女孩长大了并不一定就是一个好女人。那么好女孩是怎样的，好女人又该是怎样的呢？……哦，这些问题，只要你一开始想，就有无数个烦恼冒出来，缠着你，分你的心，弄得你永远没法想个清楚。①

关于"你心目中的理想女孩和理想女人是怎样的"这个问题，我曾经在少女作家班做过问卷调查。女孩们用了一节课时间认真地作了回答。我观察到不少女孩一开始显得犹豫不决，她们第一次考虑这个问题，而且答卷是要交给老师审阅的，写下来的答案就加入了她们对他人价值观的猜度，内容也就不能说是百分之百反映出她们下意识的真实思想了。但我仍然在

---

①选自《寻找的女孩》，浙江文艺出版社，2011年第1版第13—14页。

较多相似的答案中发现，女孩们普遍排斥唠叨而控制欲强的女人，这反映出她们青春期对自由和自主的追求；而对理想中女人的形象，她们很难作理性的概括，往往列举出自己母亲或老师的实例加以说明。事实上，不少女孩回避思考自己未来的样子，想到母亲牺牲自己的美丽青春承担起社会和家庭的责任，也许变成了她们最为讨厌的唠叨琐碎的模样，她们必然会对未来产生畏惧和惶恐。

也有一些进入青春期的女孩，开始在心中偷偷设计将来自己的幸福家庭甚至理想伴侣的图画，那些图画都是高高悬挂在未来的天空上的：

那时候我心里也动了一动。很模糊很遥远似曾相识的一幅图画，从记忆深处走出来，与我窥见的夏老师的窗户重叠了。夏老师的庭院里太阳花朦胧成一片暖暖的光斑，我让自己脑子里第一次偷偷钻出关于丈夫、女人、家之类片片段段的遐想。到了后来，我清晰地记住了这样一个画面：一个女人和一个男人在大海边拾着冲到岸上的小东西，那些小东西有些来自海洋深处，有些是天上落到海里的星星碎片。我悄悄地把这个告诉了小咩。小咩问："那，他们的家呢？"

家？我想起了夏老师那些美丽得惊人的刺绣，我隐隐感到自己长大了成不了夏老师那样的女人。我心里便有些烦。我说我还没有想好家的问题，小咩说你想的是一个男朋友和一个女朋友。我说不完全是，可我一下真说不清楚。

"你觉得从初一到初三一直呆在歌舞组恰当吗？"忽然小咩打断了我。我们正一起走回寝室。我一下意识到小咩将不再回到歌舞组了。

"我，我觉得现在不让我跳舞我活不了。"看见小咩在那里抿嘴笑，我又说："还有，每天晚上复习完我都要写日记，占去好些时间。我打算存着这些日记。如果再迷上服装设计什么的，我晚上只有不睡觉了。"

小咩说："当然，一个人做了这样，就做不了那样。你还要找时间到海里捞星星嘛！"

我俩都笑了起来。可我并不太愉快，那个深洞又在心里出现了。[①]

图画只是偶尔出现在遐想的天空，空洞却是藏匿在每天经过的地面。图画里那个可以陪自己捡星星碎片，又可以带来一个安全的家的男孩在哪里？即使他在，那个可以等到他开着红帆船前来迎娶的女孩就是我吗？童话后的大多数的女孩不再相信书中的故事。她们时常感到的，是需要学习自己独对世界，但这个现实世界并非装饰性的，女孩的天性里又并不太具备男孩那样掌控世界、扩张疆土的激情和能力，在复杂、强悍和巨大的现实世界面前，失去了童话的装饰性的女孩，陷入到了一种精神迷失之中。

我曾经在《那一片白》这篇小说中，描述了这种孤独而无法停靠的精神迷失。

我只有一次碰见过这样大的雾。

这感觉真怪，眼前并不是黑暗的，你的眼睛也没有问题，但是你却什么也看不见——那一片又浓又稠不透明的乳白色弥漫在我周围，延伸到很远很远。我的眼光无法穿透它，我什么也看不到。我忽然感到周围多么陌生呵。

我低下头，搜寻着地面。只有脚下那一块地皮，牢牢地存在着，让我感到有点踏实。我留意地一下下踏在上面，不断提醒自己什么也没发生，这下面是操场的土地，我是走在自己的学校里。

可是我找不到方向。我原来是想穿过操场，到对面的医务室去的，可是我已经迷失在这宽大的操场上了。

我一圈一圈地在白雾中踱来踱去，朝前走走，又朝后走走，可脚下那块地始终一样——灰褐色平坦的泥土。我感到前后左右都延伸向无穷遥远的茫茫白色中，我不知该迈向哪里，我怀疑自己是在不知不觉中一圈圈绕着弧线。望着前面无声翻卷移动着的白色，我站定下来，

①选自《寻找的女孩》，浙江文艺出版社，2011年第1版第16—17页。

不想再走。

我蹲下来，蹲在操场上，大睁着眼睛。四周静得闷闷的，头上的白雾也不易察觉地浮动着，时稠时疏。我想那是多少个小分子在飘荡聚集呵。多么奇怪的小东西！它们可以把你密封在它们的领域里。我盯着它们——突然我想到如果我永远走不出这白色世界，我永远一个人行走在这望不到边的乳白色里，那将会怎样！

就在这时候，我看见前面的空中浮出了一个东西，灰黑的，时隐时现的一团。我向前走几走，仔细地看它，可是它太隐约了，直看得我眼睛发疼。

我背朝那黑东西，闭上眼睛。好一会儿，我脑子里出现了一些错觉，我觉得自己是失落在了宇宙空间里，白色的宇宙空间。我在一片看不透的白色中飘荡，没有一个同类，什么都没有。前面有一个亮晶晶的东西飞来，是一个转动的三角体，它隆隆地飞向我，带着我一块儿旋转，最后我也变作了一块转动的三角体，我不可遏制地转动着、飞着，无休无止地飞下去——

就在这时候我听见一声大叫。我清醒过来，慢慢转过身——那只章鱼还在那里，它不动了，静悄悄地浮在那个地方。我知道刚才那是我在叫，我想那灰黑的东西说不定是听到我的叫声才静止下来的。①

这是一篇散文式的极短小说，里面所写的是我十几岁时的一次亲身经历。在一片大雾的操场上我迷了路，被一片看不透的白色所包围，浓雾中只有若隐若现的一位女生的头发与我相伴。但我和她若即若离，始终没有靠近她。

我们在那白雾里不即不离地互伴了许久，不管怎样心里的惧怕是少了下去，后来下课铃响了。

①选自《寻找的女孩》，浙江文艺出版社，2011年第1版第36—37页。

我再也没碰见这样大的雾，但我从此认识了那个同校的女孩，我们直到毕业没说一句话。[①]

我儿时的家是在山城重庆，那里是有名的“雾都”。在十五六岁时遭遇的那一场操场浓雾中，我感到的是一种无所停靠的恐惧感和深深的孤独感。那时候我没有一丝一毫期待超人或王子从天而降前来解救的念头。因为，我那时候已经到了“童话后”的年龄。我失去了王子，在迷雾中与我相伴的是一位同性别的女孩，我们不即不离、心照不宣，在相互跟随中寻找安全感，但我们都知道对方不是自己迷雾中应该停靠的港湾。

那是一个断裂的年龄。失去了童话，但还没有在现实中找到新的目标和自信。我早期的另一作品《江边有一座山坡》中那个画家，就为独坐山坡的女孩画了一幅肖像，画中女孩的脸一半绿、一半红，中间有一道“难受的裂缝”。

为填补这道空缺和裂缝，白衣少女将自己变成一支点燃的蜡烛，开始她们心灵的寻找。

### 2.少女寻找的精神引领者

我们再回到班马《中国儿童文学理论批评与构想》中的有关论述：

对少女审美态度上的惶惑，我们认为仍要从女性身份意识的角度来认识——首先一个最大的震荡是来自少女身心上青春发动期的生理变化，使“性角色”突然降临，不论她是嫌恶还是暗喜，都使少女对男性的意识以及她与男性的联系发生了深刻的质变。这质变的表面行为是拥有了对异性少年的秘密情感；但在深层中却是一种失落情绪，因为此时尚未进入发育和发育未全的男孩可说是半生不熟的不良形

①选自《寻找的女孩》，浙江文艺出版社，2011年第1版第39页。

象，与少女内在审美心理之中的王子型的成熟男人相差甚远，这便带来了对浪漫文学的虚幻感和对现实人生的失望感相间的惶惑和烦恼。①

然而，她的女性身份的意识内化，又强烈地促使着她需要寻求精神的依托和平衡。这也许就悄悄地促成了女孩走向一种无可奈何的审美演变：她的成熟已使她不屑于再去寻求针对男孩而生的欠缺感的补偿，而是转向去寻求现实感的王子型或勇士型的“成熟”男人。也就是表明，女孩开始从针对男孩的心理补偿，演变成了倾心于成熟男子的精神“依附感”。

这是女性身份意识作用于女孩审美心理的又一次发展；这是一次对同期男孩价值的超越，也是一次女性身份减弱与男性竞争的变化。

这样，“童话后”阶段的女孩也在一定程度上对含有“叔叔”型人物的读物同样表现出兴趣；同时，更佳的选择，便是这类成熟英俊的男主角再加上美丽女主角的浪漫故事，一种“等待”和“被救”的主题，是最可透露出这时期女孩在审美情感上倾心于成熟男性的依附性质。②

处于“童话后”精神缺失的少女，需要有一个指引者，班马评论说这个人是具有“现实感的王子型或勇士型的‘成熟’男人”，我则以为在少女心中这个人有时就是神派来的使者，是神的化身。或者，是童话王子幻灭后出现在少女心中的、化装为普通人来解救她的国王。这个精神上的国王可能是她的老师，可能是她的父亲，也可能是一个饱经沧桑与她擦肩而过的路人。

《江边有一座山坡》中讲述的，就是这样一个“女孩与叔叔相遇”的故事。

①②班马：《中国儿童文学理论批评与构想》，湖北少年儿童出版社，1990年第1版第149—150页、第147—148页。

她时常坐在那座山包上背课文。事实上她从来不可能在那里背好一篇课文，那个地方总令她走神。

比如山下那片辽阔荒寂的江滩、江中缓缓驶过的小船、江对岸的桑场和桑林后面隐约可见的小城镇，以及行走在对岸模糊如豆的人群，都可以长时间把她的视线从课本中拉走，沉入似是而非的遐想中。

那是一个星期天，是一个寂静的下午吧。小默独坐山头，膝上放本古文。她俯看着江滩。滩头有几个背书的同学，如细长的豆芽冒出鹅卵石丛里，这样的人影使她想起了从远古的水洼处长出来的那些打卷儿的蕨类植物。她想赶走这念头，静心读书，可是却灵敏地听到从对岸桑林小镇和远山田垄上无声地传来的人的噪声和蔬菜的细语，它们同江水声一起，织成纷纷扰扰的交响，在她周围的天地间蒸腾散发着。

一些诱惑、一些渴望和烦乱，不安地一点一点袭击着她，她觉得自己在太阳底下孤立地陷入一片无边无涯的白炽的光芒之中了。

这时候，那个画家从江滩上向她的山坡走来，离她远远地画着，然后一直走到她的面前。当他走近的时候小默低下头避开他的目光，她相信将有什么事情会发生。

画家这样叫小默："喂，中学生！"

小默极想看一看他的画，看一看他脑子和眼里的那片山和江。可她见那人站在面前，像一棵被风吹着的大树。她一时不知所措，不知该怎样对他讲话。

画家递给小默一幅肖像，那是一幅奇怪的刚刚作好的女孩肖像：半边脸绿、半边脸红，中间一道空白的裂缝。他俯身拿着那幅画，对迷惑不解的小默说："这是不是你呀？一边结束了，一边还没开始——中间有一道难受的空白。"

小默脑子里响着他的话，默看着自己的头像。头像背后的画纸上，写着几排小字：

你多像我那时的妹妹，捧一本书在山上，又不认真去读。我不该那么晚了才明白她。为了这个，我把这肖像送给你，希望你好好长大。

小默的眼睛慢慢模糊了，泪水难受地流了出来。不知怎么，她想抓住那男人的衣裳，在他胸前狠狠地哭一哭。可是抬起头来，画家已悄然离去，山头又归一片空寂。

后来的许多天里，山头的小默目光一遍遍搜寻着江滩小径，她盼望在那上面突然发现那个身影，那个画家的身影。她等待着，希望那个男人带着身后那个广大的背景从江边向她走来，她希望看到他的画，看到他对这个世界的解释以及对她的解释。①

这不仅是小默的故事，也是那些逐渐离开父母的翼庇后，开始将自己放飞向未来的女孩们所共有的故事，是一些关于期待、迷惑与渴盼的故事。

那样张望在江边山坡上的女孩，灵敏地用年青的心感觉着一个大世界给她传来的种种信息，却怯怯不安地站立在徐徐开启的门口。她等待着一个引领她并撑架她那个未来世界的人。

那多半都是一个男神——女孩心灵中期盼的男神。

有一位朋友，在听了小默的故事后评价说："可以看到，少女对整个未知世界有一种超常兴奋的紧张期待，呈现为单恋似的接触和失落，内在的强度，形成了难以排遣的欲等还哭的情绪。她们独独地行走在精神的怅惘中，冥想中的一个男人，常常就会成了最符合少女心性的精神对象。整个未知世界会象征地投射在一个男人的影子上……"在山坡上温课的小默，凝视着诱人的远方，她的忧郁与孤独使她那座山坡变得浪漫、吸引且潜藏着故事。然而，她所企盼的，是从那片迷雾缭绕的大江滩上，走来一位引领她的男神。

班马对此种意象这样写道：

这时期的男孩、女孩都有着审美上的白日梦倾向，但男孩的精神

①选自《走神女孩》，福建少年儿童出版社，1994年第1版第162—164页。

扮演往往更趋现实行为，而女孩却有着在现实感为主的故事里同时寄托浪漫思绪的特点，可说女孩在“童话后”阶段更爱寻求的是一种现实感的浪漫主义。这无疑正与女孩的装饰性审美无法得到延伸发展的两难局面有关系。

从中可以看到，女性身份意识是如何透过审美态度在表明着中高年级阶段女孩的心理成熟过程，她们的“自我”发现和社会位置感，除含有一般儿童心理成长的结果之外，还拥有一层男孩所没有的性别意识，这使她们的“成熟”带有精神内向的性质。男孩也会有真正获得男性身份意识的时候，但那要远远滞后一点，因而在审美心理内容以及复杂层次上，至“童话后”阶段的女孩总是超前于男孩。①

《河床》是我的另一篇“女孩与叔叔相遇”的故事。不过在这个故事中，叔叔与女孩的关系除指引与被指引的角色外，似乎又多了一层朦胧与浪漫成分。

溜最初几次来这江滩的时候，才刚刚考来江岸山坡上的中学读书。傍晚散步，她嗅着一股从江边传来的气息寻到了退潮的江滩。她看到了一个奇异的景象：江水退去好多，河床里的大石也露出一些来了。她盯着那些平日深埋在江水里的河床石，看了许久，觉得从江中传来的那股气味就是来自那些露出来的河床石。她不知道怎样来形容那种气味，她想那是长期活在水底里的大动物的体味，也是勾起她一种遥远记忆的时隐时现的气息。

溜那天琢磨不定地沿着裸露出来的河床石慢慢地走，她看到石上的绿水苔在几周之内已经蜕去，石上新长出了一堆堆圆圆的陆上的小草。这些草大多围绕着石涡里的积水，这是河床里原来盛着的江水和近来的雨水。大石块上有好几处这样的积水坑，里面游着青蛙们刚产

①班马：《中国儿童文学理论批评与构想》，湖北少年儿童出版社，1990年第1版第148页。

下来的小蝌蚪，还爬着个别叫不出名来的两栖小动物。这些都是退潮季节里江边特有的东西，溜想，这退潮后的河床，很快成了一批新的小生命的产床呵。

溜意识到了，那浓重的江滩气味也许就是这河床上的水滩味，是生命在河床水滩里繁衍浮游的气味吧？她不知为什么总想着这味儿。[①]

生长中的女孩在河床的宏大背景和水腥味里游走，她生命中的一些东西在一种呼唤声中长大和苏醒。这时候江边出现了她必然会走近的所在：

最后她顺着石棱走到了默的江边小屋。

这不是她走回坡上校舍的必经之路，但溜已经几次从这里走过。她好奇于小屋的窗里默贴着的那些画儿，她看见穿着白衣白裤的神仙一样的默坐在江边写生，她看见默以一种特别的手法画着她痴迷的河床石，那画中的石头正如同萦绕江边的气味一样令溜流连，心中缠绕着一种说不清的感觉。

有一天默终于对站在窗外偷窥的溜说："你好！天气真好！河床也露出来晒太阳了。"

溜从此就常到默的门前，邀默一块儿到退潮的大石头上"晒太阳去"。

江边是一片昏黄的颜色，石头是白黄的，水是绿黄的，江滩是灰黄的，远处的山和模糊的城镇全像罩在江雾中的隐约不清的一个传说。

默这时候的话题也全是关于传说的。在他不画画儿的时候，他就专心地给溜讲大禹、讲皇帝、讲潇洒风流的水神河伯以及他受冷落的妻子——旷世美女洛神宓妃的故事。这些东西迷住了溜，使她越来越期待着在江边晒太阳的日子，并习惯了坐在退潮的河床脊背上听故事。

①选自《走神女孩》，福建少年儿童出版社，1994年第1版第35页。

溜在太阳下，总虚起眼睛听着默。她喜欢看默讲故事的样子，她觉得不爱讲心事的比她大那么多的默也是一个传说。默穿着白衣白裤在江中的大石头上给一个女孩讲故事，那个个子很小的女孩，也将与默一道成为一个传说吧？

肯定的，时间将把现在的溜与默变成这永恒的河床上不留痕迹的传说中的影子。溜望着一片大江滩，听着默讲的传说，常就突如其来地这样想。她总爱突如其来地越过传说去胡思乱想。①

这个故事里的女孩，身处画面恢宏的江滩，坐在古老的河床上，身体迎接着太阳雨，这个时候她心中渴望的同伴，就是那个穿着白衣白裤坐在江边写生的神仙一样的默。只有这样的一个上知天文下知地理的男人，才能给她细讲大禹、讲皇帝、讲潇洒风流的水神河伯以及他的妻子洛神宓妃的故事，才能给她带来一个偌大的世界。这个男人，将女孩所惧怕和把握不定的世界变得亲切而充满吸引力。可以说，在女孩眼里，这样一个男人就是整个世界的化身，这个男人拉近了女孩与世界万物的距离，使世界人化、亲近化了，成为她可以进入和停靠的事物。这样一个神的使者，使女孩重新找到了世界的美感、伟大感和神圣感，女孩在这个时候甚至很容易将这样的男人作为精神上的爱人。

溜觉得默一时间仿佛有些虚弱，不觉犹豫着，将手试探地伸过去，抚了抚默宽大的背。

默弯下头，无言地拉过溜的手，紧紧攥着。溜含泪很痛地被他攥着手，希望时间在这一刻永停下来。

她恍恍惚惚地望着大片的江水，望着暴露出脊背的河床，望着太阳下阔大诱人的江滩。一种她熟悉的气味弥漫在周围，这是江边的气味，是河床巨石的气味，是浅滩卵石中水草和浮游小鱼虫的气味，也是

①选自《走神女孩》，福建少年儿童出版社，1994年第1版第36—37页。

默和她自己身上的气味。她不知道这令人沉醉的气味只是一瞬还是永恒；她觉得她肯定是在恋爱了，只是，她不知道她是在恋爱着默还是在恋爱着这江边存在的一切。一时间她为浓浓袭来的感觉心慌和颤栗。①

故事里“溜”与“默”的关系，几乎与性完全无关，而与女孩对“世界”和“永恒”的进入密切相关。这是女孩的生长中精神寻找的一个历程。这样的经历让人想起古老的“月亮祭司”和“圣婚”等文化习俗传说，女孩通过这样与强大力量的结合，获得了安全、神圣与美感。

在女孩的文化角色形成的集体无意识中，她们会下意识地将自己与昙花一现的草木类比。那么，一介草木于偌大的自然存在和人类社会之比，是微尘一样随风而逝的。但是，如果相遇了一个指点江山的人或指点迷津的神，女孩对生命和存在的认识被照亮和穿透，她被男性带来的文化逻辑和人类知识充实和征服，有可能找到瞬间与永恒的关系，并通过对生命的价值、女性角色的思考，逐渐对自己的方向有一个新的认识和定位，这样的女孩将从困惑中获得类似“信仰”的支持，走向平静又激情的路途。

“默，我们都会死吧？”溜又突如其来地向身边的默提出了她的傻问题。“是的。”默注视着溜，眼神里含混着一些话。溜在河床浓重的水腥味中靠近他一点：“而河床是永生的。”她接着说，“它们目睹了多少年的风景。”

“河床也会死。”默停了停，喃喃地说，“有一天地震，它会彻底裂开，然后耸起来变成山峰。”②

《河床》里的女孩与那个年龄大她许多的青年，讨论的是关于生命与天地的“宏大问题”。当然，能够这样给女孩指点迷津的人绝不是一个与女孩同年龄、心智却比她滞后的男孩，而应该是博览群书的智者或阅历深厚饱

①②选自《走神女孩》，福建少年儿童出版社，1994年第1版第38—39页、第37页。

经沧桑的船长或国王。

在《寻找的女孩》故事中，那个画了许多女人的画家，就充当了这样的角色。

……我努力回忆着他的那些画。我猛然想起，他画的，真都是一些让你能联想到母亲那样的女人。

不知怎么，我不再想说话。沉默着。

女人……妈妈……女孩……舞蹈……海边，两个人去拾着那些小东西……脑子里好些东西就这样闪来闪去。

“想什么？”那画家问。

“我以后，可能不会是一个好女人。”我轻轻地说。在这个很酷的男人面前，我心里紧张地等待他的裁判。

“这个，不一定，”他画着我的眼睛，很认真地说，“你现在就是一个很好的女孩。”

“为什么？”

“我也说不清。我只是这样觉得。说出来你要笑——我觉得一个好女孩应该会跳舞。”

……

“我以后该怎么办呢？”我只顾再一次地问。

“按你最想做的那样去做吧。”画家一下子显得很明确，“做你最想做，也最容易做好的。你首先要想到你是一个有用的人。然后你要想到你既不同于男人，也不同于那些别的女人——比如，像你现在这样的基础，为什么不可以去做一个舞蹈家呢？”

这一段话，我想了很久很久。直到他画完了，把画板放到门口让我看那画像的时候，我还在琢磨它们。

哦，我从来不知道别人眼中的我是个什么样子，我觉得那画家是绝对地把我美化了。我想如果他是我的哥哥，很了解我，那他会把我画得更恰如其分些。我忽然很希望他能成为我的哥哥。

在走出美术教室前，那画家对我说："女孩子要成为好女人，先得让男孩子成为好男人。"

起初我没有留意这句话。回到寝室里，在写这日记前，我才越来越觉得他这句话说得好极了。我得记下这句话，还有今晚我们所说的另一些话。我要想想，再找小咩聊一聊。如果我胆子大一些，也许我该把这日记贴出去，贴到教室里，听一听那些女孩子和男孩子的意见。我想他们当中一定有人也悄悄地想过关于女孩和女人等等那些烦人的问题。他们正在变成为大人。①

正在变成大人的孩子，心中最想要摆脱的，就是幼稚、无知和傻气。所以那个时期醒来得较早的女孩，对男孩们吞吞吐吐的真诚表白，同情多于动心。她们心里追寻的，是留有岁月刻痕和睿智眼神的船长或先知那样的神的使者，将她们从女孩的孤岛渡到女人的神秘园。

不过这里要补充的是，在近年日韩动漫席卷中国的时候，出现了另一批少女，她们填补童话后精神空缺的，不是寻找现实中的国王或船长，而是追随用画面和文字造出来的超现实的"二次元"动漫人物。以动漫带动的"二次元"故事在商业行为推动下不断发展，是童年童话向着青少年阅读物的扩展和延续，这使得动漫人物的模仿秀表演（COSPLAY）参与人群延宕到了准青年时期。我问过一些女生：为什么要追随不存在的画中人物？她们的回答是："因为现实中的人（尤其是男孩）都太差劲了，哪有动漫人物完美！"

应该看到，这一批"宅"在家里，精心制作这个世界不存在的"二次元"人物精致衣饰和道具的少女，可能是蜷在梦里不愿意长大和跨向真实的孩子。然而一个人的成熟，必定要跨出那个童年的梦之茧，穿过荆棘和试翼的阵痛，完成人生的成人礼，走向包围着我们的血肉丰满的世界。我们下面会讲到这个内容。

---

①选自《寻找的女孩》，浙江文艺出版社，2011年第1版第18—20页。

**3.少女化蝶的阵痛和再生**

正在变成大人的女孩，蝶变前还是一只毛毛虫，她敏感脆弱的身体被困在蜕化过程必须经过的茧里，在她变为蝴蝶前，她的受困之身必然会经历破茧而出前的黑暗和挣扎。

作为毛毛虫的女孩，心中向往着蝴蝶，眼里看到的却是她发育过程中被束缚的激情爆出的痘痘和突然间膨胀开的变形的脸。她们失去了童年女孩的小巧精致，又还没有具备成年女人的妩媚淡定。她们已经为年幼时期相信有美人鱼感到羞愧，但又不能毅然追随海盗去见识汹涛骇浪的那端世界还有着怎样的奇迹。身体的成长带来冲动和向往，阅历与自立条件的匮乏又使她们自卑、压抑和不甘。这时候的少女清高自负又烦躁自卑，她们心里一边轻视着琐碎平庸的母亲，一边为自己免于重蹈母亲的覆辙而默默奋斗着。她们在蜕变中的茧里，流着泪，忍受着唠叨和嘲笑，在黑暗中寻找着展翅而飞的出口。少女作家班的不少女孩都写出了这样在受困的茧中挣扎的过程。

少女作家班六年级女孩张艾仪所写的《白鲸记》，就是一篇表达青春的压抑、无奈、冲动、失落，理想与现实的落差的故事。

噢！那头潇洒华丽的白鲸，属于我的白鲸，它究竟在哪里？在海中吗？或是在层层冰晶中畅游？①

这就走啦！那我如何来讨阿寻的身世，还有阿寻的意图！她分明是在诱惑我，碧海蓝天，鸥鸣鱼跃，一人一鱼，简单充实的小生活，是我多么向往的自由。我不甘心地朝女孩远去的背影望望，无聊地用手指尖划着沙粒，掘出一块块小石头。②

---

①②选自《生长的女孩》，河北少年儿童出版社，2013年第1版第130页、第135页。

“我长大想当一个船长，指挥大家远航！再说，每天能吃到海味，还有什么可怕的。不受拘束的职业，真向往……”我瞅了瞅阿寻，小心翼翼地搭话。

“连条鱼都弄不好，还理想什么的。”

阿寻剥开鱼身，蹿上枯树枝，不屑地往灶上烘烤着。她眼中的光芒，却忽一下绽开了。

真是耀眼的光芒。我看着光的源头，那里有两头鲸，轻快地跃出海面，又沉入水中，不时鸣叫，如歌如泣，似真似幻！那是什么样的心境？

“嗞嗞”的爆裂声，鱼身被阿寻一次次转着，散发出一缕白烟，烟中夹杂着奇异的香味，钻入眼中，硬生生辣出了泪珠。我久失的味觉被激活了，运转出了唾液。大海的味道，也是理想的味道，野性的自由。

“吃吧，吃完后就回家去。别再傻乎乎地幻想着大航海人生了，忘记它们。”

阿寻若无其事地念叨着对我来说如同惊雷的话语。我难以置信地望着她，她也不看我一眼，手僵僵地递给我一条鱼，另一只手则继续烤着属于她的另一条鱼。

我木木地接过，愣愣地咬了下去。

烫，好烫，钻心的滚烫，但我狠狠地咬了下去，咬住它，享受着难得的放肆。拉着枯枝，含着鱼肉，大口大口地咽下，泪水却再次流下，再也收不住。滚热的肉，存留着海鱼本身的盐分，鲜美得令人想要狼吞虎咽地吃下全部的鱼肉。咸涩的泪水，冲进张大的口中，我分不清是鱼咸，还是泪涩。[①]

故事里的“我”，心里有着一头在大海的波浪上飞驰的白鲸以及骑着白鲸呼啸而去的女孩幻影。当骑鲸女孩真正到来的时候，“我”小心翼翼地

①选自《生长的女孩》，河北少年儿童出版社，2013年第1版第136—137页。

凑上去搭讪："我长大想当一个船长，指挥大家远航……不受拘束的职业，真向往……"而白鲸女孩的回答是："连条鱼都弄不好，还理想什么的。"故事中的女孩对未来的向往与对自已的怀疑，纠结成病态的发泄，表现为青春障碍与困顿的典型行为：

哇……哇……哇……

谁的哭声，我的？她的？杰的？

我不顾一切地推开她，鞋子跑掉了，裙子撕破了，我摔倒在沙滩上，抄起开瓶器，开启了那罪恶的瓶盖。不顾一切地灌自己，哪里还管些什么严格的家法，哪还管些什么讨厌的规则……

那一刻，我觉得，我征服了全世界，好快乐，好幸福。气泡从我嘴角流下，我哭泣着，爬着，爬着，爬向汪洋。泪水渗入沙地，我的影子，黑漆漆地绵延而去。我知道，病又发了。控制不住自己，在酒精的作用下，甜丝丝的空气，使我恶心。

阿寻在篝火旁，静悄悄的一切笼着她。阿寻明显是在嘲讽地看着我，用劲刮着鱼鳞。可我能看懂，她的眼中，分明是闪烁不定的怜悯与悲凉。

"回去吧，忘掉这些东西吧。"

阿寻将鱼丢进海水中，杰破出水面，在杰咬住鱼的一刹那，阿寻跳上了鱼背。她微笑着朝我挥手，飘扬的发丝随她一同没入水中，只留长长的一道影子，铺在洋面上。

我不哭了。

泪水尽了。

理想，它走了。

……可怕的精神病发了。的确不该为了一时的冲动打破规律，烘烤食品，大量的饮料。那是一个坏孩子的夜晚，落寞包围了我，使我无法呼吸，大口喘息着。失败的回忆。

躺在家中的床上，冰凉的棉被无法温暖我的身体。好似梦中，我好像举着一大块插满尖针的方枕，吃力地接住又扔出，放不下的疼痛。

高烧使我第一次成功拥有了独自在家的堕落感。

堕落感越强，自卑感越重。①

那个“憧憬着航海家的梦”的女孩，真诚天真地想象着“碧海蓝天，鸥鸣鱼跃”的“一人一鱼，简单充实的生活”。然而她对自己的理想达成又缺乏自信。在受挫中表现出了极端的脆弱：“我不顾一切地推开她，鞋子跑掉了，裙子撕破了，我摔倒在沙滩上，抄起开瓶器，开启了那罪恶的瓶盖。不顾一切地灌自己……那一刻，我觉得，我征服了全世界……气泡从我嘴角流下，我哭泣着，爬着，爬着，爬向汪洋。泪水渗入沙地，我的影子，黑漆漆地绵延而去。我知道，病又发了。”

这篇文章对少女受困与挣扎的情绪和心理把握，是真切而见力度的。面对浩瀚的大海以及海面上的骑鲸女孩，“我”的精神虽然追赶着他们，身体却如同浪花一样被抛弃在沙滩上。对白鲸的追赶以及不可抵达，暗示着理想的不可企及。

我看见窗外，多层的海中，涌动着两个白色的身影。纯白的身影，纯洁得不可思议。

我不再如同首次在电视屏幕上见到它们那样吃惊与渴望。我已经是大孩子了。那是我的白鲸，只属于我的白鲸，女皇般的白鲸。可那晚，真正能环游世界的真实的它们实质上已经消失了，无影无踪。

现在的它们，不过只是千千万万白鲸中极其常见的两员罢了。毫无特点，平平淡淡，寂寞地游着，无目的地游泳，过着有光鲜外表的可悲的一生。多么酷似我的存在。

可真正可悲的是我。

我看到了，那白鲸，离我远去了。那一夜使我长大了，变成了白开水样的大小孩。

---

①选自《生长的女孩》，河北少年儿童出版社，2013年第1版第138—139页。

同时离去的还有我的自由，无拘无束，快乐的痴想，以及——弥足珍贵的远大的大航海家的理想。[①]

像张艾仪这样有着自由的天性、奔放的激情和艺术创造力的女孩，除了多梦时节"心"与"力"不平衡的焦虑外，她们青春的创伤更来自不适合中国这种"应试工厂"似的批量生产式教育行为。在忽视孩子的个性与个体才能的机械化教育训练中，孩子们从小学到大学都被单一的"考试"目标绑架，为着在统一的标准下争做千军万马考试大军中的排头兵，他们早已放弃了自己的个人追求，也丧失了达成自己真正幸福和理想的能力。但是青春生长期本来是生命力和创造性的喷发口，对于敏感又天赋异禀的孩子，张艾仪们在被强制就范的环境中所感到的伤与痛，便用了以上那种幼兽的哭叫之声来发泄表达。

更令人唏嘘的是，少女作家班女生钟楚乔作品中的女孩，连哭叫的行为也没有了，她是用一个茫然空洞的眼神，开始了一个失去感觉与追求的女孩在《空城》里的徘徊与寻找。

这世界真的很奇怪。
总有一种人，内心是空空的。
就像我一样。
……

秋纨铃，心理年龄很老，实际十二岁。比较沉默，孤僻，不喜欢说话，父母的离异、复合、又离异，使我的性格发生了巨大的分裂。我不知道这六年以来，我是怎样过的，是酸的，苦的，还是甜的。我对未来充满着迷茫。孤独，没有朋友，是我最大的标志。我的记忆是空白的，任何快乐的脚印都一闪而过，想记，也记不起来了。[②]

①②选自《生长的女孩》，河北少年儿童出版社，2013年第1版第139—140页、第123—124页。

对生活失去热情和感觉的女孩秋纨铃，有一天被一位阿姨邀请，去到了一座奇异的空城。她在空无一人的空城一间间店铺里闲逛，慢慢发现了这座空城的店铺里存放的都是过去的记忆，而且是与她有关的记忆。

> 几天后，我又沿着路线，看见了那座店铺。
>
> “阿姨，这里卖的到底是什么呀？”
>
> “回忆。”阿姨一本正经地说。
>
> 回忆？又是这个词。
>
> “这些都是别人丢弃的回忆。”
>
> “为，为什么要卖回忆？”
>
> “因为它们可怜呵，”阿姨怜惜地看着那些东西，“其实他们是很快乐的，不仅本身快乐，还能带给他人快乐啊。被丢弃……实在是太可惜了。”①

作品中的秋纨铃在那位神秘阿姨的帮助下，最终找回了失去了六年的快乐记忆。这是作者钟楚乔的意愿。虽然故事开头把纨铃丢失回忆的原因解释为父母的离异，但她失忆的六年，也正是一个孩子从进入小学到小学毕业的时间。在一个把孩子们集中起来接受集体训练的小学阶段，到底是什么使一个天真活泼的小姑娘变成了没有感觉和回忆的女孩？除了现代都市人的家庭问题，也可能更大的改变力量，来自孩子们天天共同生存的那个学校的生态环境。

钟楚乔笔下的孩子，其实和她一样，身处时间和空间都挤得满满的环境，每周七天都被学习和训练项目排得没有空隙，但在她们眼里周围却是一座空城。拥挤的世界留不在心里，与她毫无关系。看似充实的生活没给她带来留恋与快乐。

如果在最宝贵的童年和少年时光，孩子们学到了知识，却失去了快乐，那她们追求知识的目的又是什么？如果她们达到的并非自己想要的目标，

①选自《生长的女孩》，河北少年儿童出版社，2013年第1版第128—129页。

那么她们到达目标的那天便是新的一轮盲目飘荡的开始，因为她们被迫寻求的，恐怕只是生存的手段，而不是幸福和快乐的目的。

这两个故事中的人物，与一些日韩动漫里那种没有重量感的少女有相似之处，似乎都表现出青春少女无处停靠、失去安全感的心理状态。

不过，在青春期的困顿中挣扎的，也有一些目标明确、坚毅而顽强的女孩，对困难的不屈不挠以及超人的学习能力，使她们成为各种考试的赢家以及自我的征服者。比如少女作家班杨斯路的作品《黑与白》里所描写的那个琴童。

她用“黑与白”来描述琴键的双色以及学琴的两个阶段。

先看看她对于“黑”的写法：

那样陌生的一首长曲。音符在排列整齐的五线谱中有序或无序地连成一条长浪，我的双眼盯在白纸黑字上有些发晕，手指在黑键白键上不断地敲击、换指，却不停地弹错、断开，跌撞着将自己从未听过的乐音连成一首不成文的乐曲。

缓慢地重复着一段一段的曲子。每一次新接触一首曲子，总会有一种强烈的无力感与抵触感，以及被深压在心底的浅浅的新奇与期待。十分复杂的心情。

只是每一次，当自己在“必须”的强迫下将曲子分成几个小段，然后收起抵触感反复地练熟这样一首曲子，总有想要逃离的心情。这种心情在面对密密麻麻的音符时格外严重，会变得不断弹错以至绝望。在这时，我心底时常会升起浓重得使自己压抑的怨恨，像无数小却执着的虫啃噬着我的心，想将琴谱撕成碎片然后踩在脚下。

这时的心情令我感到恐惧。我万分想摈弃这种心情却无从摆脱。

内心被染黑，像清澈的水被浸入一支蘸满墨的毛笔——由淡淡的浅黑到能够吞噬许多事物的浓黑。

努力克制心情的感觉，仿佛溺水人在水中挣扎向上却越陷越深的无力，我在心中说着好难好难，却又不敢放弃。我告诉自己，再努力些，再用力些，再浮上些，会看见光的。即使是像萤火般微弱的光。

其实我还是怀着些执着与希望的吧。

还是期待能够将一首曲子弹好。

艰难的心情中，我仍然不断地弹着，一刻不停，带着些赌气般的倔强。

那些升降调渐渐不会在我弹奏时被忘记了。

曲子断开的次数渐渐少了。

弹奏的速度渐渐快了点。

嘴角有一个小小的弧度扬起。

还可以再弹得更快一点儿吧……我在浅浅的对自己的鼓励中又加快了些速度。

出事了。

手指在加快速度中乱套了，就像加速行驶的列车忽然脱轨。

有什么东西在裂开，悄然碎成几块——到最后支离破碎。

再次陷进去了。

黑色的旋涡一般的恐惧。

我努力深呼吸了一口气。

将手指重新摆正，重新放慢速度弹了起来。

加油。

我又继续在黑中跌跌撞撞地摸索。

等待白昼的到来。

直到白昼到来——①

再看看她对于“白”的写法：

仿佛是一只虫到蝴蝶的蜕变。

---

①选自《生长的女孩》，河北少年儿童出版社，2013年第1版第142—144页。

仿佛是黑暗中的人迎来黎明的光。

仿佛是黯淡了千万年的星忽然放光芒。

在反复重复了几百几千遍的我早已熟悉的曲子前，我可以这么说么。我完成了一首曲的蜕变。在黑暗中艰难的踽踽独行中，我追上了远去了许久的光明。

明亮的，温暖的。白色。

这是我用了多少坚持与几乎快被磨灭的希望换来的。是我在推开多少绝望与抵触后换来的。用黑色，换来的。

我的手指在黑键与白键上交错地跳跃着，一点也不吃力地、轻松地弹奏。每个手指都是轻盈的跳舞小人，它们迅速地、毫不慌忙地将谱上的音符流畅地连成一首明快活泼的乐曲。

我闭上眼睛，自己就好像坐在演奏厅中，自信而快活地将自己的曲子演奏了出来。我看不见是否有观众在台下聆听，只隐约听到一个女孩在舞台上跳跃、旋转，脚尖在舞台上踩出浅浅的踢踏声，应和着我的乐曲。女孩几次从我身边跃过，扯来一阵风。我没有去注意女孩的面容，我想她也没有。只是这一刻，我们都沉醉其中。音乐与舞蹈相融。

一曲终了。

我收起了停在琴键上的手，女孩也一跃，轻盈地立在我身边。

“你弹得真好。”

“你也跳得很好。”

我们相视而笑。不再多说。

我们都能明白彼此的心情。即使一个是在小房间中不断重复弹奏，一个是在空旷的舞蹈室中不停舞跳。我们都经历过在绝望与痛苦中的蜕变，于是无数断断续续的音符蜕变成一曲为人细味的音乐，几个零零星星的动作连贯为一支摄人心魄的舞蹈。踏过那样多的泥泞，我终于找到了一片清澈的湖泊。

多少的苦难为努力者吞咽，在多日的煎熬中将其编织为一张绚丽而色彩斑斓的锦布。

因为心中怀有那些希冀才愿意继续努力。

我想看见成功时我的笑脸。

琴便是由黑白组成，想用其将一曲奏响，必经历黑与白的洗礼。

在黑中跌跌撞撞时，因对白的笃定而坚持。

在白中轻松驾驭时，因对黑的缅怀而感谢。

在黑白的交错中，我奏出一曲又一曲的神圣。

在那个被囚在规定中却破茧而出的琴童时期。[①]

在杨斯路的文中，钢琴的黑键，“是夜里沐浴月光的精灵，时而跳跃，荡起不平静的波澜，又时而起舞，推几圈淡无声息的涟漪”，“它是收敛的吟唱者，用暗沉略带沙哑的声线描摹一首诗歌的轮廓”；钢琴的白键，“是白昼中播撒光明的精灵，抚摸湛蓝、连着天的大海与铺满瞳孔的浓墨的森林，摩挲金发碧眼的沙漠与嫩绿无垠的草原”，“它是外向的孩子，用蜜一般甜的声音细细陈述自己不加思考的想法”。而那个琴童“我”，在彷徨与徘徊中揣摩作曲者的心境，跌跌撞撞由黑走到白。

杨斯路在自己的学校里，本来就是一个“学霸”。在少女作家班，也是一位优秀的少女作家。在《黑与白》中，她巧妙地将钢琴的黑键比喻练琴初期不断犯错、厌倦、烦躁的黑暗情绪，而将白键象征冲出困顿、豁然开朗的升华与超越的明亮心理。在这里我们有一个幽默的发现：我们由此目睹了“学霸”是怎样在每一次自我训练和战斗式的学习中的拼搏经历。这样的孩子有着被长期训练出来的适应力和耐力，也有着在为“赢”引发的被动钻研中意外发现的得胜的趣味和满足，甚至美感。这样的孩子的智商和情商可以让他们成为不可阻挡的坚韧的水，去适应各种容器和流向。

我们看到了这样的一些含泪的骄傲的句子：“明亮的，温暖的。白色。”“是我用了多少坚持与几乎快被磨灭的希望换来的。是我在推开多少

①选自《生长的女孩》，河北少年儿童出版社，2013年第1版第145—146页。

绝望与抵触后换来的。用黑色，换来的。”它们所道出的艰难、顽强、死而复生的经历，让我们为“少女学霸”的生成惊叹、动容。原来女孩美丽的蜕变，来自她们黑暗中对光与颜色的信任和紧握。

而豆蔻女孩破茧化蝶，都必须经过一个由黑到白的奋斗过程。

只是，她们为自己选择了不同的展翅而去的方向。

在青春期的困扰和迷茫中，还有着一部分女孩在灵魂的流浪与寻觅里找到了另一种出路，那就是回归自己的天然属性，与自然合一，这使她们从青春开始，向着女孩的“神性”靠拢，具有了另一种超然的境界。境界决定行为的结果，决定最终快乐的达成与否，也在一定程度上决定着文学艺术作品的高下。我们在下一章将谈到这个话题。

# 从仪式进入到神圣
## ——从天使本性上升为女神视角的可能

在谈到本章的内容前，我想再次引用班马在《中国儿童文学理论批评与构想》中的有关原文：

心理冲突与烦恼的无法解决，审美追求的失落与对现实的失望感，使少女期容易返回到自我中心的状态，回避社会存在现象和现实生活规则，回避女性身份意识的困扰，扩张自身的价值，任意与逍遥，以此释怀。

由本能冲动出发，少女时期当然最为期待的莫过于给予这种惶惑以解释，给予这种冲突以缓解，以及给予这种对青春男女间的矛盾心理以指引，她们便倾身倾心地追求着“理解”“沟通”和“少女美”的文学。然而，更深沉的内在结构和更日常的现实却常常使得这些文学显出徒具表象或者未解人意，无法真正平息她们的心理曲衷和心理狂潮，也难以使她们真正获得面对现实的自信。因而，她们的深层心理还是回到了少女的孤独，紧缩在自我中心的自恋灵魂之中，而舒放于自我幽情的空花里。

由此，“逃”的主题，往往就更切合了少女的审美态度。

这里似又能看到少女分成着两类形态，一类是正统的自我迷幻，无奈地逃往虚构的爱乡和浪漫的人物；另一类是逍遥的自我放逐，执着地逃往玄思和大自然——前者，我们是可在言情小说的崇拜者中较明显地看出；只是应在此指出，她们在清醒的狂热中那一份有意逃避现实感的性质，以及乐于沉浸在女性自我中心主义的慑力，是以一种为“她”（自我）而设的抒情局面去淹没不安的现实女性身份意识。少女的这类需要，起码有稳定心理的功能。

后者的少女，则更追求的是超然，突然地淡漠于被认为是压抑、乏味和平庸的日常社会，而往往狂热地投身“自然界”，在与无人性、无社会感的大自然对话中，她的心才无往不达，在彻底的精神自由中获得了某种自我中心的快乐。她对大自然所获得的一切关于干净的感觉、自由的感觉、狂喜的感觉，都有着一种平息女性身份意识的功能。西蒙·波娃在《第二性》中曾精彩地描述过少女在此“寻得她超然自我之意象”；“而在植物中，在动物中，她是一个‘人’，她同时从家庭、从男人得到解放；与大地天空合而为一，少女是引触点燃宇宙的隐约气息，是植物的每一小枝；她生根于土壤，以及无穷之意识，同时是精灵与生命；她之存在是专横的、胜利的，就像大地一般”。①

班马又继续写道：

少女的这类审美情绪是值得加以特别关注的，也许，这是少女时期所最美好的一个情感阶段——它在少女灵魂的孤独自恋中，开放出的却正是她在暂时不适的现实中所不可能涌现的精神珍宝。它是少女生命向生来强加的男性社会规则所作出的抵御和自我表白，并由此表白出了少女的特殊精神财富。它十分的生命化，身体感官与万物相通；它于自我放逐中，却走通了另一条探察世界存在之物微妙与来源的知

①班马：《中国儿童文学理论批评与构想》，湖北少年儿童出版社，1990年第1版第150—152页。

路；它的玄思，虽幽深却是热诚的，不失是另一种对‘规则’的解谜；它解放出了少女自身的活力与魅力，也表达出了她在压抑的现实中所不能升华的智力。①

以上的阐述我有着相当的共鸣。但对于班马的“少女的这种对大自然的狂喜态度，是与别种反社会的、哲人的、禅宗的崇拜自然有所不同，那是少女特殊需要超越女性身份意识的自恋情绪内驱力”之说，我却不能完全苟同。相反，我以为少女“逃”向大自然，继而成为大自然的守护者，正是回归她本性和本分的合理路途，是少女成为女人后应该皈依的“宗教”，这似乎正好契合了造物主维持天地秩序的合理安排。

一旦少女的眼睛里出现了神性，心灵里具备了对这个世界的神性关怀，那么她在遇到的一切自身困扰和社会阻力面前，都具有了应对的方向和力量。

对于我坚持的“少女属于大自然”和“植物性女孩”这一观点以及由此对少女作家班涉及的写作题材引导，得到近来西方流入中国的“女性生态主义”理论的支持，我认为这是许多女性在困惑和迷茫中探索出的自我拯救方案。它来自女性对自身生命的认识和对造物主暗示的意会。

**1.女孩向自然的逃亡回归与膜拜**

我曾经在上世纪九十年代初出版的《走神女孩——奔跑于逃与进的山谷》中写道：“一个纤弱温良，有着不合群体思路的孩子，很可能在童年社交屡屡失败后，便形成了出逃于社会的倾向，这倾向伴他长大成人。”

这句话因台湾的女作家三毛的经历谈起。一生逃逸的三毛，将自己流放撒哈拉，流放于异族人荷西身边，流放于远离尘世的自在世界。她因为

①班马：《中国儿童文学理论批评与构想》，湖北少年儿童出版社，1990年第1版第152—153页。

不甘于老师的绑架和强制，少女时期就逃离学校的囚禁，长期在家跟随私人老师自习，长大后又去到撒哈拉大沙漠，写出一本本让一代代女孩眺望远方的流浪文学。

我曾经在青少年时期迷恋过三毛的洒脱与飘逸。但在她的自杀结果面前，我明白了她的出逃于自然，并没有找到最终的自在和安宁。因为，她始终没有真正融入大自然，成为自然之子。她只是躲在沙漠里幻想着人群和爱人。从某个意义上说，三毛始终是一个渴望精神自由的少女，她没有长大，没有成为母亲，没有成为真正在大自然中怡然自得，并将自然的恩惠传递给人们的大自然的女儿。

童话后的女孩，在面对巨大的、自己一时无法进入和把握的成人世界面前逃向自然，应该是一种在更为恢宏的存在面前对世界的静观以及对自己未来角色的定位，是一场修行之旅。

我在少女时代所写的《走向远方》一文中，讲到过十八岁时我和一位闺蜜的第一次西藏之行。

> 走在地老天荒的原野，莫名的回归感就在脑中渺渺地升起了，仿佛多少年前我们从这里出走，漫漫旅途中无意间又回归了故地。
>
> 真的走进一个梦中。真真实实走进过去那幻想中遥远的地方。这个地方山仍是山，石仍如石，但周围的色调于故乡不同，昏黄模糊的景致里时间仿佛总是行进得缓缓慢慢。
>
> 也曾看见途中石屋外，三两个孩童正围坐院内做功课。卷角的课本翻开来，奇怪的是里面的课文正是我们小学时同样的内容，而土著小孩手中淡绿的格子簿，也是万里之外的都市中我们每日书包里装放的。
>
> 可我们是两位过客。我们旅游经过此地，我们不受每日课业的限制。我们将那些日常的规矩、任务和纪律，连同必须守时的课表，和校内邻里熟人们有意无意的审视眼光，包括穿惯的学生装一起，一股脑儿脱在了家乡的小屋。那天黎明我们从屋里出来，旅服背包太阳镜，

我们已是旅行于这个世界的客人。

我们需要跳出惯常的角落，阅历更多的未知和整体，在解放的心境中，用新鲜的锐利眼光对自己和外界作重新发现判断。这次旅游，将是我们一生独立旅行的实习——两个力单体弱的女孩，要在那一处处陌生的异域和驿站，完成多少独立的设计、安排和应变呵。①

走向远方，走向高原。

穿过各地人群的集市，穿过繁华、贫瘠、热闹、肃静，走向人与自然的交境线、走向地球最古最旺自行衍生的生命驻扎地、走向世界的边缘——

……

走在高原，我们渴盼望见雪山。人们说一步一跪拜向雪山的朝圣者，当他们头碰雪山的脚趾，他们匍匐的身躯就能感觉到上苍的声音。

那么我们愿也匍匐着拜向雪山，当我们仰头，我们期待遥遥高原之边，上苍正在巨大的雪山上俯瞰我们，他伸出一只手说：来，我的孩子，你们要知道的，绝非仅课本所有，让我指点你们这世间、这大地上许多的秘密，并从中寻找出女孩儿应有的坐标。

大大的旅行包勒在我们肩头，我们的脸像高原孩子那样黑红。我们走在高原，走向远方，我们的终点，是望见并接触西藏的雪山。②

这样的在大自然中的回归感、安全感和庇护感是深深潜藏于女孩心里的。“走在地老天荒的原野……仿佛多少年前我们从这里出走，漫漫旅途中无意间又回归了故地。”有人说我写的自然是被人化了的自然。我想，其中的原因，应该是我童年的生命意识中就有“自然比人群安全可靠”的判断。如果说来自熟悉的树林、溪流、空气、阳光的讯息带给我老家的安全感是经验所致，那么来自我初识的雪山、高原的庇护感应该就是遥远记忆中生

①②选自《走神女孩》，福建少年儿童出版社，1994年第1版第50—51页、第52—53页。

命老家的图像再现了。

走向远方、走向高原，是出逃，也是回归，也是膜拜。当年我和女伴一点一点存下仅够路上的盘缠，带着修行与朝拜之心走向西藏和远方的行为，还有过多次。在《绿度母的山》中，再次记录了我在西藏山腰中的哲蚌寺的一次经历。

坐在大石块上，可以望到很远的拉萨盆地，甚至可以看到布达拉宫。

那的确是片奇异的地方，高原如小岛遍布的海洋，阔阔地在正午的阳光下蒸浮着淡淡的云气。山脉像一匹匹巨大的古生物化石，裸着脊背嵌在盆地上，保留着亿万年前大地运动中山群在高原上一致的走向。

“你知不知道恐龙的事？”我问土穷，“像山那么大的恐龙？”

土穷注意地看一看我，认真地点点头。他离开野枣树，坐到石头的一边。小和尚多吉裹着袈裟，挨他坐成小小的一团。

土穷从僧袍里取出两张小纸片儿，他出其不意地说：“恐龙。我有。”

我接过小纸片儿，真是恐龙。两只彩色的立体的恐龙，小纸片儿一动它们就会往前走，恐龙的背后还有远古的植物和飞禽。

“哪儿来的这玩意，土穷？”

“罗兰。”土穷说。罗兰从澳洲来，来这寺里学黄教。整整一年。罗兰走时把这画片给了他。罗兰留着黄色的长头发，穿红色的袈裟，会说许多藏话。罗兰是个聪明的女孩子。

我很久不言语。想着一个从比我更远的地方来这里的黄头发女孩。她肯定曾在这块石头上坐过，并且穿着绛红的袈裟。她在这寺里看了一年的藏经。她令我震惊。

布达拉宫从这里望去，很远，却一眼能够看到。它高出于盆地中间，上面绕云缭雾，氛围异样。那里的阶梯上，始终匍匐着膜拜造物主的人们。

“土穷，你们这里离神最近，神会不会向你解释恐龙？”我环视这一座圣山，想象那黄头发女孩每日读完经书后，怎样坐在这里，与土穷同看星云旋转的远古图片，一边讨论着恐龙。

“神向我解释许多。”土穷说。他说着领我们往山顶上爬。“你看，她在我们建成寺院前，就在那里，她什么也明白。”他停下脚，指着山顶那几块巨石。

太阳光白炽地照着我的眼睛。山顶上的绿度母俯瞰着我们，微笑的眼神穿透一切。

我站在山顶的巨石下，仰视两位女神，她将神秘的智慧传给弟子，使哲蚌寺里黄教的藏经堆积如山。

……

我闭上眼睛，合掌，在两位女神的身下，悄悄许了三个愿。

合掌闭目中，我的眼前掠过一双幽亮的绿眼睛。[①]

……一会儿我又说：“索南，如果有转世，我便转世成那个黄头发女孩，去哲蚌寺里读几年藏经。你信不信？”

索南点点头，若有所思地看看我。然后他把手搭在我肩上，指着远处的天边：“你看，雪山！”

在高原的远方，雪山闪着神一样的金光。这当儿哲蚌寺的钟声远远传来，经幡在每一个远远近近的山头上，飘舞着。[②]

像高原一样吸引女孩的壮阔自然还有大海。大海除了和高原雪山一样伟大，还有它浪涛中传来的巨大的富于生命感的喘息和一片大水下隐藏的秘密。

女孩在海的面前，敬畏多于亲近。我在《神秘信物》里写到的那个女孩，就把自己作为海神身边开放的一朵花，对海是一种敬仰之情。

①②选自《走神女孩》，福建少年儿童出版社，1994年第1版第43—45页、第48页。

海在阳光下吐气、波动，巨大而又深奥。它如同月亮和荒漠一样，勾我的魂又令我不可接近。我感到一种被淡忘被遗失的空落，就掏出笔来，写了个纸条：

海！你应该看到，偌大的海滩上，有个女孩，就只一个！娇小，幽美，穿着鲜艳的长裙。她是从遥远的山中第一次到这里来的，她在你的身边就像开着的一朵花。①

女孩写给海的一个纸条，就是写给海的一封情书。她希望渺小的自己被海注意到，就像萤火想流入浩瀚的银河那样，是少女对伟大自然的崇拜和皈依。

而对从海里得到的一只有着“不可思议”花纹的贝壳，女孩心中充满惊异和敬畏：

它像五分币一样大，如空心的扣子似的，是个不规则的圆形。它有白骨头那样的颜色和质地，但很薄，差不多薄得跟纸那样。它较脆，极易被碰破。

我要说的是，在这白白小小的薄贝壳上，我看到一圈清楚精致的镂空花边！那镂空的花纹丝线一般细，是些六瓣的细瓣花图案，一朵朵地在贝壳上排列成一圈标准的连续纹样，圆心一朵较大的花，也是镂空成细细的六瓣。

至今我也想不明白，海里怎么会有这样的东西？在这死去的海生物壳上，呈现出来的美术规律和雕刻工夫，胜过了人类最精致的工艺品。想一想呵，那样薄、那样脆小的骨壳上，布满如丝一样细微的镂空花儿，线条清晰均匀，而且是开放在大地上的那种六瓣花！

真的，它非常地不可思议。是谁制作了这东西？

---

①选自《走神女孩》，福建少年儿童出版社，1994年第1版第3页。

> 它是什么？它是不是从海里来？我望一望天，碧蓝碧蓝的天上，云急骤地聚着又急骤地散着，变幻莫测。我想起了关于飞碟、关于天外来客等传说。
>
> 我把贝壳放在鼻尖闻一闻。是的，是大海的味道。我又望一望大海，海仍然在那里波动，仍然喘息不已。一片辽阔的海水下面，谁也不知在发生着什么生长着什么。
>
> 我用自己一根长长的发丝，索上这只贝壳，然后将它戴在脖子上。从此我有一件护身符了。那黑黑的发丝，仿佛是天生用来配这只小小的白贝壳的。①

面对故事里痴迷的少女，生物老师是这样来解释那个神秘信物的：

> 海是地球上最早酝酿生命的地方，人类还不了解它全部的秘密。海向人们掩盖起自己，却一丝不掩地对应着天，海与天有着神秘的交往和呼应。……海虽然博大得不可企及，却不乏温柔——它读了你的信，就回赠你一件礼物，这说明海多么细心地爱着女孩。②

“不管怎样，我愿相信那些贝壳是海给我的回信，它派了蘑菇男孩送了它们来。”故事中的少女用走神的口吻说：“我把那块白色残片藏到一个山洞里。每当星明月朗的夜晚，我爱戴上它，坐到山顶上去。这时候，我同那块贝壳都浸泡入了一片无垠的大水之中。”

在女孩眼中，海的浩瀚和海水的遮挡使大海有了天空一样的意味。在大自然中，与海的神奇浩瀚相对应的，是山的包纳与沉稳。在我看来，山与海比，山更有人气，“山是居人居隐者的，人点染了山，山就变得与海不一样了”。因此，我的作品里有着一系列的女孩亲近山、与山恋爱的故事。

---

①②选自《走神女孩》，福建少年儿童出版社，1994年第1版第4—5页、第6页。

宁静的、沉默内向而巨大的山，我的缙云，我熟知它的每一个去处，每一处景致，每一种风情。那些石坊、古桥、山洞、石刻，那山顶的大石、山腰的竹林和松林，那每一条石路和土路，都是我与缙云约会的地方。[①]

当一个人在生命最蓬勃的时候，为什么常会感到孤寂与压迫呢？我后来才知道，这就是太阳喷薄而出之前的感觉。它是一种开始长出了小翅膀但还未羽化成蝶的蛹的感觉。它什么都听到了，什么都触到了，它已经看到头顶发亮的天空了，但它还没有喷薄而出呀。所以那时候十六岁的我，就像一团激情又孤寂的小火焰，窜动在缙云山的绿色汪洋中。缙云山看到了这一切。它真的像一个情人和慈父一样，注视着我、陪伴着我，用它包容的眼神，用它松叹竹吟的呢喃，以及它清风脉脉的抚慰。[②]

女孩对大山大海和高原的靠近和回归感，来自她作为孕育生命的个体对大自然的这个更大母体的信任和尊敬。这类似信仰一样的对大自然的归顺感和安全感，使她们愿意带着神圣之心，通过改变行为的仪式，使自己向着自然之神靠近，并以一颗平静充实的心去完成神所赋予的使命，成为带有母性的神的女儿。

这是一个从逃亡少女变为自然之女的过程，是女孩成长的过程。

**2.在仪式中获取的神圣与超越**

少女作家班的孩子，来来往往已经有好多批了。我对她们确实怀了一点的奢望和希求。我想：这群少女不只是一般的孩子，她们不会只是被动地重复一种从女孩到女人到老女人的生命循环过程，以她们的智慧和天资，

①选自《绿人笔记》，湖北少年儿童出版社，1999年第1版第16页。

②选自《月亮花园》，人民文学出版社，2011年第1版第26页。

她们是否能够被造物主选中，成为能够听到并传递神的声音和暗示的孩子，成为神的女儿？

在这个无神的时代，我知道这是一个多么狂妄的想法。首先，女孩们的眼睛已被成堆的书本、密集的高楼、拥挤的信息、泛滥的商品所阻隔，她们已开始变得近视，她们的心，已缺失了独立跳动的空间和时间。

那么你让她们如何去捕捉神的眼神，听见神的说话，进入由世俗到神性的转换呢？

我们带着孩子们去到了一些地方，巫山、长江、东海、南海、阿尔卑斯山、科罗拉多大峡谷……不管去到哪里，女孩们都一律穿上洁白的裙子，她们在大山大水之间，捧着红烛、手拉手，进行了一场场虔诚的祈祷仪式。祈祷与祝福的短文，是我们在游学中的特定仪式里的写作项目。

那些飘在古峡间的巨大白绸上，密密地写满了女孩子对山河的祝福。那些消失在林中小湖的蜡烛纸船上，也认认真真藏着孩子们对与人类共生的小生命的叮咛和嘱咐。也许我们的孩子在这些仪式中留下的秘密文字和句子，有的早已消失在风中和水中，有的还将永久躺在海底的漂流瓶里，但我已经看到孩子们通过仪式的角色转换，写出了她们日常不可能产生的文字。

在巫峡神女峰对岸的江边，张艾仪在仪式中的白绸上写给鲟鱼的话是：“山不会阻隔你的路，因为它知道你是河的神。”在“绿人家园”树屋村，伍玥瑶写道：“世界早就响起歌来了，那是虫虫的歌，歌唱着一片属于天空的羽毛和叶子……”

在我们已经不习惯祈祷的时候，白裙子女孩的行为只是一种游戏和表演吗？

即使是出于娱乐和游戏，发自智慧与良善心灵的声音都是带着太阳光的气息的。

在仪式的特定场合和氛围中，孩子们更容易从惯性的日常习惯和固定思维中超脱出来，在身体扮演和行为表演与模仿中，转换一个视角，用“神的眼光和心灵”来思考和说话。

我们所做过的有水中的水的洗礼仪式、峡谷中的祭祀“山鬼”仪式、战舰上的祈祷和平仪式、中国的三峡与美国大峡谷的对话仪式……

在这些仪式中，孩子们都当场写下了充满激情和悟性的短文。而后来她们不少的散文与小说创作，也直接或间接地反映出这些仪式的细节对于她们的影响。

陈玮瑜的《水的洗礼》，就几乎是少女作家班小姐妹在水中所作的一场仪式的真实写照。那天，陈玮瑜和女孩们美丽的白裙在温泉的水中像白莲花一样张开，八个女孩将陈玮瑜托在用白布兜起的水床上，对她进行“成人节的水的洗礼”仪式。据说，“在人鱼十岁生日的那天，在正午十二点时要接受一场洗礼”：

水波荡漾，缓缓滑过我的脸颊，水冷冰冰的，滑过皮肤，留下亮闪闪的水痕。

我躺在水上，躺在白纱布上，双手做祈祷状交叉放在胸前，静静的，闭上眼，一动也不动。

人鱼姐妹们托着我，托着白布，把五颜六色的丝巾铺开在我身上，凉丝丝的，却也很轻。

一直在转圈，不停地转圈。水滑过皮肤留下的一颗颗水珠，那是水亲吻的痕迹吧。

水浸到了唇瓣，却感觉温温的，不多的阳光照下来，直照到我的身子，那种感觉叫温暖吧。

突然被她们托起，高高地被举在半空中，身上的水珠一点点滴落。离开了水，我的尾巴有点惊慌却兴奋地摆动着，鳞片一闪一闪的被阳光吻出反光，啊阳光。

睁开眼，才发现有些水珠沾上了眼皮、眼睫毛，亮晶晶的。看到那些熟悉的姐妹们离我很近很近，低头微笑地看着我，脸上的神情是温柔。那一张张脸围绕在我的周围，注视着我。她们用手托住我，托着那张大大的白纱布。轻轻的，我很舒服地又闭上了眼，感觉他们的用力和善意。

这时，原本托住我的手在刹那间全部松开了，可以感觉到白纱巾那种轻飘飘、空荡荡的质感。我惊愕地睁开眼，看到了我的大姐正双手在海里舀起一汪水，虔诚地对着天上的阳光说：

“祝福我的七妹拥有幸福——太阳啊，请祝福我的七妹，请赐予她这幸福之水，让我来代替温暖的阳光，祝福我的七妹，我以大姐的名义祈祷。让我传递阳光的温暖，把幸福带给七妹。”

大姐随后把那一捧水递到我的面前，我会意地微微抬头把那一捧水喝下肚里。虽然海水是微咸、冷冰冰的，但我却感觉到暖暖的，有股暖流涌上心头，那是诚挚的祝福呀。原本冰凉的心脏似乎在那一瞬间暖和起来。

“大树。”一个严肃的声音在我的左边响起，是我的二姐，她正举着一汪水，对着岸边大树说，“祝福我的七妹拥有聪慧，大树啊。请祝福我的七妹，请赐予这聪慧之水，我以二姐的名义祈祷。让我来代替清凉的大树，祝福我的七妹，让我来传递大树的幽深清凉，把聪慧带给我的七妹。”我又喝下一捧水，真是甘甜可口。那是真正的清凉。

“祝福我的七妹拥有美丽。”三姐说，“花儿啊，请祝福我的七妹，请祝福这美丽之水，我以三姐的名义祈祷。让我来传递花儿的娇艳，把美丽带给我的七妹。”我喝下那捧水，感觉清爽舒服。

……

我的姐妹们都祝福了我，我分别拥有了幸福、聪慧、美丽、勇敢、勤劳、善良等祝福。喝了来自每个人的祝福之水，感到浑身上下充满了力量，充满阳光、微笑、美丽和爱。

姐妹们拿出事先准备好的五颜六色的我所不知道名儿的花，放在我的身上。感觉厚厚的、重重的，却很温暖，那是一份份沉甸甸的期盼和祝愿呀。

仪式完毕，我微笑地幸福地看着他们带我远去……[①]

而少女作家班温欣则在写作绿人的《送寒迎春宴》里，写到了大自然的精灵绿人的送寒迎春仪式。

是送寒的时候了。每逢冰化之时，长老与其他绿人都会于紫杉下举行送寒宴，以庆祝冬天的逝去，并一起在送寒宴中聆听春天渐行渐近的脚步的声音。

凝青在手腕上系上了用牛筋草编织的吸管状手环，手环的空隙放了些许河中的碎冰。每个绿人到会时都要戴上这手环。而当送寒宴结束时，手环中的冰块就会因绿人的体温而融化。这象征着冬季的逝去——河川的融化。

她把一片盛着食物的干荷叶放在南瓜桌子上，说道："此菜清淡鲜香，油而不腻，口感略刺，名曰萌生。"

凝青将一块浮冰从河里捧出来……用尖锐的粗枝把冰块挖成了一个容器，里面盛上事先准备好的食物，放到了桌子上，对绿人们说道："此乃本宴最后一道菜，名曰送寒。"[②]

在这个仪式性的宴会上，绿人在手环上带上冰块，制作并品尝了"萌生"和"送寒"两道菜，宴会结束时，他们的体温将手环上的冰块融化，从触觉、视觉和味觉的感官体验上感受大地变化，完成了送寒迎春仪式。

何婧的《海姐姐》则是写的在挽救人类迷失的灵魂时，作为女神的海神怎样通过化妆仪式，进入"牺牲"前的献身状态。

我到了沉船外，我敢说，这是最老的沉船了，木头都快断了，到处都长满了青苔和珊瑚，这是海姐姐住的地方。我对着沉船大喊："海

①选自《天使与女神》，河北少年儿童出版社，2013年第1版第21—24页。

②选自《第11届冰心作文奖获奖作品集》，浙江少年儿童出版社，2016年第1版初中卷第142页。

姐姐，你听得到吗？我妈妈告诉我，女人要决定大事的话，一定要化妆，只要一化妆，就不会后悔了，只要一后悔，就会哭的，一哭，再怎样容易实现的愿望，也不会实现了……”①

一个只有月牙的晚上，一个女子，画着淡淡的妆，爬上了通往月亮的楼梯。

通往月亮的楼梯，是海里最大的那颗珍珠所散发出的光，连接到月亮。楼梯四周，长满了珊瑚和蚌壳，闪烁着的光芒，是永无中断的歌。

“月亮，”女子轻呼楼梯云雾后的身影，“把我的水喝光吧，然后，用我所有的温柔，所有的纯洁，所有的味道照亮那些不小心迷路的孩子吧！”

“海，你没开玩笑吧！”云雾后的身影有点生气地说。

女子闭上了眼睛，海的味道浓了起来。

“不！”云雾后的身影咆哮了起来，“你不可以这样！”

女子睁开眼睛，嘴角微微上扬，眼里盛满太多东西，却很快逝去了。

云雾后的身影睁大了眼睛，她看出了从女子眼中逝去的那一丝丝坚决、无奈、孤独，还有太多太多，她看不懂……

云雾后的月亮又看了女子一眼，叹了一口气：“不要后悔了！”说完，便把一片大海吸干了，女子也随风消失了……

这时，我听到了海姐姐的歌声：
从来没有消失过的灵魂呀，
只是去的地方太远哟，
又不小心迷路了哟，
在海的蓝色萤火虫的带领下，
回家吧，回家吧……②

①②选自《天使与女神》，河北少年儿童出版社，2013年第1版第154页、第154—155页。

有的仪式是发生在心灵之中的。比如我在《在天坛的中央》里写到的一次童年经历：

在我遥远的印象中，当我还是个一点点大的小姑娘时，我喜欢站在门前的土坝子上望远方淡蓝的山，望行走着各种云朵的天，望云朵缝里那口碧蓝碧蓝吸引我又恐吓我的天的深洞。那时候，站在山间土坝子上的我是个孤寂的小姑娘。不说话，有呆呆地望天空的习惯。

十二岁去故宫天坛的那一天，有一群大人慢悠悠地走在前面，他们嗡嗡地说着话。拖在后面的我，眼睛和耳朵捕捉着那些大殿中隐在暗处的闪金的龙椅，捕捉着在那龙椅上坐过的一个个神秘莫测的人。从那燃插着香火的巨大的铜鼎中，从那些石狮、檐画和一切可敬而不可近的古物中，我感觉到每一处古迹的隐秘处都散发着各种各样的议论和祷告声，这些议论和祷告声有些就是针对那一片碧蓝碧蓝的天的。

那时候，小姑娘的我表述不清心中复杂的念头，但我当时站在天坛帝王们祭天的圆台上的时候，脑子里是清清楚楚闪过了一个名字——拉玛。这是我听过的一个科幻故事：22世纪的某一天，巨大的宇宙飞行器拉玛进入了太阳系，地球上的人们仰视着这不明的来客，希望与之联络和通话。可是，拉玛在太阳那里补充了强大的能源以后，竟扬长而去，把这颗孤独的地球远远地抛弃在身后。

当我在天坛上望着深蓝不见底的天空的时候，就想到了拉玛。我的拳头捏得冰凉。可是我听到了身边营营喁喁的议论和祷告，于是我就对天说了那句话：我，不是一个人。拉玛、拉玛、拉玛，许许多多的声音这样议论和祷告着，我夹在其中，听见了自己的声音。

在北京一片人的文明古迹中，我那时吸收进血液的东西浓稠而含糊，我一颗小心灵不能一一说出这些东西的名字，我只能依稀在其中辨出许许多多人的影子。许许多多挣扎着的人、不甘孤寂的人、力图把握住什么的人、力图把自己造得比造物主所设想的还要好的人，那些人类的英杰，那些永垂千古的历代的卓越的中国人的灵魂，他们从故宫博物院、从长城巨墙中走出来与我见了面。①

在那篇文章里我提到那次从北京回来后做过的一个梦。梦里有一个浮在黑色之中的白亮圆台，那应该就是天坛，我看见自己站在天坛的圆台之中，周围一片黑色中，有铜钟在响，有琉璃瓦和金顶的闪光，有浮动着的白色盘龙华柱。我跪在冰凉的圆台中央，睁大着眼睛望着黑得透亮的天空，内心祈求得到庇护和收容。

纷纷扬扬的夜露呈雾状无声地洒落了下来，沐浴着笼罩着我的脸和身子——他在承诺我、庇护我、容纳我！我所祷告的主，他无声地将我纳入流动的微妙无比的夜色中，我在其间轻如烟气，升腾飘荡于那些殿堂之间，跌落在白茫茫一级级伸向无限之中的汉白玉石阶上，最后化为湿漉漉的夜气贴附在故宫、天坛的石道、华表、琉璃瓦和红墙上面。

我叹了一口气，看见自己与那些东西融汇合一，看见自己融化其中。唉，我不是一个人。

终将，我们要接近和吸引拉玛。②

通过这样的心灵祷告仪式，小女孩的心灵不再孤立无援、漂浮不定，而达到了与天地和神的联结。据说，这种在仪式中达成的与神的秘密联结，在古老的宗教行为里，就叫作“神秘”。

与天地之神发生的联结，可以使女孩顺应而不是对抗着大自然的力量和规则，她在与自然达成默契和认可时，平静与从容就代替了恐惧和慌乱。

这样的心灵已开始具备神性的意味了。

人类本来都是神的孩子，我们如果把目光放得高远，追随阳光和天空的视角，追随神的视角，我们看到的就会是一个比蚁群更为宽远的世界，

---

①②选自《走神女孩》，福建少年儿童出版社，1994年第1版第158—159页、第160页。

我们的心就会超脱于自我，对更大的存在产生关怀和爱。

而从世俗进入神圣，仪式在一定程度上可以使我们通过身体扮演与氛围营造，完成角色的转换。

**3.从天使本性上升为女神本能**

少女作家班的孩子，我在她们每一个人的脸和眼睛中，都会看到干净、善良和聪明的痕迹，在我眼里，这就是天使的痕迹了。当她们全部穿上白色的裙子，那么美丽地出现在教室、山头和水边的时候，不但是我觉得看到了一群天使，连她们自己也在彼此的身影里发现了藏在她们身上的那个美好无比的自己。

每一个孩子，天生都有着天使的倾向。这个倾向不只流露在他们眼神里，也自然流淌在他们的笔下。所以我可以很容易地通过一点言语、一首音乐、一幅画面，把居住在孩子们心中的天使呼唤出来。

孩子们可以那么真切地写出关于一个传梦的天使、一个带来光的天使、一个守住最后一片绿的天使的故事。

孩子是天生的天使，孩子的天使之泪具有单纯而真诚的魔力。在何婧写的《泪滴》里，我们看到一滴孩子的眼泪怎样变成毛毛雨，将情感传递到“情人们的睫毛上、诗人的头发上，还有铁石心肠的屠夫手臂上”的。

我是一滴泪，透明的泪。

我来自一个小女孩。

因为她找到丢失了的哥哥，就高兴又委屈地哭了。

我还在熟睡时，就被流下来了，和哥哥姐姐们一起被流下来了。

我被单独滴在了阳光下，晶莹剔透得闪耀着寂寞的光芒。

阳光越来越猛，我感觉全身热热的，身体轻轻的，好像一动就会飞上天似的。

我晕乎乎的，好像沉到了夕阳的国度，到处都是耀眼的金黄。

慢慢地，我感觉自己的影子渐渐消失，我变成了乳白色的水蒸气，慢慢升上天去。

我越升越高，慢慢地触到了云朵，软软的，潮湿的。

我伸出手，想要拥抱那洁白的云，没想到，当我触摸到那云的一瞬间，却也成了它们的一员。我看到的不再是云，而是密集的小水珠。

“嗨，你来自哪里？”水珠们齐声问我。呵，想不到，水珠的声音是那么柔软。

“一个女孩的一点眼泪。”我回答。我的声音与水滴不同，是清凉的，玻璃敲碎的声音。

我与水珠们靠在一起，于是她们都有了涩涩的咸咸的味道，我们唱着多愁善感的歌，变成毛毛细雨，降落在情人们的睫毛上、诗人的头发上，还有铁石心肠的屠夫手臂上。

他们凝视着从空中迷迷蒙蒙降下来的我们——这些由泪变成的毛毛雨，眼眶中慢慢涌出了晶莹的东西。他们哭了，是因为心中潜进了一些东西，那些遗忘了的思念、幸福、感动。

在这些人的眼里，又长出了新的泪滴。和小女孩的泪有些相同，又有所不同。①

天使可以传递眼泪，更可以传递梦。在陈玮瑜的故事里，梦是有形的一颗颗珠子，“暗淡无光的珠子，就是痛苦的梦，思念的梦；光泽鲜艳的珠子，就是快乐的梦，美妙的梦”，而传梦天使每天忙来忙去的事，就是把一个人的梦取出来后，传送到那个他梦里梦到的人那里。

……小女孩儿一直都挎着一个篮子。竹篮子有着美丽的花边和长长的提手，上面盖着一层半透明的丝巾，隐隐约约可以看到一粒粒透明的小珠子，在里面摇晃着，互相碰撞，珠子的光彩各不相同，有的

①选自《天使与女神》，河北少年儿童出版社，2013年第1版第149—150页。

暗淡无光，呈黑灰色；有的光芒四射，呈鲜艳的彩虹颜色。

凝香想起了女孩儿唱的歌：

美梦的传送是我的使命。

美梦的接送是我的任务。

（难道篮子里装的东西，就是梦吗！）凝香笑着，猜想道。

（梦就是这样子的啊！）

（把梦取出来后，传送到那个梦里梦到的人。这是个非常好的职业啊！）

凝香这么想着，轻轻地点了点头。

（篮子里暗淡无光的珠子，就是痛苦的梦，思念的梦；光泽鲜艳的珠子，就是快乐的梦，美妙的梦哦！）

“喂！你一定是梦的传送者吧？”

凝香凑上去，指着一篮子的梦，说。

女孩儿稍稍停顿了一下，似乎没想到凝香会知道，但她笑了：

“是啊！是梦的精灵呢！”

“是个非常好的职业呢！是一个令人向往的职业呢！”①

传梦的职业，关注的是人的内心，是对人的情感和社会关系的沟通和协调，是否就是一个“知心姐姐”或者心理治疗师的职业呢？“传梦天使”这个角色的神圣和美好，在陈玮瑜心里，应该和另一种角色等同，那就是生命的看护者。

当夜幕吞噬掉最后一缕黄昏的曙光，第一缕月光照耀在你的脸上。

你睁开眼睛，看到了圆圆的月亮，那月光透过层层密密的树叶撒下星星点点的光，银色的光散发着淡淡的茉莉花香，幽幽地撒下来。

你站起来，快步飞奔在广阔的旷野里，红色的长发飘散在风之间，

①选自《天使与女神》，河北少年儿童出版社，2013年第1版第6—8页。

像跳跃的火焰，你那么快地跑在风之间，来到一棵桃树下，你轻轻一跃，手抓住了一根枝，翻身一蹦，你就稳稳地站在了粗枝上。随手摘下几棵桃子。

你又翻跃着向另一棵树跳去，采下红彤彤的苹果和黄嫩嫩的香蕉。

身子一翻，你就落到了地上，掠过清清凉凉的秋风，摘下鲜艳的桔梗的花，又带走蒲公英的脆弱的根。

和风赛跑，乘着风来到小河边，河水清清的，映出了你的脸。你把果子和其他食物放到溪水里轻轻洗干净，每一个都洗得净光透亮，闪着晶莹的水珠。

你又跑回你的家，顺着一根粗粗的荆棘藤爬上树屋。

找来大大的鲜嫩的荷叶，把苹果、香蕉和梨都放上去，摆成一个可爱的星星的形状。

你又把蒲公英的根和桔梗的花瓣用手掌揉碎，把它们倒在小巧的竹杯子里，再倒上水，就成了一杯美味的茶水。

姑婆芋果的果实，玉山假沙梨，还有凋萎的百合，你把它们分别放到五个很大的用芦苇捆扎成的碟子上。

突然，你听到了不远处野兽的吼叫，“呜……”“嗷……”像是在呼唤着什么，你把东西都搬下树屋，放到几根木桩上面。

一下子，周围密密的草丛就都抖动起来，露出一双双或蓝或绿或黄的眼睛。

几只猩猩走来，亲热地把毛茸茸的手搭到你的肩膀上。兔子和羚羊慢慢过来，用小小的手和脚挠着你的脚。两只狮子走过来，对你发出善意的喊叫。豹子亲昵地蹭着你的身子……

你笑起来，先帮狮子抚平它们的鬃毛，又把豹子翘起的几缕毛发抚顺，又挠挠野兔的脖子，把猩猩的手抓过来玩玩。

动物们发出连接不断的吼声，你就拿起一个沙果放进嘴里，动物们看到了，也拿过自己的食物吃起来。

天空慢慢有了一点儿玫红，太阳的光晕驱散了夜晚的黑暗。

漫长的一夜，结束了。[①]

陈玮瑜在这里描写的，是一个森林里所有动物的保姆和妈妈，她是动物们的守护神。她美丽、祥和，熟悉各种植物。她的原型，就是动物学家简·古多尔。美丽的简·古多尔少女时期就来到丛林，几乎用了一生的时间研究大猩猩，她会用猩猩的语言和它们交谈。这并非童话和传说，而是一个与自然融合的女人的传奇。少女作家班的女孩都知道简·古多尔的故事，我们收集有她珍贵的图片，甚至还给她写过信。在由简·古多尔形象演化的一组丛林绘画中，自然女神手捧象征生命种子的蛋，从大地上空飞过，她的裙摆下面，大自然蓬勃而又平和，老虎有着猫的眼神，野狼如同狗的温顺……

在一次少女作家班的树屋村游学时，我特别邀请了一个曾经用了细致入微的笔墨写作植物的十七岁高三女孩参加活动，她在初中一年级就离开了少女作家班。当我问起她即将填写的大学志愿时，她回答说："我要学生物。"当时我有些为这个我喜爱的学生没有选学文学而遗憾，但她却说："您知道我的偶像是谁吗？是简·古多尔。"我立刻明白了这个孩子，心里充满欣喜。在我当初给她们讲起简·古多尔的故事时，我没有想到有个小学三四年级的小姑娘已经在心里计划好了，将来要沿着简·古多尔的路，进入动物、植物的世界，去做一个自然的守护神。

关于自然守护神，李雯月在《天空与大地的守护》中也有着情感充沛的描写：

天空凝聚起他的意志和情感，存储在雨水中，他让雨水去愈合大地上的伤口，雨是天空唱给大地的饱含深情的歌声。当天空困窘时，雾就环绕着他，不让大地了解他的苦痛。他还叫来风，轻轻抚摸着疲惫的大地。

①选自《天使与女神》，河北少年儿童出版社，2013年第1版第122—125页。

而大地呢，当她微微潮湿时，她就用发亮的绿色告诉天空孩子们得到了雨的滋润；当她不停发热时，她就用颤动的热浪呼唤天空地上的孩子需要风的凉爽。天空与大地所做的一切，无不为了满足他们共同守护的所有地球生命。

可是天空和大地却受到了人类不断的伤害。看吧，大地的伤口被撕裂了开来，形成了地震。而天空也被毒气侵蚀得残缺了一个洞，让强烈的阳光毫无阻挡地烧灼在大地上。

天空和大地只是默默地为他们的孩子承受着痛苦，哪里忍心惩罚这些无知的生命呢？

被一直守护着的人类，难道不应该感到幸福和羞愧吗？人们，如果你们也爱着天空和大地，就请像善待父母那样善待他们！①

在孩子们的这些书写中，是否可以看到由天使本性上升为女神本能的可能？我认为这种倾向是有的。

孩子的心有多么辽远，他的文字就有多么辽远。在他被密集的书本、标准答案以及娱乐图像所囚禁的时候，当他的视线从惯性与近视中解放，从麻痹和刺激中抽离，登高远望，俯视江河大地，他的眼睛将会变得神圣而清明。就像圣－埃克絮佩里在夜航中注视大地那样，那眼光已越过了人墙的围栏，带有天空的温暖宽广和星星的深邃悲怜了。

正如女孩林曦没有选择攻读文学却选择了研究生物那样，她的注意力带给我的愉悦超越了文学的美带给我的愉悦，是一种宽心和宁静。因为我相信，做一个神的女儿，她们将不会在明天走丢。

从1999年开始，我曾多次进入巫峡的神女谷，探访传说中的“山鬼”，后来写成了长篇小说《山鬼之谜》。这是一个追随巫山野人足迹的故事，有着真实的素材，故事中的几个主人公除了“山鬼”外，都

①选自《天使与女神》，河北少年儿童出版社，2013年第1版第120—121页。

有着真实的原型。作品中写了一个在现代都市长大的有着野人后代嫌疑的女孩，回到巫山老家，寻找她的身世之谜的故事。由于她的身份的复杂可疑以及她行为的“原始倾向”，使她的视角在人、神、鬼的转换中变化，最后的故事结局是，这个“山鬼的后代”在她引来的科学家即将到来的时候，她自己突然消失在巫山的原始处女谷里了。

我在《山鬼之谜》的后记中写道：“巫山，我这两年共去了五六趟。不只是因为这本书。是因为巫山本身的魅力。它吸引我。就像这书中叶林说的，听惯了城市中金属水泥的语言，如今在巫山才听到了山林大地、叶木云雨的说话声。是这样的，在巫山，你听得到想听的那些声音。”

“那是一座又一座连绵的大山，有着很硬的山骨，很软的云雨，还有青绿透明的水，水里神秘的化石，以及漂流在江河峡谷中的千年古物和诗词绝句。你如果从长江边一直走到巫山里面的深处，还可以看到许多罕见和未知的自然生命状态与古老原始的景致。它是叶林画儿里的‘最后的天堂的山’。”①

我在巫山，多次走过那种你没有见过的“梯子路”。我还摸黑从神女峰对岸那座翠屏峰的山顶，一直走到山脚的长江边。那种经历，终身难忘。那些画面都出现在故事里的叶林眼中了：

船进巫峡，叶林一眼不眨地望着巫山山脉。她站在第二层的甲板上，疑惑地对小鱼说：“我好像看见过这些山，但我是第一次来这里呀。”她指着大峡谷两边山体上那巨大的一层层弯曲成圆弧状的岩层说：“没错，小时候我看见过父亲画的一张画，画上山的皱纹都是一些大圆弧，一圈一圈的圆弧像背脊一样躬着，撑着山的架子。在连绵不断的一座座山上，跑着一群群兔子、猴子、鹿子、野猪什么的。群山的中间，

①选自《山鬼之谜》，江苏少年儿童出版社，2011年第1版第201页。

是一条大河，河里游着鱼、人、鸭子和船。天上飞着彩色的鸟。我小时候把父亲这张画叫做‘天堂里的山’。没想到，父亲画里的山和这里的山形是一模一样的。”①

作为山鬼后代的叶林，初见巫山的原始地貌时产生似曾相识的亲切感、美感和回归感，事实上是发生在我自己的潜意识之中的。

叶林听着岩上的猴子哭泣一样的诉说，望着深涧云雾上那堆岩墩上的白骨，以及白骨边的舂棍石头、岩壁的升天岩画，感觉到这云雾巫山，有那么多古老的谜和故事，烟雾一样缠绕着她。

山风袭来，一阵低吟在深谷里升起，叶林不再追问这是什么声音，她想，她从小听惯了城市里传出的金属水泥的语言，如今终于听到山林大地叶木云雨的说话了。②

但同时当作为有文化的现代都市女孩，叶林在逻辑行为中将自己对巫山野人行迹的发现和对自己血脉遗传的发现如实告诉了科学研究部门。但是，当北京的科学家即将赶来对叶林和原始巫山进行研究时，她却本能地感到了焦虑与不安。

叶林拿到这封信后，在屋子里走来走去地想了很久。不知为什么，一种又踏实又惶惑的感觉，使她心里不大平静。

那几天院子里空落落的，小鱼小原都暂时回古镇去了。

叶林一大早起来，就拿着个速写本，一个人坐到院子里，去画那些晨雾中的丛林群山。

她发现周围其实已没有多少密林古木了，早先她父亲画儿里那些小动物，在山中更是罕见。她想起小鱼说的这里要开发风景区的话。

---

①②选自《山鬼之谜》，江苏少年儿童出版社，2011年第1版第26页、第134页。

小鱼临走还说，不久她也要搬来山上住，这里马上就要热闹起来了，而且，等三峡大坝一筑，她的奇石馆连同她的古镇全部都要淹没在水里了。叶林一边想，一边就看见自己的画儿上出现了山脚下白花花刚挖出来的一条路，和一座用大树搭起的工棚。“果然挖过来了。”她想，就叹口气，撕掉了那页画纸。

她的眼光遥遥地望向神女溪尽头绵延而去的那一片人迹未至的原始丛林，以及遥远的大巴山山脉。那是一片蓝灰色的远山的海洋，与云联结在一起，像一片神秘的天边池塘一样，在云雾中时隐时现。也许，她的婆婆，几十年前就是从这院坝里，一步一步走向那里，去与他们团聚的。

那是一处什么地方呢？树很大，大得可以当作屋子，上面垂挂着寄生藤，垂挂着巨大的果子，就像她经常梦到的那样。这是她的阅历和经验能提供给她的图景了。那里肯定还有比七女潭更绿的水、更大的石涡，石涡里的水可以容下几个人作浴盆。那里的半山腰有不少美丽的溶洞，堆积着许多卵石和化石，不会被水淹，高高地堆在洞内洞外，那是多少亿年前，巫山还是湖底时留下的。《山海经·大荒南经》里就是这样描述她的祖先居住的远古巫山的：“爰有歌舞之鸟，鸾鸟自歌，凤鸟自舞。爰有百兽，相群爰处，百谷所聚。”

叶林的速写本上，就又画出了这样一幅远山的图画，这与她的毕业创作《丛林与山鬼》很相似。她随手在上面写道：最后的天堂的山。

叶林一边画着，脑子里就流淌出一首歌儿：“一望无际那条线，一往深情那座山，一泻千里那条河，一脉相承那个缘……”她想着这歌儿，仿佛听到了遥远之处的应和，那是父亲以往与她的合唱，还是远山的一种合声？

叶林感到遥远又熟悉的合声从远方的老家千里迢迢地包围过来，召唤着她。

叶林忽然泪水盈盈，无限的感触把她的心缠得隐隐作痛，她弄不清那些突如其来的郁闷、牵挂、孤寂和烦躁的心绪怎么会交织着一次次逼向着她，仿佛催促她尽快去做点什么，做什么呢？

她在焦急与不安中惶惑着。一切仿佛都在应有的安排中进行，人们就要到来，她将在人们的帮助下了解更多的真实，走向她的目的。

但她的目的到底是什么？

在这几天，一种渗入她身心的力量在反抗着她的理智，使她的自信动摇和模糊了。她每晚都被同一个梦惊醒。在梦中她被引领着一个人走向山林深处，一直急急地走急急地走，不能停止下来……梦醒后，她就紧追着梦尾去寻找一个结论和解释，但她的理智总被纷乱的思绪给阻断了。①

叶林困惑与惶恐的是什么？应该是人类现代文明对原始生态的逼近和捣毁。在故事中叶林和巫山老人有过一段对话：

“爷爷！”叶林又问，“如果有一天，有人带您到城里去，住在高楼里，给您吃的，不用您再干活，您愿意吗？”

老头儿想一想：“那不等于把野物捉到笼子里，关起来喂它！你说那畅快不？”

“是呀。”叶林指一指远山说，“如果婆婆和‘红毛人’真的住在那么远的深山里，有人找到了他们，把他们带到城里去，他们还能活吗？”

老人愣了一下，望望叶林，又望望远山。他抹了一把脸：“哪样水土，长哪样活物呵！”②

山鬼的女儿叶林对原始与“野物”的生命感知，是流淌在血液里的。

叶林会在岩石背后的竹林子里，洗一个很长很长的澡。

傍晚的太阳和月亮一东一西像两个卫士那样同时守在各自的山

①②选自《山鬼之谜》，江苏少年儿童出版社，2011年第1版第157—159页、第163页。

头。叶林在乳黄色的天色下脱光了衣服，让山风凉爽地吹遍自己的身体，然后一点一点将清水撩在自己的头发和皮肤上。在夜气降临的时候，她会躺在岩石上，让头发和汗毛在月光下蒲公英一样蓬松干透，才慢慢穿上衣服回到泥屋里。

在这个不受打扰的露天大浴室里，叶林享受着一个畅快的秘密，一个从小就向自己和别人隐瞒着的秘密，那是父亲遗传下来的，一种渴望剥光衣衫赤裸在夜色和山林中的身体冲动。

在这一次次长长的林中洗浴中，叶林的眼睛清楚地看见了流淌在自己身体上、头发、皮肤汗毛上那种暴露无遗的“野”的渴望。她常常舒展开身体，在光滑的岩石或柔软的泥地、竹叶堆上长久地躺着，在沐浴她的山气和夜气中，感到一种亲情和庇护。她在山林中直视着自己身心上的标志，陷入深深的沉思中。

“叶林，你到底是怎样的一个人？你又应该是怎样的一个人呢？”一种不为人知的深深的孤寂，根须一样抓着她，她无限地怀念父亲。她有好几次，都把那本剪贴本带到竹林里，就像把父亲带到无人的夜色下，长久地倾谈一样。[①]

对于叶林的身份困惑和对世界合理性的追问，她的山鬼父亲在生前专门录下一段话来交代她：

孩子：

你有一天终会问我，我们是谁？来自哪里？我会对你说：“我和你，同所有的生命一样，都是造物主的孩子。

我们的生命来自于星空，在地球上发芽，然后开出了不同的花朵。你是一朵最幸运、最难得、最美丽的花儿，你要向地球上其他的花儿道贺，并珍惜每一朵不同的花。

①选自《山鬼之谜》，江苏少年儿童出版社，2011年第1版第165—166页。

这样，你的生命才可以和其他的花儿一起，得到更长久更蓬勃的延续……”①

叶林在寻找什么？她的寻找有了答案了吗？作家董宏猷说，叶林寻找的是她精神的家园。

对，是现代人的走向和归宿。

读者可能会诧异和质疑这个故事与现代社会的距离。这是不是一个有必要讲给孩子们听的故事呢？这对他们在人生中的拼搏、竞争，对社会的发展、向前有利吗？这到底是一个逃离还是回归的故事？

当达尔文提出了进化论后，人们更有理由朝着食物链的顶端攀爬，用强悍的身体延伸、变异，去征服自然、征服他人。

但是现代人的快乐为什么没有与他们的能力和欲望同比增长？

一个或将诞生的由数据制成的顶级机械女孩，真能比我们毛毛虫一样幻想着翅膀的“天然系”女孩更可爱美好、更有生命感知、个体魅力与活力吗？

一旦人类都具有了超能力的半机械大脑时，人类是更加幸福还是变得无趣？

这是神来回答的问题，也应该是我们少女作家寻找的答案。因为一个女孩就是一个母亲和祖母，她们想不清这个问题，她们生育的孩子就会越来越迷失。

所谓“神的意图”，应该就是大自然的法则和规律。我们只有去领会和尊重它，人类才不会走向混乱和毁灭。我不敢苟同“人定胜天”的说法，我欣赏“天人合一”“顺应自然”的智慧。我们只有合理地利用自然资源和造物主的馈赠，才能守住地球这个老家、守住人的本质快乐。

当人造物品从量变发展到质变的时候，我们要担心的已不是食物的安全而是人造怪物的出现了。它带来的是人类道德伦理和一系列秩序的崩溃，

①选自《山鬼之谜》，江苏少年儿童出版社，2011年第1版第200页。

更可能是人类制造的自我灭亡。

地球上所有生物都是造物主的作品，女孩身上更有着神的馈赠。我们如果带着虔诚和感恩去聆听造物主的暗示，就可能明白远古先人让少女作为自然神扮演者的道理了。传梦天使守护的不只是人的情感和梦想，还有大地上的生命。

期待女孩的天使本性能够生长出女神的直觉和本能，那么我们就可能对明天的路、明天的家园和明天的自己有一个坚持和守护。

走出书本和楼群，换一个角度，让女孩从今天的标准答题中抬头，做一回追随神的目光的孩子。

我们少女作家班接下来要写的故事之一，就是机器人怎样与绿人共存。

# 女孩身处双重世界
## ——精灵视角的自由叙述和语言突破

少女在告别女孩而又还未长成女人的蜕变时期，她有一个发呆、走神、做白日梦的阶段，人们爱把这个时候叫作少女的“多梦时节”。这时的女孩是有些迷离的，比男孩要“痴”和“疯”一点。她是活在双重世界的人，她一半活在现实中，另一半活在梦想与幻觉中。这时候女孩有不少经历在内心中完成，那些经历美妙而激越，笼罩着女孩一天的情绪和行为，却不为外人知晓。这是由身体到心智再到行为的一个连环过程，是太有文学价值的含苞期少女的青春现象。可惜我们挖掘得还那么浅显和零碎。

这种走神中的女孩，常常在劫难逃地将宝贵时光和青春生命交付给精神游历行为，她们在一半结束了，另一半还没有开始的空当中，像囚在茧中的蝴蝶那样，凝视着自己变化着的身体和茧外半透明的世界，等待、倾听、感觉、眺望、做梦。

这时候的少女，内心是精致又宏大的，却少有成熟女人的琐碎实际。她们在对世界和自身的静观和聆听中，得到的更多是有关生长、开花的身体暗语和大地讯息。常常有着永恒与短暂、巨大与细微、进入与惧怕等明显带有青春气息的感叹，以及由青春激情带来的敏感、灵动、飘浮、激越、忧郁和压抑。她们的感觉世界可以细致入微，又可能巨大无比，她们是一头灵敏的小兽，又是一个爱哭的诗人。她们的眼睛放射出昙花一现时的光芒，看到的东西当然就与众不同。这种状态和心境本来就是文学艺术的滋生地。

记录少女内心的梦境，捕捉走神的女孩，应该是美丽和有趣的题目。

**1.少女在双重世界悄然出入**

中国的文学与社会学靠得最近，它最热衷反映的是人在社会、人群中的表现。而一个人活在这世界上，他除了是一个社会中的人，还是一个生理的人、一个大地的人。我认为一个生理的大地的人比一个社会的人更深刻、真实和本质，虽然社会能改变和塑造一个人，但只注重反映人在社会中的表现，往往只描绘了一个壳、一件外衣或一种化妆。

对于少女文学尤其如此。少女是一个保有天性的还未彻底被社会化的生命体。如果只注意到少女在人群中的光与影，就如同只见彩虹不见阳光与水那样。

少女既保有动物对大地的感知，又拥有女人对自身和环境的觉察，在她浓郁的情感和透明的心灵烛照下，世界每时每刻都上演着只有她才能看见的明明暗暗闪闪烁烁的故事。

在少女作家班小学五年级女孩陈上的散文里，有一篇写到她去同学家时进入的一间粉红色的房间。这间充满粉红的房间是真实存在的，但带给她的感觉那么深刻和奇异。她在“昏昏沉沉”的烦闷中半睡半醒，迷失在被粉红包围的身心感觉里。那粉红有着“甜甜的”“温馨的”味道，却又像一道冰冷的墙和寂寞的水流，围困覆盖着她。

我在烦闷中昏昏沉沉。待我清醒过来，周围全是一片粉红。粉红得让人沉寂，让人困惑。粉红的窗帘，粉红的床，粉红的枕头……一切都是粉红。小絮的房间变成了粉红的。

一阵风，轻柔地吹过，粉红的窗帘微微浮动，如湖水一般。吹进我心灵，甜滋滋的，清清的，凉凉的。它抚动着我头上那丝带，拍打着我漆黑发亮、如瀑布般的头发。

粉红的墙，冰冷，那股甜甜的，粉红的，温馨的味道逝去，取而代之的是一种很寂寞的冰冷。触摸到它时，我如同沉到湖底一般，一股强烈的冰冷、寂寞而又痛苦的感觉包围了我。冰，却也不是刺激。墙那头，仿佛有阳光的气息，很芬芳，与那冰冷揉在一起。

床上的枕头，印着樱花。睡在上面，有粉红的花瓣纷纷扬扬落下来的感觉。落在脸上，有一种清纯粉红的气息，花瓣似乎融进了我的脸蛋里。哦，又来了，冰冷漫过我的肚子，继续向上延伸。

浓浓的，透明的粉红草莓香渐渐淡化在地板上，旋转着，跃过我的脚，趾尖上萦绕着它带去的风的香味。

朦胧中，一缕光透进房。已被冰冷淹没的我，从孤独与寂寞的深潭中迈出，渴望感受那光。

一个金色的身影，长长的，越拉越短，最后站在我面前，与我对视。就在我们俩的目光接触的那一秒钟，唯一的光瞬间消失。她长长的头发披在肩上，不一会儿，我就扫视了她全身，喔，一个粉色人影。一个薄荷凉的声音弥漫在空中，与草莓相撞。尖细，却不大。我一愣，继而想把这味和草莓香一同收藏。她很迅速地蹲下，放下了一样东西。她胸前飘着蓝色的蝴蝶结带子，一晃，蓝带子和身影就在那头消失了。

我长长的裙摆被潭中的水打湿，如同一双有力的大手，把我拽了回去，越拖越深，裙摆和我被拖入深渊。怎么办呢？我双脚乱蹬，猛地想起那个身影留下的东西，试试看吧，猛地一抓，啊！抓到了，竟是一块卡通磁铁！而且仿佛特意要帮我似的，牢牢地吸在地上。我用力一扯，身子轻飘飘地就飞了起来……啊，我终于得救了！

“小吟！小吟！”一睁眼，小絮正在一边笑吟吟地看着我，我抬头一望窗子，午后的阳光正热切地照射着大地。是梦吧？我的手习惯性地往裤口袋里一摸，噢，是那块卡通磁铁。刚想说什么，止住了，把磁铁放回了裤子口袋里。望着小絮，我想我要收藏这一个被困和被救的粉红色的梦。①

这篇文章所展示的画面，让我们看到一间粉红色的房屋围困着一个刚刚进入青春期的小女孩，屋子里有着红色和黑色两股水流，涌动在女孩的感觉中，时而温暖时而冰凉，时而有着阳光和花瓣芬芳的味道，时而又是黑暗沉寂的溺水中的窒息感。陈上在描写这些细腻的感觉时，用了许多通感的写作手法，比如将视觉的颜色（粉红）变为嗅觉的气味（甜滋滋）和触觉的温度（清清凉凉），生动再现了本来只可意会不能言传的少女青春期某个片刻周围环境对她身心引发的微妙感觉。

这篇文章很好地表达了进入青春期的少女灵敏的身心对感觉的捕捉和倾听，也向我们展示了少女在某一瞬间行走在半睡半醒中的感官世界。

我只是猜测，陈上在写作这篇文章时，是否正处于一个特殊的生理期？那种温甜又烦闷的身心状况，恐怕只有女孩子们才相互知道。所以，前来解救文中的“我”的，是那位胸前飘着蓝色蝴蝶结带子的小絮，她用一块玩具磁铁，将“我”从溺水的状况拉了出来。

青春期是感觉的肿胀期和情感的涌动期。在现实的空隙里，女孩的假想中上演着自己的另一番行为，在走神中预演着和自己喜爱的人的故事。

少女吕广淇在《镜中的梦》里就有这样的描写：

幽儿打开了小敏给的袋子，里面有一面看上去很古老的镜子。那是一面梳妆镜，小小的，刚好可以将幽儿的上半身装下。镜子边上的油漆都脱落了，露出镀金的镜框，看来它呆在舞蹈室很长时间了。镜子的右下角，印着一个小小的芭蕾女孩。

幽儿用手指抚摸着镜子上的芭蕾女孩。可能是因为室内有冷气，刚刚从外面带来的镜子又很热的关系，镜子上出现了一层雾，幽儿能从镜子里看到自己朦朦胧胧的一个轮廓。幽儿伸出手指，沿着自己看

①选自《天使与女神》，河北少年儿童出版社，2013年充1版第107—109页。

到的，朦朦胧胧的轮廓，慢慢把雾抹掉。

幽儿只是觉得自己的手指上有着薄薄的一层湿湿的雾。不久，镜子上出现了一条分界线，把白色的雾气与被雾气遮盖的镜子里的幽儿的身体分开了。

幽儿用纸巾把手上的水擦掉，在分界线内，就是自己镜子里的身体。从头发开始，幽儿把雾抹掉。

幽儿本来想慢慢地，颇有诗意地把雾抹掉，但是从幽儿抹掉自己头发那一部分时，她就惊呆了。

平时有着小短发的幽儿，怎么在镜子里就变成了长头发呢？在镜子中，幽儿的头发好长好长，上面还有一条白色的蕾丝边丝带，把一点头发扎在后面，其余的头发披在肩上。幽儿忍不住马上伸手把自己在镜子里的身体抹清楚。她越抹越快，又渐渐慢下来了，幽儿看着自己镜中的身体，呆住了。

"那是我么？"幽儿想到。

幽儿惊讶地看着镜子里的幽儿，镜子里的幽儿也惊讶地看着外面的幽儿。

镜子里的幽儿穿着天鹅绒的白色蕾丝边纱裙，扎着白色蕾丝边丝带，还戴着白色的手套。她化了一点点妆，长长的睫毛，绯红的脸颊。

"那是我么？"幽儿再一次想到，"这肯定不是我，是小敏，是她换了跳舞的衣服来给我看。"

可是，小敏不是去上课了吗？

可是，小敏怎么会长着幽儿的脸呢？

"难道……镜子里的女孩真是我？我不相信。"

……

幽儿想着想着，无意识地看了一下镜子，天啊，镜子里的幽儿又出现了。还是那样美丽，还是那样优雅，还是幽儿，只不过有点模糊。不过，只要可以看到就好了，幽儿羞怯地学着小敏把两只手叠起来搭在左边的大腿上，镜中的幽儿也这么做了。

“果然！镜中的我就是我！”幽儿开始相信镜中的幽儿就是自己了，她一瞬间发现，自己有点分不清镜子与现实的界线了。[①]

女孩幽儿在镜中看到的，就是偶像小敏那样的一个她。她在镜子前悄悄地“羞怯地学着小敏把两只手叠起来搭在左边的大腿上”，沉溺在镜子幻象的假想中，她“觉得镜中的自己百看不厌”。当母亲的呼唤将她从镜中拉出来时，她发现“自己有点分不清镜子与现实的界线了”。她出入在镜像与现实的交融世界里。

我在小说《出门》里，也有过对少女的幻象描写：

那东西腾腾地跑着，草地被它踢得咚咚响。凌子眯起眼睛仰望着它——太阳好晃眼啊，只模糊地看到蓝天中有一个动物的黑影，呼地跃起——它的角、它脖子上的花环！凌子一下站了起来。她知道那也是一头鹿王，另一处鹿群里的王子，一个黑黑的鹿王。凌子难堪地站在那里，她本来想走过去，但她记起了她没有穿衣服，怎么回事，她是人还是鹿呢？她看见自己油亮的毛皮在阳光下滑滑地闪动……

……

凌子站在围墙外，远远地望着鹿群。

……

忽然看见一双灰亮的眼睛一闪，那是一头大鹿。它看了凌子一眼，转过去，过会儿又回过头来，再看了看凌子。凌子望着它，想读懂它的眼神，但她反被那大鹿盯得有点儿发窘，她慌乱地低下头，把脑袋埋在交叉的手臂间，靠在围墙上。[②]

凌子在梦里见过一头鹿王子，当她在动物园真正看到一头大鹿时，她把梦中的鹿和现实的鹿等同起来，心里有着“窘迫感”。在凌子内心，现实

①选自《生长的女孩》，河北少年儿童出版社，2013年第1版第16—18页。
②选自《寻找的女孩》，江苏文艺出版社，2011年第1版第6—7页。

与幻象完全是交融的，心中的故事完全可以交叉在现实行为中。这就是少女的白日梦。

《出门》里有许多青春女孩的心理暗语和身体暗示。比如凌子梦见自己是一头鹿时，忽然记起自己是“没穿衣服的”，便难堪地站住了。有人提出这个细节与青春的性意识有关。我以为，《出门》里非常强烈地表现了涌动的青春生命与文化规则和现实状况的相遇。走神的青春少女在与现实碰头的时候，身体紧守着文化规则的警告，精神却在原始生命的牧场放牧。所以，她们可以同时生活在现实与幻象交叉进行的时空中。

当女孩突然爆发出哭声或笑声时，你不必困惑，也不必诧异这种“疯狂”，因为她们长大成人后，她们就不会再拥有两个世界，而变成实实在在仅生活在一个现实中的女人了。

少女作家班杨斯路在初中二年级时，写过一个女孩和一匹马相伴旅行的故事，她是用马的口吻来写的：

> “早上好，我的马！”女孩伸手抚着我的头，我安静地一动不动，享受她的爱抚。
>
> 不多时，女孩便牵起我在田间的小路上漫步。
>
> 不，应该说是女孩与我一同走在了田间的小路上。我们一人一马，迈着不同节奏、不同轻重的脚步缓慢地移动在麦田间，很慢的，很静的。于是，几个初醒不久的鸟的鸣叫，一只生命即将消逝的蝉用尽全身力气奏出的调子，闻风推动麦秸与麦叶发出的簌簌声，便都被我们捕捉，在心中连接，剪辑成一支初秋的小曲。
>
> 当我们的影子被光剪短，仅能延伸到麦田边上的时候，我们又开始了一段旅行。
>
> 我们一直在旅行着，一直背对着上午的太阳，向西走。上午，我们会顺着影子给我们所指的方向行走；下午，我们则迎着太阳前进。每一天，太阳总会把我们的影子剪短又拉长，直到我们的影子变淡、变模糊，我们便可以看到最绚烂的夕阳了。那时，夕阳总会将我们的

脸映上最具生气的橘红色，然后，那轮金橘色的日光会悄然淹没在夜的黑暗之中。

行走的时候，我与女孩总是沉默，路上响起的唯有我与女孩节奏不一的脚步声，它们一部分流进我们的耳朵被保存下来，一部分覆灭在扬起的尘灰中。在这样默默前行的过程中，我总会回想起过去，那些一步步被走下来的回忆。

要说我们是从什么时候就开始旅行的呢，这时间我已记不分明。现在脑海中不断回现的大多是与女孩走在一起的片断。我们一直都在走着，从未有与对方分离过。在耳边响起的是一直以来从未变过的一人一马的脚步声的两重奏。我们从没有想过，会不会有一天，我们会分开。因为我们都那么坚定地一直都走在一起，我甚至有些想将我与女孩之间的情感定义为友谊，即使我们是一人一马。

我隐约记得，我们在刚刚准备开始旅行的时候，曾经犹豫过该往哪儿走。那时，女孩思索了许久，在那天黄昏时刻，夕阳映亮了她的脸颊的时候，她指着那轮红日对我说，哎，我的马，就往西边走吧。我分明记得，女孩淡淡的笑脸被光晕包裹着，熠熠生辉。①

请问，这通篇写满的马的独白，究竟是马的语言，还是“女孩”的语言，还是作者杨斯路的语言？当然，它是深深进入状态的少女作家脑子里浮现的一个女孩与一匹马相知相爱相伴的幸福场景。它是用实实在在的写实手法，写出来的超现实的虚构幻想，女孩脑子里上演的如同现实一样的精神幻象。

### 2.少女奇幻又轻灵的精灵文字

孩子们在童年阶段是不可能成为我们公认的那种写实大师的。在他们叙述的现实里，不可能没有直觉、猜想、假设以及诚实到你心跳的不可以被成

①选自《天使与女神》，河北少年儿童出版社，2013年第1版第62—63页。

人文化道破的真理。如果一个孩子像老者那样，以我们习惯的固有规则和严密老成的思路来评判这个世界，那么这个孩子一定是个可怕的怪物了。

孩子的世界是一个更动物化、更生理化、更微观精细化或更宏观宇宙化的世界。他们的世界中上演的不是政治、经济、历史这些成年社会的戏剧，而更多的是关于环境、亲人、大地万物与自己的身体和生命的互动和呼应。由于他们的个头、视角和经验，都与初生的小动物那么相近，他们的真实感觉和表述，更多地来自身体、生理感受和童年直觉、想象与假设，接近一个灵敏小动物的精灵状态。

在孩子的心中，万物有灵。孩子的可贵，在于他们能以我们早被人生磨碎的敏感、好奇、期待和爱心，去与大地上的精灵对话。这种对话，在他们看来并非幻想，而是真实可信的。所以亦真亦幻的讲述方式，最接近孩子天然的说话方式，最接近儿童的语言——“童话”，接近孩子对世界的感觉和解释。

我们十分欣赏孩子们这种天然“文学”、天然“艺术”的精灵状态，总是寻找各个时机，让他们大胆地去扮演精灵、表达神奇。

在树林和草地，我们的孩子们去树丫、树洞、叶子的背后，找到了绿人留给我们的符号和暗语。在古峡深谷，我们的女孩为瑶姬制作了绣花鞋，听流水和鲟鱼给我们讲远古的故事。孩子们在蜡烛船上写上祝福，在星光下将小纸船驶向河里的小动物。女孩们常玩的游戏，是穿上白裙、戴上翅膀，参加我们的精灵聚会；或者披着长长的绿头发，在密林野地间扮演小绿人。她们甚至把自己的神奇故事画在白裙子上，穿着它们走来走去。

一路玩下来，孩子们的精灵故事就一个接一个，讲也讲不完了。

我们来看看张艾仪在小学五年级的时候在《上岸的水草》中写的一个精灵故事片段：

那个人类的女孩，蹲在海边细软白沙旁边的石滩上，轻轻地将长芦苇秆伸入海水中。“扑噜扑噜”，水泡欢快可爱地融入了水中的伙伴们，女孩急忙用手围住泡沫们，但它们消散了。

一瞬间的美丽与一瞬间的失望呀！女孩叹息着。

（我多想，多么想见到水下的玲珑世界！）

（多么想通过空气的孩子——泡沫的双眼望向水下啊！）

对啦。女孩仿佛突然想起了什么似的，猛地把头埋入水中，然后在海水里呼出几个泡泡。女孩的短发在海水中随着水波漂去，击打在岩石上。

女孩无声地在水下喊着：

水下的孩子，有一天，你们也会上来的呀！快快生长起来呀，你们会成为地上的孩子！这里是人类的孩子小月在祝福你们！

这一回，女孩喊出的话装在泡沫里沉下去了。

因为是满满的，沉沉的，所以才成功地沉下去了——这些空气的孩子们，带着女孩的话沉下去了……[①]

这个片段中最可爱的，就是水上的女孩和水下的水草用泡泡装起话语，一下一上进行对话传递的细节。那个泡泡，就是巫师和精灵的道具和法器。

这是一个重要的点位：一个实与幻之间合理的出入口与巧妙的魔幻道具联结点的获得，可以让我们的幻想在结实灵动的细节上，漂亮地必然起飞。

我们的孩子已经知道，真正迷人的神奇，是那种经营得扎扎实实，让你想要去相信，想要去琢磨透的奇异。所以他们很愿意用一些功夫，努力去把自己的幻想故事讲得血肉丰满、有根有据。比如他们会小心地避开那种念一句咒语、做一个梦，就可以轻易出入幻境的写法。他们努力去寻找现实与幻境之间那个合理而巧妙的出入口。

在四年级女孩谢稚灵的故事《小葵的天空》里，布满房间的格子，就是那个魔幻道具和现实与幻象的出入口：

进了门，橘黄的光晕让凝眼前一亮，瞬间却又呆住了。

①选自《绿人姐姐和小绿人》，河北少年儿童出版社，2013年第1版第135页。

这是怎样的一座房子啊。

天花、墙壁、地板全用彩色的涂料，画着五颜六色的格子。

有蜗牛状的、螺旋式的、宝塔状的，还有方方正正的田字格……啊，这不都是“跳房子”的格线吗？凝惊讶地叫起来。

家具沿墙摆放，定睛一看，凝又惊叫一声。桌子、案几……家具上竟然放满了沙包。用各种颜色的花布拼成，净色的、彩色的，绣着人物的、花朵的……长这么大都没见过这么多漂亮沙包。

整间屋子，从地面到墙壁到天花，上下左右全是放着漂亮沙包的格子屋！

她真的跳上去了，地上的格子跳完了，又往墙上瞄了瞄，要不说，技高人胆大呢。凝竟把一只脚踩到墙上了。

跳！

哎？是眼花了吗？垂直的墙壁“看”起来竟然倾斜了，凝颤巍巍地踩上去，稳稳地站住了。画好的格子把她引着，从地上跳到墙上，从墙上跳到天花上，你看哪！这里的一切像被施了魔法。现在，从地上看凝是头冲下站着，她自己却觉得脚下对着的是“天上”的方向。

仿佛有个神秘的力量推动着，凝在地面、墙壁和天花的格子线中跳来跳去，就是停不下来。

天花顶上画的是个螺旋状的格子。猛一看屋顶像盘了个大大的蜗牛。天窗刚好处在天格的位置。

凝看一眼手里的沙包。又抬眼向前，瞄准。扔。沙包“嗖”的一声脱手而去，准确地落在天格中央。

跳上去了，啊呀，螺旋状的格圈向里环绕，单脚，转！转！转！脚底生风，速度加快，飞起来了！

凝感到一阵晕眩，天窗忽然开了，一股气流带着沙包与她掉了下去，“掉”到天上去了。①

---

①选自《文学少女的精灵故事》，河北少年儿童出版社，2013年第1版第126—127页。

这是一个在跳格子的游戏中“掉进”天空的孩子的故事。跳格子怎能进入天空呢？因为格子线从地面画到墙上再画到天花板的天窗那里了，孩子沿着格子线跳格子，跳到天窗那里也就顺理成章地“掉进”天空里了。

这样的“童话”已经不是传统意义上的“童话”，而是写得扎扎实实，在感觉上有着艺术逻辑的童话小说了。

正在告别童话的孩子，已经厌倦了那种一眼就可以发现、穿着奇怪的衣服、取着奇怪的名字的假精灵。他们喜欢的精灵故事，是发生在你身边，在你上学、放学路上，或者在你窗口和书桌边，神秘地闪一下，又闪一下，然后就躲起来的故事。而最高明的精灵和巫师，并不会骑着扫把戴着尖帽住在石头城堡里，他们时常就悄悄来到你身边，也许就是你的邻居或同学。

这就是我们要讲述的有关住在现实中的精灵的故事。所谓神奇，是在无奇的世界里，一不留神滑过的奇异。它似真似幻，超越了平庸，给你提供了一个愿意相信的可能。它通常隐蔽在常规中，但在某个时机会从常规中脱离，带着你去遐想和超越。它的出现，总让你走神，看到一个个象征和寓意。

精灵的故事，并不是可以被任何人看到，但它最容易被孩子的眼睛看到。所以孩子的世界比成人的世界宽广得多，也精彩和神奇得多。这个秘密，只被少数几个聪明的成年人知道，比如开着飞机夜航的圣－埃克絮佩里，和住在海边小屋的安房直子，他们就是永远都和孩子一样灵敏，可以看到造物主在人间藏起的各种神奇的人。

安房直子和圣－埃克絮佩里的语言都很简单，他们基本都不用成语，但他们讲出的故事和话语，都是那样让人回味无穷。

因为他们的心灵接近孩子和神。

而我们的孩子们，她们也常常出其不意地随手写下一些叫人拍案叫绝的神句。

“黑夜很白

白得像一匹远去的马

让我有一望无边的感觉”①

“有草是为了让风奔跑
有风是为了让我倾听”②

“黑夜很白”，这是否像一个神趴在云层上观看夜晚的地平线时发出的议论？那天地相交的一条白亮的线，确实“白得像一匹远去的马”，它从四年级小女孩的眼睛里掠过，也从我们乘坐飞机的高空记忆中掠过，只是我们写不出这个感觉。

“有草是为了让风奔跑”这样的句子，有些近似原始土著的语言。它的生动浪漫完全是发自一颗充满阳光和对生命的欣喜之心。而“黑夜很白，白得像一匹远去的马”，同样有着原始土著在大地上喃喃自语的意味。它们虽然毫无科学逻辑，在某些老师眼里可能完全都是需要更正的病句。可是，它们恰恰又是多么精彩的句子！成年人严谨而麻木的笔是绝对写不出这样的句子的。

这两句诗，分别来自少女作家班最疯狂和最走神的两个女孩余一言和王淳儿。

我们少女作家班的孩子个个都有自己独到的美，而且一人一个样。我希望她们的文字也像她们的样貌一样，保持天然的不同的美感。比如安静内秀的黎烨彤，她的文字是这样的：

天空，是黄昏的朱红色，还夹杂了寂静的黑色，湖中倒映的景色是热闹的朱红，加上安安静静的黑色，令人的心情是一片矛盾、犹豫，湖中也只停着一只灰黑灰黑的木船，显得那么安静与孤独，它不像朱红色的繁茂，它只是冷漠的孤独。

湖边的树微微摇动，一阵冰凉冰凉的风从湖边拂过，好像悲伤的心情像一条线一样，从心底里穿过，那种悲痛与孤独，一下子，从画

①选自少女作家班余一言习作。

②选自少女作家班王淳儿习作。

里腾空而出。[①]

黎烨彤把抽象的色彩变为可感的文字后，那一幅我们未曾见过的画如在眼前，读者的心被它繁茂的朱红和孤独的灰黑浸染。

而班里另一位女孩吕广淇看似痴傻幼稚的文字，却是最保有孩子的灵气和艺术个性的表达。我们来看看她所写的雨：

雨大起来了，天空也放声哭出来了，风也开始刮起来了，哦，我爱的风，你来了，有风在，我就喜欢雨。雨大时，它与风就变成了演奏搭档。你听,呼——咚哒。呼——咚哒。雨与风搭档得真是不错！它们的音乐像一种液体，很浓很浓，很稠很稠，它流进了我的耳朵，渐渐变得柔软，睡在我的耳朵里。

啊，它又从耳朵滑进了心里，这样我的心底就又多了一种回忆！[②]

雨的身体是透明的，但不代表这样我就看不见它了，只要你拿个手电筒，往夜空中一照，就可以看见雨在黑天上走着的白身影了，当看雨时，我有种怪怪的感觉：看得见雨的那一小块是一个世界，而看不见的是另一个世界。[③]

“雨的音乐睡在耳朵里”，“手电筒在雨夜照见了雨的白身影，看见雨的那一小块是一个世界，而看不见的是另一个世界”。看到这样的语言，你会会心地一笑。在我们的童年，可能都会有这样灵敏的感受，但是在我们变老的心中，那样美妙的诗人和哲学家的语言慢慢地消失不见了。

所以我经常催促孩子们说：趁着你们的眼睛还没有变得和成人一样迟钝，赶快把你们发现的那些秘密故事写下来。就像安房直子那样，写下你们

①选自《生长的女孩》，河北少年儿童出版社，2013年第1版第82页。

②③选自《月亮女孩和风的孩子》，河北少年儿童出版社，2013年第1版第109—111页、第111—112页。

在窗户上、在树林中、在菜盘子和耳朵里，看到听到和摸到的那些神奇事情吧。

请相信孩子们的灵性。他们有着一双最清澈、最不受污染的神一样创意无限的眼睛。这双眼睛在阅读书本以前，装满的是对世界的声光形色最新鲜直接、最有对美的敏感和选择的艺术家的直觉。他们能冲破常规，找到妙趣的通道，将故事抵达简单而深远的意义。

当少女作家班的孩子慢慢长大、一个个离去后，在她们回来看我，看到我收藏起的她们过去写下的那些本本时，她们会发出“恍若隔世”的感叹。这时，对着她们变老的表情，我知道，我留下她们当初的作品有多么重要。

文学书写绝对应该是有个性的。文学作品向人们呈现的，是大千世界的声光形色重组在作家头脑中的图画，而非摄影胶片。即便是一个摄影者，当他在决定作品的主题和角度的时候，他已用自己的头脑将客观对象的位置和光线等诸多因素选择过了。这正是文学艺术这类活动对人们的创造性、想象力、艺术感知的考验和诱惑。

幻想和神奇，是陪伴孩子长大的隐身伙伴，是滋润充实着童年、鼓励着孩子去探索世界的光芒。它有着美丽而深刻的寓意。我始终认为，如果我们只去写作一个孩子现实生活中的日常行为流程，等于只写了这个孩子的一半真实。另一块更活跃更无伪饰的真实，隐藏在他的头脑和感觉里。一个真实的生动的孩子，绝对是同时生活在对付现实和迎接幻象的毫无矛盾的统一世界里。这就是没被经验和法则征服的具有原始灵性的孩子的天性。它本身就具有非常珍贵的文学价值与值得鼓励的艺术创造意义，我们需要做的，只是去寻找适合它的表述方式，将这一现象呈现和保存而已。

和孩子一起，从浮躁窒息的行为常规中解放出来，发现这个世界的神奇故事，是我们从文学中得到的快乐，也将是我们在喧嚣疲惫的环境中，找到的心的愉悦和超越。

### 3.与万物同在的女巫之声

再现童年的自由心灵和寻找另一种更新鲜更美妙的文字来讲述故事，

是少女作家班写作时主动想去做的事。

换一种角度去感受和描述这个世界，你会发现世界的另一种真实、另一种存在状态。多年前在讨论我的一篇作品《公路》的时候，人们问我：你怎么这样写公路？你写的是什么？我说我写的是那个女孩眼中的公路，那个女孩走在公路上就是这样看这样想的。当时我没敢说，我想捕捉一个山中的精灵，是怎样看待人们在一片山野中生硬地剃出一条灰白色公路的，想揣摩一双原始眼睛里看到的大地和人类符号。

这条公路不知怎么就这样莫名其妙地躺在了这山的夹缝中，白惨惨、光滑滑的，干净整洁得很突然，完全不同于周围的野山，不同于那些粗糙风化的岩石和松软起伏杂生着草木的红色泥土。不，它像补在这山野里的一条荒诞的水泥疤痕，苍白无生命的色彩同天空一样不可思议。

溜在这个夏天从久居的那山来到这座山中，她是在穿过一片树林时，莫名其妙走上这条公路的。走在这山间的白色公路上，她感到奇怪，不知这样走下去会有什么样的结果。两旁的褐土绿树发出的气味一阵阵飘来，公路两旁的山就在这些气味中颤巍巍地摇曳，像一匹匹巨大的抖动长毛的绿兽。而她却在公路上走，公路把山们间隔了，许多山中的动物都不敢走进公路中来。这是人走的路，溜不知它来自哪里又通往哪里。有时朝前的公路微微上斜，溜觉得这公路正撇下两边的山林从这里一直通到天空上去。那天空多么同公路相近呵。

动物们可是不敢到这公路上来。尤其在有车飞驶而过的时候。

有时候，公路上会急急忙忙地驶过一辆硬甲虫一样的车。车窗里常有些眼睛和嘴巴张开来傻愣愣地望着公路两边的山林。那些眼睛和嘴表示着他们奇怪的心情——他们不知这是个什么地方！真见鬼！他们自己在这里剃出一条路来却不知道这是什么地方！他们在车窗里东张西望，不等他们思索出来车已经飞驶而过了。那些人们，那些头上长着红毛、白毛、黑毛的人们，鬼知道他们怎么突然地就从这里溜过，他们不属于这山里的。就如同这公路与这山林极不协调一样，他们穿着硬邦邦光闪闪的怪衣，慌慌张张地穿过去。溜有时希望他们走后也随手卷走他们为自己铺下的这条奇怪的公路。带走你们的东西吧！溜想：谁的就归谁。她想，待人们把这公路卷走后，得好好打扫打扫这山缝。①

这篇东西写于上世纪九十年代初，那时候二十几岁的我，刚从山城重庆来到正在开发中的广州，到处可以看到从山中刚刚修好的高速公路。也许是从西南暗绿色调中走来的原因，面对人们在山中铺成的路，我的脑中就出现了“补在这山野里的一条荒诞的水泥疤痕”的感觉。这样的感觉延伸开来就是《公路》这篇故事了。

它是借助“溜”这个人物的视觉来叙述故事的，而溜的身份应该是超脱于人类之外的一个角色，在我心里，她是一个久居这片山林的精灵，或者叫山鬼。在她眼里，“公路两旁的山就在这些气味中颤巍巍地摇曳，像一匹匹巨大的抖动长毛的绿兽。而……公路把山们间隔了，许多山中的动物都不敢走进公路中来”。所以她希望“那些头上长着红毛、白毛、黑毛”，“穿着硬邦邦光闪闪的怪衣”的人们，“走后也随手卷走他们为自己铺下的这条奇怪的公路”，“带走你们的东西吧！溜想：谁的就归谁。”

当时我没说出那个女孩的身份就是精灵，是怕那样的文字才刚刚萌芽就被妖魔化了。因为当时，《公路》的内容和形式都受到质疑（有人提出这样写是反文明反现代化的，是倒退的主题），所以当时它只能以“争鸣”的方式才能得以发表。

但是这样的写作冲动永不熄灭。因为，我们只要开始跳出惯有的叙事观念和习惯，就会发现世界是那样丰富精彩，生命的体验是那样多种多样，真理不一定是我们的文明和故有经验所肯定的那一种。我们的经验实在只是一种发现，也是一种局限。因此，我们要寻找的那“另一种故事状态”，完全可以在我们开放的身心对大地万物的倾听中，自由生动地生长，开出不同的花朵。

①选自《走神女孩》，福建少年儿童出版社，1994年第1版第29—30页。

文字的组合是一座魅力十足的迷宫。我和孩子们曾带着极大的兴趣尝试一个故事的多种进入法。比如“换一个非常规的叙述者”的叙事练习，它给故事带来的不只是不同横切面的进入，还有不同色彩的进入和不同口吻的进入……我们以认认真真的态度对待这个作业，游戏就变为创造，并且带来发现和突破。“你不必去模仿别人，把你自己做到最好并触动了别人就行。”我给孩子们说，“这个故事你和别人讲得一样，又何必要你来讲。”

在少女作家班教学课程里，我给孩子们开设了不少将花、鸟、鱼、风、雪、月与女孩合二为一的写作训练项目。我们在这些故事里，寻找女孩与其他生命的精神类同，用“它们”的感觉器官，表达和创造更鲜明生动更有寓意的特色形象。

五年级小姑娘曾泽宇，写了一个女孩对树的声音的捕捉：“我真的听到了，听到了树的声音。那种声音特别清脆，但又不像鸟的声音。那声音有点诡异，隐隐约约的，有点像清凉的溪流……”据说树是真的有着心跳的，而且树的心跳是可以由科学仪器测试出来。当我知道这个情况的时候，曾泽宇早已毕业。想起当初她交这篇文章的时候，我问过她：“你真去听过树的声音吗？”这个黑黑的不爱说话的女孩用她黑黑的眼睛望着我，一言不发。我想，在古老的部落里，曾泽宇就是个可以代替树说话的通灵小女巫。

女孩李雯月在初中一年级的时候，写过一株爬墙虎对阳光的体验：

> 阳光通过摇摆时的缝隙照在我身体的某一个部位上。我找到那个温暖的地方，那是一朵白色的小花，在一闪而过的阳光下闪闪发光。阳光调皮地跳跃在花瓣上，钻进花的管道，亲吻着花芯，那种温暖的感觉瞬间遍布我的全身。我听到许多小花悄悄开放时发出的像一滴水落进池塘里的清脆声音。①

与这样以花的视觉来描述故事的方式相近的，还有和李雯月有着相似

①选自《绿人姐姐和小绿人》，河北少年儿童出版社，2013年第1版第150页。

性格、文静的小学六年级女孩林曦，她描写的是一朵花在地里的听觉：

我听到我母株的根在泥土中穿梭的声音；我听到一只蜗牛在我面前慢慢爬过的声音，我想它走路一定有一些黏稠的乳白液体；我听到在我旁边的叶子打了个呵欠的声音，那声音就像是风吹过叶子，叶子们相互碰撞的声音。不过植物们打呵欠只是“沙”的一声，除了特别留心的植物，几乎没有东西可以发现。①

与这两个女孩捕捉花的视觉听觉相呼应和对应的，还有另一种古老而宏大的生命体验，比如张艾仪所写的《夕日钟》。《夕日钟》是张艾仪去三峡游学回来所写的幻想小说，里面讲到一只用远古化石作为时间标志制作的化石钟，钟的指针走向哪个化石钟点，主人公就变为那个远古化石复活成的生命。

夏年浮上水面，那过程缓慢而庄重。她能望见岸边的十央与大央在一起撒网捕鱼。此时夏年作为鱼的心不是悲愤的，而是理所当然的沉静。她摆动身躯游过去，沉重的尾拍击着水底的沙石。她叫出了声，不知道是什么样的非人类的超声波。②

凤凰虽是神鸟，但相貌却毫不堂皇。那沾满了尘土的金红色羽毛，一簇一簇轻飘飘地覆盖在巨大的骨架上。小巧的头骨，坚硬的龟背，修长柔滑的鹤首。夏年不由自主的啸鸣道破长空。凤凰为百鸟之首，百鸟朝凤。夏年此刻已不知自己到底是何物，但隐约之间她领悟到生物演变的过程，庞大而哗然。身边一群同类伴随着飞来，各色的彩羽在风中呼啸。③

张艾仪就是那个写过用水泡与海草说话，写过被白鲸抛弃的女孩和满

①选自《绿人姐姐和小绿人》，河北少年儿童出版社，2013年第1版第135页。

②③选自《天使与女神》，河北少年儿童出版社，2013年第1版第160—161页。

脸长刺成天戴着面具的女孩的那个女生，现在她又摇身变为远古的鲲与凤了。她写什么像什么。谁说女孩只会写作风花雪月，她们一旦进入角色，就是传递万物之声的灵媒。

虽说是企图用另一种角度写世界，但凡从人的手中写出的文字，不可能完全脱离人的审美和价值选择。不过，寻找合适的方式讲好各个不同的故事，是作家永远的追求。

《早晨醒来》，是我想表达身在清晨的“我”与大地同在感的一篇文章。文中的画面有两个视点：“我”注视大地的视点以及“我”被太阳注视的视点。

> 我在镜中窥探着她，我发现在这早晨，偷窥着这无人的有树有猫有隐蔽的羽翼声和呼吸声的院坝，偷窥着这院坝里那有银白长发的婆婆神秘出入，是多么惬意的事。
>
> 看见那银发婆婆走向院坝边两棵年深日久的白果树了，看见她从树下落满的小伞叶中拾找到什么，藏入她怀里的椭圆小藤筐了。我想难道是她拾走了白果，那多半长在小伞叶间而我始终没有找见的白果么？
>
> 我站起身，将头倾向前去——这时候我感到有谁走近了我，正也在后面窥视我呢！我已感觉到热热的体温了。我猛回转身去。谁也没有，只有那枚太阳正升上了院空。我想，是它在贴近我呢。
>
> 我笑了，咕哝道：是你，我还当是谁。
>
> 我第一次一个人小声地发出了嘀咕，在那天早晨的院坝中。我随即四下看看，除了那满地的叶脉画和一颗窥视我的太阳，谁也没有留意到这个。①

我们注视着世界的时候，我们也被世界注视着。我们在造物主眼里会是什么模样呢？在别的族群和生物眼里又是什么模样呢？这样来思考的人，除了科学家，就是孩子了。孩子没有成人的人类至上感觉，他们的心

---

①选自《天使与女神》，河北少年儿童出版社，2013年第1版第130页。

灵与万物平等相通，所以他们可以产生有神性的文学艺术作品。

在《海边之丘》里，我讲到了一个女孩幻想嫁给一匹马的事情。

> 我说："走呀，走呀，朝林子里走！"马就朝前面小丘走。它背上的肌肉鼓动着，像一个人，像一个用力驮我的人。我从来没被什么东西驮着走这么远，我从来没有骑过马。我心里除了一点儿慌张，只莫名其妙地想笑，我就笑了起来。
>
> 棕马驮我走进坡中林子。它一边走，一边不时停下来，用嘴去吃那些杂树的叶子。它的鼻息和嚼动声也像一个我不熟悉的人，它那模样与人没有什么两样。
>
> ……
>
> "你真像一个人。"我朝它笑。忽然我有了一个念头：如果它真是一个人，我会嫁给它。我从来没有这样贴近地挨着一个生物，它陌生的体味和它湿润淌汗的面部都告诉我它是一个比我高大的活物。不会说话，但它是一个会驮我的活物。骑上它，我想我们就有了秘密的亲人那样的联系。[①]

> 我仰脸仔细打量这匹棕色的有缎子光泽的马。它的眼光俯向我，很温柔，很纯，这是它最引人注意的特点。另外，它额毛中间有一个多愁善感的花纹M，像紧颦着的眉毛。
>
> 我愿嫁给这样一匹马。我要拥有这样一匹马。将来。
>
> 我脑子里浮想联翩。假如我一直这样躺下去，假如今晚我在旷野里度过一个晚上，身边有这样一个披着长鬃毛高昂着脖颈的伙伴守候，我在黑夜里是不会害怕的。
>
> 那将是多么美好的一夜。我与一匹马独自呆在海边树林里，就我们俩。星光从树叶间透下来，照着树下的一个女孩和一匹美丽温柔的

①选自《走神女孩》，福建少年儿童出版社，1994年第1版第10—11页。

马。女孩与马嘀咕一阵，睡去；醒来又嘀咕一阵，又睡去——直到晨曦在海天上画出一条完整的弧。他们的发辫和鬃毛上都沾满了海风树丛的气味。喂，棕马，该上路了，驮我到海浪声那里去，那里有一枚晶亮的火球正在冒出来啦……[①]

马所代表的是大地、是生命，是女孩信赖和依靠的大自然。女孩对大地产生的类似爱情一样的感觉和联结，常在我的作品中出现。

在《神秘信物》里，第一次来到大海边的女孩，向着海跳了一个舞，还写了一封情书。她对海的迷恋来自海的庞大、深邃、古老和神秘。

我躺在沙滩上。上面是蓝得透明不见底的天，下面是黄得发白的沙粒。我的头枕着那棵巨蟒一样从空中垂下来爬向海边的椰树干。斑斓的阳光从椰树间漏下来，犹豫不决地在我身上绣着移动的叶影。我一动不动地躺着，希望它把我文成一只贝壳。

有虫子在咬着我的背。我想我身上应该散发出一种奇香，来驱散那些虫子，不然它们妄想把我咬成一具空壳，就像海滩上躺着的那些贝类的空壳一样。太阳平静地晒着那些贝壳，海的四周弥漫着莫可名状的静谧。你真不清楚这个景致是现在、过去还是未来。

海在阳光下吐气、波动，巨大而又深奥。它如同月亮和荒漠一样，勾我的魂又令我不可接近。我感到一种被淡忘被遗失的空落，就掏出笔来，写了个纸条：

**海！你应该看到，偌大的海滩上，有个女孩，就只一个！娇小，幽美，穿着鲜艳的长裙。她是从遥远的山中第一次到这里来的，她在你的身边就像开着的一朵花。**

我爬起来，脱去鞋子，在沙滩上对着海面跳了一个舞。我的裙子旋转起来，真像为海开放的一朵花。我把纸条投到了海里。[②]

---

①②选自《走神女孩》，福建少年儿童出版社，1994年第1版第13页、第2—3页。

女孩希望阳光把她“文成沙滩上的一只贝壳”，这种意愿来自彻底地与奇妙的大自然融为一体的冲动。当她得到一只奇异的有镂空花纹的贝壳时，她觉得是海读了她的信后回赠她的礼物，女孩用发丝系上它，这只贝壳便成了她的护身符。

女孩对海的靠拢，代表着她对酝酿生命的大自然的敬畏和亲近。

> 我把贝壳放在鼻尖闻一闻。是的，是大海的味道。我又望一望大海，海仍然在那里波动，仍然喘息不已。一片辽阔的海水下面，谁也不知在发生着什么生长着什么①。

女孩与海，花朵与化石贝壳，是细小与巨大、娇弱与坚硬、短暂与永恒的强烈对比。女孩将自己依附于海，将海里的贝壳化石贴近身体，这样的行为，就是渴望与自然同在、与永恒同在的巫术行为。

> 每当星明月朗的夜晚，我爱戴上它，坐到山顶上去。这时候，我同那块贝壳都浸泡入了一片无垠的大水之中。②

在这样的仪式中，女孩完成了与巨大和永恒的联结。

小说该怎样写，就像画儿该怎样画、舞蹈该怎样跳一样，是没有一本词典、一位先祖或艺术之神来画好模子规定你的。你只能尽你所能，将你身心所感到的最美妙的东西，以你选择的最合适的表达方式鲜活地呈现出来，去触碰和呼唤别的心灵，引起共鸣和感动。

再现童年的生命状态，再现不同的生命状态感到的不同世界意义，孩子们就能通过文字的魔术留下对这个世界的新鲜美妙的体验，并与万物同在。

一位我喜爱的女作家林白说：“写作是一种飞翔。”

是的，写作，给一半在水里一半在空中的少女找到了水里的鳍和空中

---

①②选自《走神女孩》，福建少年儿童出版社，1994年第1版第5页、第7页。

的翅膀，使她们获得了精灵的身子，可以自由进出文学的宇宙。真正进入写作的心灵，一定是自由和饱满多汁的。它有时酣畅有时微醺，有时激昂有时暗淡，它的狂喜和悲恸都随着故事的走向喷发颤动。在创作的最佳状态，作家自己的存在已经消融，而化为了笔下的万物。这时候他一旦放下人本主义的立场，他的文字就会撒着欢儿喃喃自语，说出神才听得到的宇宙万物的声音。

如果还给少女们一个发呆、走神、做白日梦的空间和时间，让她们大胆说出毛毛虫在茧里的话语，她们就会向世界呈现真正的少女之声，虽然有些痴傻，却动人无比、美妙无比，是蝴蝶在风中晾晒它刚刚长成的翅膀时向着阳光发出的声音。

在孩子们把最好的童年、少年甚至青年时光，都用于完成一场场为标准化、固定化的规范考试而拼搏的应考时代，只有始终保持着对世界的好奇、梦想、期待与爱意的心灵，才能发出珍贵的转瞬即逝的少女之声、精灵之声。

让我们为真诚的、干净的少女文学祝福！

为中国女孩书写出自己最美丽的女书祝福！

2017 年 4 月 5 日完稿于云山居